그리스도인의

매뉴얼

Let Us Talk of Our Christian Belief
by Kim Yeong-Jea Dr.theol.

그리스도인의 매뉴얼

초판1쇄 | 2006년 10월 20일
　　2쇄 | 2006년 12월 28일
　　3쇄 | 2012년　9월　6일
　　4쇄 | 2015년　3월　4일
　　5쇄 | 2023년　4월 16일

지은이 | 김영재
발행인 | 김학유
펴낸곳 | 합신대학원출판부
주　소 | 16517 수원시 영통구 광교중앙로 50 (원천동)
전　화 | (031)217-0629
팩　스 | (031)212-6204
출판등록번호 | 제 22-1-1호
출판등일 | 1987년 11월 16일
홈페이지 | www.hapdong.ac.kr

인쇄처 | 예원프린팅 031)906-6551
총　판| 기독교출판유통 031)906-9191
값 12,000원

ISBN 89-86191-64-4
*잘못된 책은 교환해 드립니다

이 도서의 국립중앙도서관 출판시도서목록(CIP)은 서지정보유통지원시스템 홈페이지(http://seoji.nl.go.kr)와
국가자료종합목록 구축시스템(http://kolis-net.nl.go.kr)에서 이용하실 수 있습니다.(CIP제어번호: CIP2006002176)

그리스도인의 매뉴얼

▌김영재 지음

합동신학대학원출판부

우리는 그리스도인으로 생활하면서 신앙에 대하여 궁금하고 알고 싶은 질문들을 갖게 됩니다. 이 책은 그러한 궁금증과 의문을 풀기 위하여 문답 형식으로 쓴 것입니다. 그래서 제1부에서는 먼저 주일 예배에서 늘 기원하고 고백하고 교독하는 주기도, 사도신경, 십계명을 해설하고,

제2부에서는 가장 기초적인 교리, 즉 삼위일체 하나님, 계시와 성경, 사죄와 의롭다함을 받는 일, 상급, 세례와 성찬, 하나님의 나라와 교회, 성령의 은사와 성화의 삶에 관하여 묻고 대답합니다. 주일학교 학생들과 청소년 및 평신도에게 직접 도움을 줄 뿐 아니라 이들의 신앙 교육을 담당하는 주일학교 교사와 인도자에게 유익한 자료가 되기를 바랍니다.

제3부에서는 신학에 관심을 가진 이들과 나누고 싶은 얘기

들을 짧은 글로 채웠습니다. 방대한 신학의 주제들 중 극히 일부에 지나지 않으나, 신학의 기초를 새삼 성경 말씀에 두어야 한다는 생각과 믿음을 함께 확인하는데 도움이 되었으면 하고, 신학생들뿐 아니라 주일학교 교사들과 인도자들이 종교개혁의 신앙 전통에 근거하여 성경 말씀을 이해하는 시각을 갖는 일에 도움이 되었으면 합니다.

그리고 인용한 성경 말씀은 '개역개정판'의 말씀을 따랐음을 알려 드립니다. 또한 괄호 안에는 헬라어 또는 히브리어 음역 표기도 있음을 말해 둡니다.

제1부와 제2부의 문답들은 2000년 8월부터 약 6개월간 국민일보의 주말 미션란에 "김영재의 전도 교실"이란 시리즈를 위하여 쓴 것을 보완하고 보충한 글들입니다. 이레서원을 통하여 출판했던 것을 몇 가지 문답을 증보하고 합동신학대학원 출판부를 통하여 체제도 개선하여 재판으로 낼 수 있게 된 것을 다행으로 여깁니다. 편집을 맡아주시는 조주석 목사님께서 많은 관심을 기울여 주심에 감사합니다.

2006년 1월 3일

김영재

II. 십계명 /63

III. 주기도 /97

신앙문답 II *

I. 삼위일체 하나님 /125

II. 계시, 성경, 율법 /133

III. 사죄, 칭의, 상급 /141

IV. 성례 /157

V. 하나님의 나라와 교회 /171

VI. 성령의 은사와 성화의 삶 /191

I. 신학의 의미와 방법 /217

II. 역사와 구원 역사 /245

III. 신학의 논리 /269

IV. 종교개혁의 신앙과 신학 /282

V. 그밖의 신학적 주제들 /339

신앙문답 I

I

사도신경

1. 사도신경은 어떻게 생겨났습니까?

사도신경은 우리 교회가 예배 때마다 고백하는 신경입니다. 사도신경은 초대 교회 때부터 전해 오는 신경으로서 기독교 신앙의 핵심을 가장 간명하게 표현하고 있는 신앙고백입니다. 사도신경은 로마 가톨릭교회나 개신교 교회가 다 같이 예배 시에 신앙고백으로 사용합니다. 그러나 세계의 모든 기독교 교회가 이를 신경으로 알고 고백하는 것은 아닙니다.

그리스도의 교회는 6, 7세기경부터 로마를 중심으로 한 서방교회와 콘스탄티노플을 중심으로 한 동방교회 간에 균열이 가기 시작하여 1054년 최종적으로 분열하게 되었습니다. 로마 가톨릭교회에서는 옛날부터 사용해 오던 사도신경을 1564년의 「로마 교리 문답」에 수록하였으나, 서방교회와는 다른 교회적 전통을 갖게 된 동방교회에서는 니케아 신조를 인정하는 대신에 사도신경은 인정하지 않습니다. 역사적인 공의회에서 공적으로 결정된 것이 아니라는 이유에서입니다. 서방 교회 전통에 속한 교회들 가운데도 성경을 문자적으로 이해하는 경향이 있는 침례교회와 같은 교파는 사도신경이 성경에 쓰인 것이 아니라는 이유에서 예배에서 고백하지 않습니다.

종교개혁자들은 초대 교회의 전통과 신앙을 존중하기 때문에 사도신경과 함께 초대 교회의 신경을 다 받아들였습니다. 루터교의 신앙고백서에는 그 서두에 니케아-콘스탄티노플 신경(381년) 및 아타나시우스 신경과 함께 사도신경을 초대 교회의 대표적인 신앙고백으로 수록하고 있습니다. 루터는 1520년 사도신경의 가치를 인정하여 교리 교육을 위하여 십계명과 함께 해설하기도 하였습니다. 칼빈 역시 사도신경을 높이 평가했을 뿐 아니라 니케아 신경보다 더 자주 언급하였습니다. 대체로 루터교에서보다 개혁 교회에서 사도신경을 한층 더 소중히 여깁니다.

사도신경이 처음으로 그 이름으로 사용되기는 주후 390년이었습니다. 밀라노의 노회가 교황 시리키우스(Siricius)에게 보낸 글에서 처음으로 이 신경에 「사도신경」이란 이름을 붙였습니다. 사도신경은 그 이름이 함축하는 대로 사도들에게서 유래되어 전수되어 왔다고 일반적으로 생각합니다. 기독교 역사상 오랜 세월을 두고 사람들은 그것이 문자 그대로 사도들에 의하여 작성된 것으로 알았습니다.

사도신경을 사도들이 직접 작성했다는 이야기는 교회사가로 유명한 루피누스(Rufinus)가 404년에 신경에 대한 해설을 쓰면서 전한 말에서 비롯되었습니다. 루피누스는 최초의 교회사가 가이사라의 유세비우스(Eusebius)를 이어 활동한 사람입니다. 그 후 이것이 더 발전하여 사도신경을 작성할 때 어느 사도가 무슨 말을 했다는 식으로 어거스틴의 것이라고 와전된 설교 서문에 더 자상하게 적고 있음을 보게 됩니다.

2. 사도신경은 사도들이 직접 지은 것입니까?

사도신경의 사도들이 저작했다는 설을 중세기에는 사람들이 거의 의심 없이 받아들였습니다. 그러나 중세 말기에 이르러 학자들은 사도신경의 유래에 대하여 의문을 가지기 시작했습니다. 중세 가톨릭교회의 선생으로 칭함을 받는 토마스 아퀴나스(Thomas Aquinas, 1225-1274)도 역시 그런 의심을 표현하였으며, 15세기에 열린 플로렌스 공의회(1438-1445)에서는 사도신경의 유래에 대하여 처음으로 공적으로 논의하였습니다. 문예부흥에 기여한 사상가들 중에는 사도신경이 사도들이 지은 것이 아니라고 말하여 교회로부터 책벌을 받기도 했습니다.

종교개혁 이후에는 사도신경을 사도들이 작성했다는 얘기

는 한갓 전설로 알고 그런 문제를 가지고 논의를 벌이는 신학자는 없게 되었습니다. 그런데 17세기 후반에서부터 있게 된 계몽사조의 영향을 받은 합리주의 신학자들과 19세기의 자유주의 신학자들은 사도신경의 권위를 무시하는 극단적인 견해를 피력하였습니다. 그들은 사도들에게서 아무런 신조 같은 것이 전수되지 않았을 것이라는 억측을 했습니다.

1860년에서 세계 제1차 대전이 일어난 1914년에 이르기까지 교회사 연구와 더불어 신조 연구가 활발하게 되었습니다. 자유주의 신학자들은 사도적인 전통조차도 완전히 부인하는 경향이었습니다. 그들의 견해에 따르면, 2세기 중엽까지는 체계를 갖춘 신경이나 신조라는 것은 없었고 다만 세례를 베풀 때 짤막하게 고백을 했을 뿐이라고 했습니다. 즉 "예수는 주님이시다."라든지, "예수는 하나님의 아들이시다."라는 짧은 구절의 고백이 있었을 뿐이라고 합니다.

그런데 이러한 견해는 성경에 있는 신앙고백 형식의 구절들과 초대 교회의 문헌들을 잘 알지 못했거나, 아니면 전혀 무시한 데서 나온 얘기입니다. 20세기에 들어와 초대 교회의 많은 문헌들이 발견되고 연구가 진행됨에 따라 위에서 말한 그런 견해는 독단적인 편견임이 드러나게 되었습니다.

3. 성경과 초대교회 문헌에서 사도신경의 흔적을 발견할 수 있습니까?

2세기 후반에 활동한 교부 이레니우스(Irenaeus, -202)는 「신앙의 척도」가 사도들로부터 그들의 제자들을 통하여 전수되었다고 말했으며, 터툴리안(Tertulian, 160경-220)도 역시 같은 말을 했습니다. 그보다 더 거슬러 올라가 2세기 초반의 속사도 교부 이그나티우스(Ignatius, -110년)의 글과 순교자 저스틴(Justin Martyr, -165)의 글에, 그리고 신앙 교육을 위한 저자 미상의 책 「디다케」(Didache, 100년 혹은 120-165)에서도 같은 말을 발견할 수 있습니다.

실은 신약성경 말씀 전체가 예수 그리스도의 사심과 십자가에 죽으심과 부활을 증거하는 것이지만 서신서에 보면 사도 시대의 교회가 기도나 찬송으로 신앙을 고백했다고 볼 수 있는 구절들을 많이 볼 수 있습니다. 예컨대, 고린도전서 15장에 있는 바울의 간증이나 로마서 8장의 말씀이 그러합니다.

"내가 받은 것을 먼저 너희에게 전하였노니 이는 성경대로 그리스도께서 우리 죄를 위하여 죽으시고 장사지낸바 되셨다가 성경대로 사흘 만에 다시 살아나사……(고전 15:3-4)."

"죽으실 뿐 아니라 다시 살아나신 이는 그리스도 예수시니 그는 하나님 우편에 계신 자요 우리를 위하여 간구하시는 자시니라(롬 8:34)."

또한 빌립보서 2:6-11절의 말씀은 사도 시대의 교회에서 부르던 찬송이라고도 하는데, 그것은 그리스도를 찬양하는 신앙고백입니다. 성경에는 하나님 아버지와 아들에 대한 신앙고백의 말씀뿐 아니라 아버지와 아들과 성령을 함께 고백하는 구절도 있습니다. 예수께서 제자들에게 선교를 명하신 마태복음 28:19의 말씀이나 예배 시의 축도로 사용하는 고린도후서 13:13의 말씀과 기타 고린도전서 12:4-6, 베드로전서 1:2의 말씀 등입니다.

4. 사도신경의 원형으로는 어떤 것이 있습니까?

신앙고백은 2세기에만 하더라도 여러 형태의 것으로 발전했는데, 2세기 말경에 로마 교회에서 사용하던 세례 시의 신앙고백이 사도신경과 퍽 유사함을 발견합니다. 215년경에 나온 로마의 히폴리투스(Hippolytus, 170-236)의 세례 문답에서는 더욱 근사한 형태를 보게 됩니다.

세례 받는 사람이 물로 내려가면, 세례 집례자가 수세자의 머리에 안수하고 물었습니다.

"그대는 전능하신 하나님 아버지를 믿습니까?"

"믿습니다." 하고 수세자가 대답하면, 세례 집례자는 수세자의 머리에 안수하여 물에 담갔다가 올라오면 다시금 물었습니다.

"그대는 하나님의 아들 예수 그리스도, 즉 성령으로 말미암아 동정녀 마리아에게서 나시고 본디오 빌라도에게서 고난 받으시고 죽으셨다가 사흘 되는 날 죽은 자 가운데서 다시 살아나셔서 하늘에 오르사 아버지의 우편에 앉아 계시다가 산 자와 죽은 자를 심판하러 오실 예수 그리스도를 믿습니까?"

"믿습니다."고 수세자가 대답하면, 두 번째로 물에 담가 세례를 주고는 또 물었습니다.

"그대는 성령을 믿으며 거룩한 교회와 몸의 부활을 믿습니까?"

"믿습니다."고 수세자가 대답하면 세 번째 로 머리를 물에 담가 세례를 주었습니다. 경우에 따라서는 침수하지 않고 그냥 물을 뿌려 안수만 하기도 했습니다.

중세기에서부터 20세기 중반까지 영국과 독일을 포함하는 유럽의 교회에서 사용해 온 사도신경과 꼭 같은 형식의 신경은 730년 혹은 750년경에 쓰인 라이케나우(Reichenau) 수도원의 창설자 프리민(Primin)의 글에서 비로소 볼 수 있습니다. 물론 그것은 12사도의 저작설을 따라 12 구절로 나누어 각 구절을 말했다는 사도들의 이름도 밝힌 것입니다.

8세기 이후 서양에서 사용해 온 사도신경에는 우리 한국 교회에는 소개되지 않은 부분이 있습니다. 즉 "지옥에 내려가셨다가"라는 부분입니다. 그러나 이 말이 처음부터 있었던 것은 아닙니다. 359년 이후의 몇몇 사도신경에서부터 비로소 발견됩니다. 힙포의 감독 어거스틴(Augustinus, 354-430)과 밀라노의 감독 암브로시우스(Ambrosius, 340-397)가 사용하던 사도신경에도 그 말은 보이지 않습니다.

루피누스는 이것을 다만 "장사되었다"는 말로 이해했으나 그것은 베드로전서 3:19에 근거한 것으로 중세의 연옥설과 관계되는 구절로 보입니다. 이 구절이 4세기 이전에 나타난 사도신경에는 없었으므로 삭제해도 무방한 것으로 생각합니다. 그런데 우리 한국 교회에서는 어떻게 그 구절을 빠트렸는지 궁금한 일입니다. 자유주의 성향이 강한 감리교 측에서 그렇게 제안하는 바람에 그 주장을 따랐다는 얘기도 있습니다.

현재 우리가 사용하는 사도신경이 사도들이 직접 저작한 것이 아니므로 사도신경이라고 말하는 것은 잘못일까요? 그렇지 않습니다. 그것이 사도들이 직접 저작한 것은 아니라고 하더라도, 사도들이 전한 복음에서 유래되었으며, 현재까지 알려진 대로 말하자면, 사도 시대의 교회에서부터 있었던 산발적인 신앙고백 구절이 학습 교육 또는 세례 문답을 통하여 점차로 짜임새 있는 신앙고백이 된 것입니다.

그러므로 사도신경은 모든 신경의 골격을 이루는 사도적인 신경이라고 할 수 있습니다. 그러므로 사도신경은 교의학 혹은 조직신학의 골격이기도 합니다.

5. 사도신경을 예배에서 고백한다면 예배는 무엇입니까?

성경에 있는 '예배'라는 낱말은 '절하다', '섬기다'는 뜻입니다. 예배는 하나님께 사람이 모든 피조물과 함께 경배하며 영광과 감사를 드리는 의식이요 잔치입니다. 십계명은 예배 계명입니다. 하나님께서는 십계명으로 우상에게 예배해서는 안 되고 오직 당신만을 예배해야 한다고 명하십니다. 또한 예배하되 하나님을 사랑하고 동시에 이웃을 사랑하며 섬기도록 명하십니다. 그러므로 우리는 하나님께 삶 전체로 예배해야 합니다. 이웃 사랑 없는 예배는 위선입니다.

그러나 삶으로 드리는 예배는 성도들이 모여 함께 하나님께 경배하는 예배에서 비롯됩니다. 의식을 갖춘 예배는 하나님께서 제정하신 것입니다. 그리스도인들은 혼자 존재하는 것이 아니고 그리스도의 몸의 지체로 존재하므로 성도들은 정한 날과 장소에 모여 하나님께 예배합니다. 그리스도의 교회는 예수 그리스도께서 부활하신 날인 이레 중 첫날, 즉 일요일을 주의 날(주일)이라고 부르며, 그 날에 일손을 멈추고 함께 모여 예배해 왔습니다(출애굽기 20:1-17).

하나님의 백성들이 모여 참 하나님께 드리는 예배의 특징은 두 부분으로 구성됩니다. 하나님께서 말씀하시는 부분과 그 말씀에 응답하여 기도하며 찬송하는 부분입니다. 예배에서 우리는 자신들이 하나님의 백성임을 깨달으며 하나님은 우리 사람과 만물을 다스리시는 왕이심을 인식합니다. 우리는 예배에서 창조주요 구원의 주이신 아버지와 아들과 성령, 삼위일체 하나님께 기도와 감사와 찬송으로 영광을 돌립니다.

우리는 또한 성경 봉독과 설교를 통하여 하나님의 말씀을 듣습니다. 말씀에서 우리는 성령의 감동으로 하나님의 사랑과 구원의 언약을 확인하며 복음 전파와 이웃 사랑의 사명을 받고, 삶으로 예배할 능력을 얻습니다. 하나님을 영원토록 예배하는 것, 그것은 구원 얻은 성도의 특권이며 목적입니다.

6. 사도신경의 내용은 무엇입니까?

"전능하사 천지를 만드신 하나님 아버지를 내가 믿사오며, 그 외아들 우리 주 예수 그리스도를 믿사오니, 이는 성령으로 잉태하사 동정녀 마리아에게 나시고 본디오 빌라도에게 고난을 받으사, 십자가에 못 박혀 죽으시고, 장사한지 사흘 만에 죽은 자 가운데서 다시 살아나시며, 하늘에 오르사, 전능하신 하나님 우편에 앉아 계시다가, 저리로서 산 자와 죽

은 자를 심판하러 오시리라. 성령을 믿사오며, 거룩한 공회
와 성도가 서로 교통하는 것과 죄를 사하여 주시는 것과 몸
이 다시 사는 것과 영원히 사는 것을 믿사옵나이다.”

사도신경은 세 부분으로 구성됩니다. 첫째는 창조주 하나
님 아버지에 관한 신앙고백, 둘째는 아들 하나님과 그분이 우
리를 구속하신 일에 관한 신앙고백, 셋째는 성령 하나님과 교
회 및 성도의 거룩한 삶과 영원한 삶에 관한 신앙고백으로 구
분할 수 있습니다.

사도신경에서 아들에 대한 신앙고백은 비교적 깁니다. 아
들은 우리가 신앙하는 대상이시므로 아들의 인격과 그분이 겪
은 역사적인 사건을 함께 고백합니다. 그에 반하여 성령에 대
한 서술은 짧습니다. 그것은 신약성경과 교부들의 글에도 마
찬가지입니다. 성령께서는 우리의 지, 정, 의를 감동시켜 예수
가 하나님의 아들이심을 믿도록 일하시는 영이시므로 그러합
니다(요한복음 14:13-14).

‘공회’는 ‘가톨릭 교회’라는 말을 잘못 번역한 것입니다.
‘보편적인 교회’ 혹은 ‘범세계적인 교회’라고 번역했어야 합
니다. 많은 신자들이 그 뜻을 잘 모름에도 불구하고 옳은 번역
을 시도하지 않고 방치해 두고 있는 것은 유감스런 일입니다.

그리스도의 몸이 하나이므로 온 세계 교회가 하나의 거룩한
보편적인 교회임을 믿는다고 고백하는 것입니다. ‘가톨릭’은

로마 가톨릭교회를 의미하는 것이 아니고 전 세계에 흩어져 있는 역사적인 그리스도의 교회를 통틀어 지칭하는 말입니다.

7. '하나님 아버지'라고 할 때 우리는 무엇을 믿습니까?

사도신경에서 하나님 아버지에 대한 고백은 비록 짧지만 무한한 내용을 함축하고 있습니다. 전능하사 천지를 지으신 하나님 아버지께서는 영원 전에 말씀이신 아들 하나님을 낳으시고 하나님 아버지와 아들에게서 나오시는 성령과 함께 우주 만물을 창조하시고 우리를 지으셔서 만물과 함께 우리를 다스리십니다(시편 8:1-9; 104:1-35).

아버지 하나님께서는 당신의 창조의 능력으로 우리를 그리스도로 말미암아 죄악 가운데서 구원하시며 그리스도 안에서 새 사람으로 지으시고 양자로 삼아주십니다(로마서 8:14-17). 그러므로 우리는 하나님을 아버지라고 부릅니다. 하나님 아버지께서는 우리를 죄에서 구원하실 뿐 아니라 우리에게 아들과 함께 이 세상에서와 내세에서 모든 좋은 것을 주십니다.

하나님께서는 하늘을 창조하여 펴시고 땅과 그 소산을 베푸시며, 땅 위의 백성에게 호흡을 주십니다(이사야 42:5). 산과 들과 바다와 거기서 나오는 모든 산물을 주십니다. 사람들이 가공하여 만든 물건도 다 하나님께로부터 옵니다. 우리가 가진 모든 것이 하나님께로부터 왔음에도 우리는 하나님께 감사와 찬송을 충분히 드리지 못하며 그분의 기쁘신 뜻대로 사용하지 못합니다.

하나님 아버지께서는 우리에게 지혜와 지식과 능력을 주시고, 재물을, 과학 지식과 기술을 주십니다. 그러나 사람들은 그 모든 것을 자신의 욕망과 명예를 위하여, 자기 성취를 위하여 동원합니다.

우리는 "전능하사 천지를 만드신 하나님 아버지를 내가 믿사오며" 하고 고백할 때, 독생자를 영원 전에 낳으신 하나님 아버지께, 우리를 지으시고 우리를 그리스도 안에서 구원하시며 우리의 아버지가 되시는 하나님 아버지께 감사와 함께 회개하는 마음을 가집니다. 부모를 생각할 때 감사하는 마음을 가지면서 내가 불효함을 느끼듯이 하나님 아버지께 감사와 찬송을 드리면서 우리의 불충을 고백합니다.

8. 하나님의 '섭리'란 무엇입니까?

전능하시고 어디든지 계시는 하나님께서 능력으로 천지 만물을 친히 보존하시고 다스리시며 우리에게 필요한 것을 공급해 주시며 다스리시는 것을 섭리(providence)라고 합니다(사도행전 17:27-28; 시편 145:15-16). 나무 잎사귀 하나와 풀 한 포기,

비오는 것과 가뭄, 먹고 마시는 것, 건강과 병, 부귀와 빈곤, 민족의 흥망성쇠 등등 세상에 일어나는 모든 현상과 사건들과 우리가 경험하는 모든 것이 우연히 일어나는 것이 아니고 하나님 아버지의 계획과 다스리심에 달려 있음을 가리키는 말입니다.

예수께서는 공중의 새도 하나님께서 먹이시고 들의 백합화도 하나님께서 입히시거든 하물며 하나님의 자녀들을 위해서는 더 하시지 않겠느냐고 하시면서 말씀하십니다.

"그러므로 염려하여 이르기를 무엇을 먹을까 무엇을 입을까 염려하지 말라. 이는 이방인들이 구하는 것이라. 너희 천부께서 이 모든 것이 너희에게 있어야 할 줄을 아시느니라(마태복음 6:25-34)."

그러므로 하나님을 아버지라고 부르는 성도는 모든 역경 가운데서 참고 견디며, 순탄할 때와 다름없이 감사하고, 장래의 모든 일을 신실하신 하나님 아버지께 맡깁니다. 모든 피조물이 하나님의 손 안에 있어서 그분의 뜻이 아니면 움직일 수 없으므로 우리를 그리스도 안에 있는 하나님의 사랑에서 끊을 수 없다(로마서 8:33-39)는 확신에서 하나님을 찬양합니다.

섭리는 하나님의 주권을 시인하고 의지하는 사람만이 깨달을 수 있습니다. "하나님을 사랑하는 자 곧 그의 뜻대로 부르심을 입은 자들에게는 모든 것이 합력하여 선을 이루느니라."

고 고백하고 찬송합니다(로마서 8:28).

9. '예수 그리스도'라는 이름의 뜻은 무엇입니까?

'예수'는 구원자라는 뜻이고(마태복음 1:21), '그리스도'는 '기름 부음을 받은 자'란 뜻입니다. 히브리어 '메시아'의 헬라어 번역어입니다.

말하자면 '예수'는 개인적인 이름이고, '그리스도'는 공적인 칭호입니다.

구약 시대에 하나님께서 당신의 뜻에 합하는 자를 택하셔서 머리에 기름을 부어 백성들의 지도자로, 즉 선지자, 왕, 제사장으로 세우도록 하셨습니다. 예수께서는 제자 베드로가 고백한 바와 같이 하나님께서 구약의 선지자들로 하여금 예언하게 하시고 약속하신 메시아, 즉 그리스도이십니다(마태복음 16:16).

예수께서는 선지자, 왕, 제사장의 세 직분을 한 몸에 구현하시는 분이십니다. 천국의 복음을 전하시고 하나님을 계시하셨으며, 현재도 설교자들을 통하여 천국의 복음을 전하게 하심으로써 선지자의 직분을 다하십니다(누가복음 24:19; 요한복음 3:2; 6:68-69). 예수께서는 십자가에서 우리를 대신하여 친히 희생이 되어 화목제물이 되셨을 뿐 아니라, 지금도 하나님 우편에서 우리를 위하여 기도하시며 중재하심으로써 제사장의 직분을 다하십니다(히브리서 4:14-16; 8:22-25; 9:12; 로마서 8:34).

예수께서는 또한 왕이시지만 예루살렘에 입성하실 때 나귀를 타고 입성하셨습니다. 겸손한 평화의 왕이심을 보여 주신 것입니다(누가복음 1:33; 마태복음 21:5; 요한복음 18:36, 37; 19:19). 백성들의 생명을 보호하고 보전하기 위하여 자신의 생명을 버리신 왕이시며 섬기는 이로 사셨습니다. 지금은 하나님 우편에서 만물을 다스리시고 택한 백성을 보전하시며 장차 심판의 주로 오실 분이시며, 성부와 성령과 함께 당신의 백성들과 모든 피조물에게서 영광과 존귀와 감사와 찬송을 받으시는 만왕의 왕이십니다(빌립보서 2:10-11; 마태복음 28:18; 요한계시록 1:13-18; 19:11-16).

10. '나사렛 예수'는 무슨 뜻입니까?

'나사렛 예수'라는 이름은 주로 복음서와 사도행전에 나타나는 호칭입니다. 나사렛 동리 출신 예수라는 뜻입니다. 사도행전에서는 유대인들에게 '여러분이 알고 있는 나사렛 예수'라는 뜻으로 사용되고 있습니다. 베드로는 앉은뱅이를 고치면서 "나사렛 예수 그리스도의 이름으로 걸어라"고 했으며,

그의 설교에서도 병자가 같은 이름으로 나음 받았다고 증언합니다(사도행전 3:6, 4:10). ‘나사렛 예수 그리스도’ 라고 지칭한 것은 병자를 고치신 예수, 그분이 바로 그리스도시라는 선포임과 동시에 지금도 살아 계셔서 병든 자를 고치신다는 뜻으로 한 말씀입니다.

유대 백성들은 예수께서 선지자의 한 사람으로 알고 그리스도이신 줄 몰랐습니다. 그러나 베드로와 제자들은 마침내 예수께서는 그리스도시며 살아 계신 하나님의 아들이심을 믿고 고백했습니다. 예수께서는 베드로의 고백을 기뻐하셨습니다(마태복음 16:16-17). 예수께서는 십자가에 죽으시고 부활하심으로 그리스도시요 하나님의 아들로 인정되셨으며(로마서 1:4), 하늘에 있는 자들과 땅에 있는 자들과 땅 아래 있는 자들이 그분 앞에 무릎을 꿇고 그분을 주님으로, 하나님으로 시인하는 이름이 곧 ‘예수 그리스도’ 입니다(빌립보서 2:6-11).

‘나사렛 예수’ 는 누구든지 부를 수 있는 이름이요 예수께서 사람으로 사셨음을 상기시키는 이름임에 반하여, ‘예수 그리스도’ 는 예수께서 하나님이심을 고백하는, 신앙으로 부를 수 있는 이름입니다. 그러므로 오늘에 사는 그리스도인들은 예수를 가리켜 ‘나사렛 예수’ 라고 부르기보다는 ‘예수 그리스도’ 라고 불러야 할 것입니다. 베드로도 얼마 지나서는 ‘예수 그리스도’ 라고 불렀습니다(사도행전 9:34).

베드로가 말한 ‘나사렛 예수 그리스도’ 는 예수께서는 사람이시면서 동시에 하나님이시라는 고백을 함축합니다.

11. '하나님의 외아들' 이라는 뜻은 무엇입니까?

하나님의 외아들은 곧 예수 그리스도이십니다. 희랍 신화에는 영웅들이 신의 아들이란 믿음이 반영되고 있는가 하면 성경에도 하나님의 아들들이란 말을 볼 수 있습니다(창세기 6:2,4). 로마의 지성인들이 좋아한 스토아 철학에도 "우리는 신의 자녀"란 말을 발견할 수 있습니다. 그리스도 안에서 하나님의 양자가 된 성도들도 하나님의 자녀입니다. 그러므로 '하나님의 외아들' 즉 '독생자' 는 위에서 말한 그런 의미의 하나님의 아들들이나 자녀와는 구별되는 하나님의 유일하신 아들, 하나님이 창조 전에 낳으신 아들 하나님이심을 지칭하는 말입니다

교회 역사에 보면, 사도 시대부터 예수 그리스도에 대하여 잘못 이해하고 가르친 사람들이 있었습니다. 잘못된 교리는 가현설(假現說)과 양자설(養子說)의 두 유형으로 구분됩니다.

가현설은 예수는 하나님이 사람의 몸을 입고 나타나 보이신 분이라는, 영지주의자들이나 신비주의자들이 따르는 주장입니다. 가현설은 예수께서 사람이 되신 임마누엘 하나님이신 사실을 부인함으로써 선지자들의 예언을 부인할 뿐 아니라

그분이 고난을 당하시고 십자가에 죽으신 역사적 사실을 무의미하게 만들며 그리스도께서 결국은 구원의 중보자이심을 부인하는 이단설입니다(요한 1서 1:1-4).

양자설은 사람일뿐인 예수를 하나님께서 양자로 삼았다는 주장으로 예수께서 하나님이심을 부인하는 것입니다. 주로 유대교 배경을 가진 에비온파와 3, 4세기의 아리우스파가 그런 주장을 했으며, 근세의 합리주의자들과 자유주의 신학자들이 그렇게 가르칩니다.

그러나 사도들을 계승한 교부들과 그리스도의 교회는 예수께서 영원 전에 하나님 아버지에게서 나신 아들이시며, 아버지께 순종하시지만 아버지와 본질이 같으며, 권세와 능력이 동등하실 뿐 아니라, 아버지와 함께 만물을 창조하시고 다스리시는 하나님이심을 믿고 경배하며 찬양합니다(빌립보서 2:6-11).

12. 왜 예수의 동정녀 탄생을 고백합니까?

성경이 예수의 잉태와 탄생에 관하여 말씀하는 대로 믿고 고백합니다(마태복음 1:18). 선지자의 예언대로 만백성을 구원할 구세주가 동정녀의 몸에서 나셨습니다. 그것은 성령께서 일하심으로 이루어진 것으로 우리의 합리적인 이해를 초월하는 것입니다. 예수께서는 요셉과 정혼한 동정녀 마리아에게서 나심으로써 선지자의 예언대로 다윗의 자손이 되셨으며, 다른 사람들과 다름없이 온전한 사람으로 나셨습니다. 그러나 죄는 없으십니다(히브리서 4:15).

예수께서 죄가 없으신 분이라는 사실과 동정녀 탄생이 물리적으로 인과관계가 있는 것이라고 말할 수는 없습니다. 죄가 남자에게 있고 동정녀에게는 없는 것이 아니기 때문입니다. 예수께서 죄가 없으신 것은 그분이 성령으로 잉태된 임마누엘 하나님이시기 때문이며, 성경이 말씀하는 바와 같이 예수께서 지상에 사시면서 마귀의 유혹과 시험을 이기시고 흠 없이 거룩하게 사셨기 때문입니다(요한계시록 3:21). 예수께서 천국 복음 사역을 하시기 전에 성령에 이끌리어 광야에서 마귀의 시험을 받으신 것에 대한 말씀은 예수께서 우리 사람이 겪는 시험을 받으셨으나 승리하셨음을 밝히시는 말씀입니다(마태복음 4:1-11).

예수께서 성령으로 동정녀에게서 나신 사실은 예수께서 영원하시고 참되신 하나님의 아들이심을 확언하는 사건입니다. 예수께서는 참 하나님이시면서 동시에 죄가 없으신 참 사람이시므로 하나님과 사람 간에 평화를 이루는 중보자로서의 자격과 요건을 유일하게 갖추신 분이십니다.

천국의 복음을 전하실 뿐 아니라 자신을 희생하시기까지 사람을 사랑하신 예수 그리스도의 거룩하고 자비하신 삶이,

그리고 그분의 고난의 삶과 죽음과 부활이 예수께서는 그리스도시며 하나님의 아들이심을 알게 합니다. 그러므로 우리는 예수께서 성령으로 동정녀의 몸에서 탄생하신 사실을 주저 없이 감사함으로 고백합니다.

13. 예수의 고난과 죽음은 무엇을 의미합니까?

예수의 전 생애가 고난의 삶이었습니다. 말구유에 나신 일, 헤롯의 어린이 학살을 피하여 부모가 아기 예수를 데리고 이집트로 피난 한 일을 비롯하여, 예수께서 천국 복음 사역을 하실 때도 머리 둘 곳도 없이 지내신 일, 바리새인들과 율법학자들에게서 질시와 미움을 받으신 일 등이 다 고난의 삶이었습니다(마태복음 2:1-23; 8:20).

예수께서는 특히 생애 마지막에 십자가의 극형을 받아 당신 자신의 몸과 영혼으로 온 인류에 대한 하나님의 진노를 짊어지셨습니다(이사야 53장). 십자가에 죽으심으로 우리가 받을 저주를 대신 받으셨습니다(갈라디아서 3:13).

예수께서는 고난을 받으시고 단 한 번에 드리는 속죄 제물로 자신을 드림으로써 우리의 몸과 영혼을 영원한 형벌에서 구속하시고 우리에게 하나님의 은혜와 의를 입혀 주시고 영원한 삶을 얻도록 해 주셨습니다(마가복음 10:45). 이사야 선지자의 말씀대로 그분은 우리의 허물로 인하여 찔림을 받고 우리의 죄악을 인하여 상함을 받았습니다(이사야서 53:5-6; 히브리서 9:11-15). '구속'은 누군가가 본래 노예 대신 값을 지불하고 그를 자유롭게 한다는 뜻입니다.

죄의 값은 사망이므로 사람은 누구나 다 죄 값으로 죽을 수밖에 없습니다. 그러나 하나님께서는 사람들에게 죄 사함을 받는 길을 첫 사람이 죄를 범한 때부터 열어 놓으셨습니다. 하나님께서는 첫 사람 아담과 하와에게 짐승의 가죽으로 옷을 지어 입히셔서 부끄러움을 덮어주셨습니다. 죄를 사한다는 구약의 '키퍼'는 '덮다'는 말입니다.

사람들은 짐승을 희생하여 제사를 드림으로써 하나님 앞에 나아갈 수 있으며 죄 사함 받을 수 있었습니다. 죄 없으신 예수 그리스도께서는 십자가에 죽으심으로 화목제물이 되셨습니다. 그러므로 세례 요한은 그분을 가리켜 '세상 죄를 지고 가는 어린 양'으로 불렀습니다(요한복음 1:29). 요한계시록에 따르면 천상에 계시는 그리스도를 늘 '어린 양'으로 지칭하고 있습니다(요한계시록 5-6).

14. 십자가 혹은 그리스도의 피를 어떻게 이해합니까?

십자가는 본래 극형의 형틀이었으나 이제는 예수 그리스도의 죽으심을 뜻하는 상징이 되었습니다. 예수께서 십자가에 달려 죽으심으로 화목 제물이 되셔서 우리의 죄를 속하시고 우리의 죽음을 대신하셨습니다. 유대인에게는 거리끼는 것이고 이방인에게는 미련한 것이지만 우리 그리스도인에게는 하나님의 능력이요 지혜이므로, 바울은 예수의 십자가에 죽으심을 전하며 십자가만을 자랑한다고 하였습니다(고린도전서 1:22-24; 갈라디아서 6:14). 그렇다고 십자가의 형상 자체가 무슨 신비한 능력을 지닌 것은 아닙니다. 십자가를 부적처럼 사용하는 것은 미신입니다. 종교개혁의 교회는 그런 뜻에서 십자 성호를 긋지 않습니다.

피는 곧 생명입니다(창세기 9:4, 5). 그러므로 피 흘림은 죽음입니다. 하나님께서는 구약에서 짐승을 희생함으로써 죄를 범한 사람이 용서함을 받으며 죄에서 정결함을 얻는 길을 여셨습니다. 제사장은 피를 제단 사면에 뿌리거나 사람에게 뿌려 정결하게 하고 거룩하게 했습니다(출애굽기 24:1-8). 출애굽 때는 양의 피를 문설주와 인방에 발라 재앙을 면케 하셨습니다.

그러나 피 역시도 그 자체가 무슨 능력을 지닌 것은 아닙니다. 뿌려진 피는 생명의 희생이므로 하나님께서는 그 희생을 값있게 보시고 사람의 죄를 사하시고 생명을 보존케 하십니다.

예수의 피는 우리 죄를 사하고 우리를 구속하십니다(요한1서 1:7). "주의 보혈 능력 있도다." 하고 찬송합니다(찬송가 202

장). 그러나 피 자체가 능력을 가진 것은 아닙니다. 하나님 아버지께서는 당신의 아들이 제물이 되셔서 흘리신 피를 보시고 우리의 죄를 사하시며 새 생명을 주십니다(히브리서 9:12-22). 그러므로 우리는 그리스도께서 피를 흘리신 사실을 귀하게 여기며 그의 피로 말미암아, 다시 말하면, 희생의 제물로 죽으신 그의 죽음으로 말미암아 주께 감사하며 주를 찬양합니다.

15. 왜 예수께서 빌라도에게 고난을 받으셨다고 고백합니까?

로마의 총독 본디오 빌라도는 예수 그리스도에게 사형을 언도하는 것은 여론에 따르는 것일 뿐 자신과는 상관이 없다는 뜻에서 손을 씻기까지 했습니다. 그럼에도 불구하고 왜 사도신경에서 그리스도께서 빌라도에게 고난을 받으셨다고 말하느냐고 의문하는 사람들이 있습니다.

그것은 빌라도가 당시에 시리아와 팔레스타인을 다스리는 행정 책임자이며 예수를 핍박하고 정죄하며 그분을 십자가에 못을 박은 모든 사람들을 대표하는 인물이었기 때문입니다. 그의 허락이나 지시가 없이는 아무도 판결을 받거나 처형될 수가 없었습니다. 죄 없으신 예수, 의로운 재판장이신 하나님의 아들이 물욕과 권세에 눈이 어두워진 불의한 권력자에게 재판을 받고 십자가에 달려 죽으셨습니다.

역사에서 기독교 신자들이 박해를 당한 경우를 보면 정치적인 권력자는 늘 결정적인 역할을 했습니다. 초기의 그리스도인들은 유대교인들과 로마 제국 내의 여러 종교와 사상을 가진 사람들로부터 오해를 받고 핍박을 받았습니다. 그러나 그것은 어디까지나 사회적이며 문화적인 마찰과 갈등의 성격을 띠었습니다만, 정치적인 권력자가 이런 핍박을 묵인하거나 허용하거나 스스로 주도했을 때, 사소한 핍박은 대규모의 박해로 발전했으며 수많은 신자들이 순교하게 되었습니다.

네로를 위시하여 절대 권력을 가졌던 로마의 여러 황제들, 사법권을 부여받아 이단과 신실한 신자들을 종교재판으로 고문하며 처형하고 학살한 중세와 종교개혁 시대의 교권주의자들과 이를 방조하거나 주도한 군왕들이 본디오 빌라도의 후예입니다. 8세기부터 10세기까지 한 때 부흥했던 기독교의 한 종파인 경교(景敎)로 하여금 자취를 감출 정도로 심하게 박해한 당나라의 무종(武宗), 가톨릭 신자들을 혹독하게 박해한 일본의 도꾸가와(德川) 및 조선의 대원군이 다 본디오 빌라도의 후예입니다.

16. 예수의 부활을 사도들은 무엇이라고 증언합니까?

사울이라고 칭하던 바울은 그리스도인들을 핍박하던 사람

이었습니다. 그런 바울이 개종하여 예수의 복음을 전하는 사도가 된 것은 예사로운 일이 아닙니다. 그리스도인을 잡아 유대인들에게 넘기기 위하여 예루살렘에서 다마스커스로 가는 길에 그는 그리스도를 만났습니다. 빛 가운데서 자신을 부르시는 음성을 듣고 눈이 멀게 되었습니다. 아나니아라는 제자에게 안수를 받고 눈을 뜨게 되었습니다(사도행전 9:1-18). 그는 사도가 되어 고난과 핍박을 무릅쓰면서 지중해 연안 지방을 여행하며 그리스도의 십자가와 부활의 복음을 전하다가 마침내 순교했습니다.

바울은 증언합니다.

> "내가 받은 것을 너희에게 전하였노니 이는 성경대로 그리스도께서 우리 죄를 위하여 죽으시고 장사 지낸 바 되었다가 성경대로 사흘 만에 다시 살아나사 게바에게 보이시고 후에 열 두 제자에게와 그 후에 오백여 형제에게 일시에 보이셨나니 그 중에 지금까지 대다수는 살아 있고 어떤 사람은 잠들었으며 그 후에 야고보에게 보이셨으며 그 후에 모든 사도에게와 맨 나중에 만삭되지 못하여 난 자 같은 내게도 보이셨느니라(고린도전서 15:1-8)."

예수께서 생전에 당신의 부활에 관하여 말씀하셨으나 제자들은 그 말뜻을 몰랐습니다. 예수께서 죽으신 후 제자들은 박해하는 유대인들을 두려워하며 실의에 빠져 있었습니다. 그러던 제자들의 태도와 삶이 돌변했습니다. 부활하신 예수를 만났기 때문입니다. 제자들은 오순절에 성령의 충만함을 받아 주의 죽으심과 부활의 복음을 만민에게 증거하며 그리스도의 교회를 세우고 돌보는 일에 생명을 바쳤습니다.

사도들의 증언을 듣고 읽는 사람들은 성령의 감동으로 예수의 부활이 역사에 일어난 사실임을 믿으며, 우리 믿는 성도들도 부활의 첫 열매인 그리스도와 함께 장차 부활할 것임을 믿습니다(마가복음 14:9-12; 누가복음 24:1-12; 요한복음 20:19-31; 21-23; 사도행전 2:30-32; 고린도전서 15:12-19).

17. "하늘에 오르사 전능하신 하나님 우편에 앉아 계시다가"는 무엇을 의미합니까?

예수께서 올리어 가신 하늘은 구름이 떠 있는 푸른 하늘이 아니고 이 세상과는 차원이 다른, 이 세상을 초월한 영원한 곳, 우주 만물을 다스리시는 하나님의 영광이 충만한 곳입니다. "너희는 마음에 근심하지 말라 하나님을 믿으며 또 나를 믿으라. 내 아버지 집에 거할 곳이 많으니 가서 너희 있을 곳을 예비하면 다시 와서 너희를 영접하리라(요한복음 14:1-2)."고 예수께서 약속하신 그 곳입니다.

요한계시록의 말씀에 따르면, 그 곳에서는 네 영물과 이십사 장로들과 수많은 천사들과 구원함을 받은 성도들이 보좌에 앉으신 이와 어린양으로 죽임을 당하신 이, 각 종족과 방언과 백성과 나라 가운데서 사람들을 당신의 피로 사셔서 하나님의 백성으로 삼으신 그리스도께 영광과 존귀와 감사와 찬송을 세세 무궁토록 돌리며 예배합니다(요한계시록 4:1-7:17).

그리스도께서 하나님 우편에 앉아 계신다는 말씀은 하나님 아버지께로부터 권세를 받아 만물을 다스리시며 성도들을 위하여 하나님께서 자비와 구원을 베푸시도록 중보의 역할을 다 하시는 아들이심을 의미합니다(히브리서 7:24, 25).

> "그 능력이 그리스도 안에서 역사하사 죽은 자들 가운데서 다시 살리시고 하늘에서 자기의 오른편에 앉히사 모든 통치와 권세와 능력과 주관과 이 세상뿐 아니라 오는 세상에 일컫는 모든 이름 위에 뛰어나게 하시고 또 만물을 그 발아래 복종하게 하시고 그를 만물 위에 교회의 머리로 삼으셨느니라……(에베소서 1:20-23; 마태복음 28:18; 빌립보서 2:9-11)."

18. "저리로서 산 자와 죽은 자를 심판하러 오시리라"는 무슨 말입니까?

"저리로서"라는 말은 거기서부터, 즉 주께서 계신 곳으로부터라는 뜻입니다. 예수 그리스도께서 다시 오신다는 말씀은 세계의 종말에 관한 말씀과 함께 성경 여러 곳에서 발견할 수 있습니다(히브리서 9:28; 고린도전서 16:17; 고린도후서 7:7; 마태복음 24:3, 27; 데살로니가전서 2:19, 3:13, 4:15, 5:23; 베드로후서 1:17 등등).

성경은 예수께서 하늘로 가심을 본 그대로 오실 것이라고 하며(사도행전 1:11), 모든 족속과 그를 찌른 자를 포함하는 각 사람이 주께서 능력과 큰 영광으로 오시는 것을 보게 될 것이라고 말씀합니다(요한계시록 1:7, 마태복음 24:30).

그리스도께서는 재림하셔서 사람을 행한 대로 심판하실 것입니다. 믿는 자에게는 영원한 구원을 주시며 그들을 하늘의 기쁨과 영광을 누리도록 영접하시는 반면에, 믿지 않고 불의한 자는 영원한 형벌을 받도록 하실 것입니다(요한계시록 21:1-8; 사도행전 17:31; 10:42, 누가복음 21:27-28, 마태복음 25:1-13;31-46; 데살로니가후서 2:8-12). 그러므로 그리스도인들은 고난 가운데서도 다시 오시는 구원의 주이시며 심판의 주를 기다리며 고개를 들고 삽니다.

예수의 재림의 날짜나 장소를 안다고 하는 자, 소위 시한부 종말론을 말하는 자는 거짓 선지자요 미혹하는 자입니다. 그 날과 그 때는 천사들도, 아들도 모르고 오직 아버지만 아신다고 예수께서 친히 말씀하셨습니다(마태복음 24:36; 사도행전 1:7). 그래서 예수께서는 도적 같이 혹은 해산할 여인이 아이를 낳듯이 갑자기 오신다고 말씀합니다(데살로니가전서 5:1-11).

그러나 우리가 말세에 살고 있음을 성경은 여러 가지로 말씀합니다. 명심해야 할 말씀은 복음이 모든 민족을 위하여 온 세상에 전파된 후에야 끝이 올 것이라는 말씀입니다(마태복음 24:14). 하나님의 자비와 선교의 중요성을 일깨우는 말씀입니다.

19. 성령에 관하여 무엇을 믿습니까?

성령께서는 성부와 성자와 함께 영원하신 인격적인 하나님이십니다. 성자는 성부에게서 나셨으며, 성령은 성부와 성자에게서 나오십니다(요한복음 14:16-17). 성경은 성령께서 인격적인 삼위일체 하나님의 한 분(person)이심을 가르칩니다. 교회는 일찍부터 그리스도의 명령에 따라 개종자를 성부와 성자와 성령의 이름에 연합하도록 세례를 베풀며 예배에서 성 삼위 하나님을 찬송했습니다.

그러나 신학자들은 성령을 단지 하나님의 능력으로만 이해하다가 예수 그리스도께서 하나님 아버지와 동등하며 영원하신 아들 하나님이심을 밝히 알게 된 이후, 즉 4세기 중반부터 성령께서 인격적인 하나님이심을 깨닫고 가르치기 시작했습니다.

"성령을 믿사오며"라고 할 때 우리는 성자 예수 그리스도께서 부활 승천하신 후 오순절에 성령께서 사도들과 예루살렘 교회에 역사적으로 강림하셨음을 믿습니다. 성령께서는 언제든지 하나님 아버지와 아들의 뜻을 따라, 그리고 자의로 오셔서 우리로 하여금 성경 말씀을 깨닫도록 해주시며, 죄를 깨달아 회개하게 하시고 거듭나게 하셔서 그리스도를 구주로 믿게 하십니다(요한복음 3:5-9). 우리로 하여금 날마다 회개하면서 주의 뜻을 따르게 하시며, 그리스도의 모습을 닮도록 우리를 성화시켜 주십니다. 지상에서 우리가 숨을 거둘 때 우리를 영화롭게 해 주십니다(갈라디아서 6:16-24).

성령께서는 그리스도를 증거하시며 교회의 지체들에게 은사를 주셔서 서로를 섬기는 가운데 교회의 머리이신 그리스도를 섬기게 하십니다(요한복음 16:13; 갈라디아서 6:16-25). 성령께서는 우리 성도들을 지키시며, 우리가 불순종할 때 근심하시며(이사야서 63:10), 우리가 연약할 때 도우시며, 빌 바를 알지 못 할 때 말할 수 없는 탄식으로 우리를 위하여 아버지께 간구하십니다(로마서 8:26).

20. '거룩한 공회'를 믿는다는 말이 무슨 뜻입니까?

'거룩한 공회'는 '거룩한 보편적인 교회'의 서툰 번역어입니다. 그리스도의 교회는 예루살렘의 하나의 교회에서 시작하여 언어와 문화가 다른 여러 나라와 지역에 있는 수많은 교회들로 성장하였습니다. 그러나 예수를 하나님의 아들이요 그리스도이심을 믿는 온 세계의 교회들이 모두 다 그리스도를 머리로 하는 하나의 몸 된 교회임을 시인하는 고백입니다.

교회는 초기부터 분파 운동들이 있었습니다만, 1054년에 크게 두 교회로 분열되었습니다. 즉 로마를 중심으로 하는 유럽의 서방교회와 콘스탄티노플을 중심으로 하는 발칸과 러시아 지역의 동방교회로 분립되었습니다. 그러나 동, 서방교회의 분립은 오늘의 교회 분열과는 양상이 달랐습니다. 교리보다는 언어와 문화 및 정치적인 배경의 차이로 인한 분립이었습니다. 서방교회는 16세기에 종교개혁이 일어나 로마 가톨릭과 개신교로 나뉘었습니다. 개신교는 루터교회, 개혁교회, 앵글리칸, 재세례파 교회들로 출발하여 제각기 또한 민족과 국가 단위의 교회들로 발전하였습니다. 유럽의 이민으로 구성된 미국 교회는 다양한 민족과 언어의 배경 때문에 수많은 교파 교회로 발전하였습니다.

그러나 언어, 문화 혹은 교리의 차이가 없음에도 불구하고 한국 교회는 분열과 분립을 거듭해 왔습니다. 한국 교회의 성도로서 우리는 '거룩한 보편적인 교회'를 떳떳이 고백하기에는 너무나 부족함을 깨달으며, 부끄럽게 여깁니다.

"모든 겸손과 온유로 하고 오래 참음으로 사랑 가운데서 서로 용납하고 평안의 매는 줄로 성령의 하나 되게 하신 것을 힘써 지키라 몸이 하나이요 성령도 한 분이시니 이와 같이 너희가 부르심의 한 소망 안에서 부르심을 받았느니라……(에베소서 4:2-6)."

이 말씀은 지역 교회의 신자 각자뿐 아니라 그리스도의 몸 된 전체 교회에게도 하시는 말씀입니다.

21. 교회란 무엇입니까?

교회는 신자의 모임이면서 동시에 하나님께서 제정하신 기관입니다. 칼빈이 옳게 말한 것입니다. 예수 그리스도의 사역의 목적이 교회를 세우는 것이었습니다(마태복음 16:18-20). 예수께서 제자들에게 하신 마지막 부탁이 복음을 전하여 교회를 세우고 돌보라고 하신 것이었습니다(마태복음 28:19-20; 요한복음 21:15-17).

사도신경에서 다른 모든 주제는 그냥 믿고 받아들이면 됩니다. 그러나 교회에 대한 신앙고백은 다릅니다. "너희는 그리스도의 몸"이라는 말씀과 같이 "여러분"이, 즉 "우리 자신들"이 그리스도의 교회이기 때문입니다(고린도전서 12:27). 교회에 대한 신앙고백에는 실천이 따라야 합니다.

그리스도를 믿어 의롭다함을 받은 그리스도인 각자는 혼자 살지 않고 교회의 지체로 그리스도인들과 더불어 삽니다. 그리스도 안에서 한 형제요 자매가 되어 서로 도우며 오래 참고 사랑하면서 함께 자라갑니다. 성령 안에서 하나가 되어 주님을 닮는 거룩한 삶을 살며 함께 하나님의 성전으로 지어져가야 합니다.

교회는 예배 공동체, 즉 섬기는 공동체입니다. 봉사는 교회가 하는 봉사와 교회를 위한 봉사로 구분됩니다. 교회가 하는 봉사는 교회가 공동체로서 하는 봉사, 즉 하나님께 예배하는 일과 선교 및 이웃을 돕는 봉사입니다. 교회를 위한 봉사를 위하여서는 하나님께서 직분자를 세우십니다. 목사와 교사를 세워 말씀을 선포하고 가르치게 하시며, 장로와 집사를 세워 교회를 돌아보며 교인들을 섬기게 하십니다(에베소서 4:11-12; 고린도전서 12:27-31; 로마서 12:4-13). 교회를 위한 봉사는 교회가, 즉 온 교인이 하나님의 말씀을 좇아 봉사를 옳게 잘 할 수 있도록 돕는 봉사입니다.

22. '성도가 서로 교통하는 것'은 무엇을 말합니까?

'성도가 서로 교통하는 것'은 성도의 교통 또는 교제를 풀어 쓴 말로서 교회의 중요한 속성을 가리키는 말입니다. '거룩한 공회', 즉 '거룩한 보편적인 교회' 는 교회가 하나님께서 세우신 기구이며 온 세계에 두루 존재하는 하나님의 택함을 받은 백성의 총체를 가리키는 다소 추상적인 개념인데 반하여, '성도의 교제' 는 보다 구체적으로 교회의 지체인 '성도들의 모임' 임을 강조하는 말입니다.

'거룩한 보편적인 교회' 는 교회가 예배하는 공동체임을 연상케 하는 반면에, '성도의 교제' 는 교회가 또한 사랑의 공동체임을 연상케 합니다. 예배하는 공동체라는 개념에는 사랑의 공동체라는 개념이 다 포함되어 있습니다만, '성도의 교제' 는 교회의 역할과 교회 지체인 성도들 상호간의 관계와 기능을 좀 더 구체적으로 생각하게 하는 개념입니다.

교회의 지체인 성도들이 받은 성령의 은사는 다양합니다. 사도와 선지자와 교사의 역사적이며 정상적인 교회 직분 등 중요한 은사를 받은 사람이 있는가 하면, 섬기는 일과 초자연적이며 신비적인 은사 등 개별적으로 갖는 은사를 받는 사람도 있습니다(고린도전서 12:28-31).

그뿐 아니라 교회의 지체된 성도들은 선천적으로 타고난 재능, 소질, 성품이 다르고 가정과 교육의 배경이 다르며 사회적 신분이 다릅니다. 그럼에도 불구하고 성도들은 그리스도 안에서 한 몸을 이루며 자기가 가진 것을 필요로 하는 형제들과 사랑으로 나누며 서로를 섬깁니다.

그러므로 성도들은 부르심을 입은 부름에 합당하게 행하여 모든 겸손과 온유로 하고 오래 참으로 사랑 가운데서 서로 용납하고 평안의 매는 줄로 성령의 하나 되게 하신 것을 힘써 지켜야 합니다(에베소서 4:2-4). 서로 떡을 떼며 기도하고 서로를 돕고 하나님께 예배한 예루살렘 교회는 모든 교회의 모범입니다(사도행전 2:42-47).

23. '죄를 사하여 주시는 것을 믿사오며' 하는 말은 무슨 뜻입니까?

하나님 아버지를 믿고 예수 그리스도를 믿으며 교회의 지체가 되고 성도와 거룩한 교제를 가지려면 우리는 먼저 죄 사함을 받아야 합니다. 하나님께서는 우리가 살아가는 데 필요한 모든 것을 은혜로 주십니다. 그러나 죄를 사하여 주시는 것은 우리가 죄인임을 인식하고 예수 그리스도를 믿으며 우리의 죄를 고백하고 용서를 구할 때 하나님께서는 그리스도 안에서 우리의 죄를 사하여 주시며 의롭다고 여겨 주십니다(요한1서 15-10).

기독교는 회개와 사죄의 종교입니다. 우리가 하나님 앞에서 죄인임을 깨닫고 죄를 회개하는 것과 그리스도 안에서 죄 사함을 받는 것, 그것은 기독교의 중심교리요 제도입니다. 그리고 바로 그것이 기독교가 불교나 유교 혹은 무속 종교와 다른 점입니다.

성경에서 당신 자신을 계시하시는 하나님은 거룩하신 창조주 하나님이시므로 그분 앞에서 우리는 자신이 죄인임을 깨닫게 됩니다. 우리가 하나님께 우리 죄를 고할 때 하나님께서는 우리 죄를 사하시고 용서해 주십니다. 구약의 제사 제도 역시 우리의 죄를 사하시기 위하여 제정하신 제도였으며, 그리스도께서 세상에 오셔서 십자가에 죽으신 것도 우리의 죄를 사하고 우리를 죄와 죽음에서 구원하시기 위함이었습니다.

하나님께서는 우리가 죄를 깨닫고 하나님 앞에 고하기를 촉구하시며, 죄인이 회개하고 돌아오기를 기다리십니다. 그리고 돌아오면 잔치를 베푸시며 기쁨으로 맞아주시는 사랑의 하나님이십니다(이사야 1:18; 누가복음 15:11-32).

하나님께서는 우리가 예수 그리스도를 믿을 때 우리의 죄를 사하시고 의롭다고 여겨주십니다. 우리는 그리스도로 말미암아 하나님과 더불어 화평을 누리며 은혜에 들어감을 얻고 하나님의 영광을 바라고 즐거워합니다(로마서 5:1-2).

우리가 죄인임을 깨닫고 우리가 지은 죄를 회개할 때 하나님께서는 아들의 죽으심을 보시고 우리를 용서하시며 의롭다고 하셔서 하나님의 양자로 삼아주십니다(로마서 8:12-17). 우리는 비록 자신이 죄인임을 깨닫고 회개하여 그리스도 안에서 하나님의 자녀가 되었다고 하더라도, 우리는 아직 연약하기 때문에 죄를 범하기가 일쑤입니다.

그러므로 우리는 날마다 하나님께 죄를 고하고 용서를 빌며 성령의 도우심으로 죄를 멀리하는 거룩한 생활을 하기 위하여 힘써야 합니다(고린도전서 9:27 갈라디아서 5:16-26).

24. 몸의 부활과 영생을 어떻게 믿습니까?

우리 주 예수 그리스도께서 죽어 장사된 지 사흘 만에 사망의 권세를 이기시고 부활하셨습니다. 예수의 부활이 우리 부활의 첫 열매가 되심을 하나님께서 말씀으로 선포하시고 약속하심으로 우리는 몸의 부활과 영생을 믿습니다. 그것은 신실하신 예수께서 약속하신 것입니다(요한복음 6:30-40; 47-58). 마지막 날에 우리 몸은 그리스도의 능력으로 소생함을 받아 우리 영혼과 다시 결합되어 그리스도의 영광의 몸과 같이 될 것입니다(누가복음 23:43; 고린도전서 15:42-44).

사람이 죽어 땅에 묻히면 몸은 썩어 흙으로 돌아갑니다. 사람의 몸의 요소들이 다시 결합하여 부활한다는 것을 두고 구태여 물질 보전의 법칙을 들어 변증할 이유는 없습니다. 사람이 신령한 몸으로 다시 부활하는 것은 모든 과학적인 설명을 초월합니다. 천지를 창조하시고 우리 사람을 지으신 하나님, 우리를 모태에서 조성하시는 하나님께서는 당신의 권능과 능력으로 우리의 몸을 그리스도의 영광의 몸과 같이 부활하게 하실 것입니다. 그리스도께서 먼저 부활하심으로 그것을 실증하셨습니다.

부활의 교리는 우리의 전인격이 영혼과 육체로 구성되는 것임을 가르치며 하나님께서 만물을 선하게 지으셨음을 의미합니다. 물질세계는 악에 속하고 영적인 세계는 선에 속한다는 이원론적인 세계관을 거부합니다. 그리고 우리의 몸은 악에 속했으므로 몸을 벗어나는 것이 구원이라고 말하는 잘못된 인간관과 구원관을 배격합니다.

성경에서 동물적인 삶을 '비오스'(bios)라고 하고 하나님과 더불어 누리는 참 삶을 '조에'(zōe)라고 합니다. 영생은 동물적인 삶의 연장이나 영혼의 불사가 아니고 우리의 전 인격이 하나님의 신성과 사랑에 참여하며 하나님을 영원토록 즐거워하며 기뻐하고 찬양하는 참 삶입니다. 그리스도를 믿는 자는 아들 안에 있는 영원한 생명을 하나님께서 주셔서 이미 소유하고 있습니다(요한1서 4:11).

25. 사람이 죽으면 어떻게 됩니까?

죽음의 문제를 다루고 죽음 후의 세계에 관하여 가르치는 것이 모든 종교의 주된 관심사입니다. '종교적'이란 말은 죽음과 죽음 이후의 세계와 인간의 상태에 관하여 관심을 가지며, 그런 관심에서 현세와 사물을 보고 삶을 영위하는 것을 가리키는 말입니다.

여러 종교들이 사람은 영혼과 육체로 구성된 것이라고 말하며 영혼의 불멸을 믿습니다. 즉 사람이 죽으면 육체는 썩어 없어지지만 영혼은 죽지 않는다고 믿습니다. 죽어 몸을 떠난 영혼이 어떻게 되며 어디로 가느냐에 대한 설명은 여러 가지입니다. 그런 설명은 각자의 신관(神觀)과 관계가 있습니다.

무신론적이며 범신론적인 불교나 힌두교에서는 윤생(輪生) 또는 환생(還生)을 믿습니다. 도를 닦아 극락에 이르지 못한 영혼은 현세의 사람이나 다른 동물로 환생한다고 합니다. 그러한 가르침은 성경 말씀에 따르면 터무니없는 거짓입니다.

성경도 사람에게는 영혼이 있음을 가르치며 사람이 죽는 현상을 영혼이 육체를 떠나는 것으로 묘사합니다. 그러나 성경은 사람의 육체와 영혼을 이원론적으로 이해하지 않습니다. 이원론적인 이해는 육체는 썩어지나 영혼은 영원히 죽지 않는다는 것이며, 더러는 육체는 악에 속하나 영혼은 선에 속한다고 말하는 것입니다.

그러나 성경은 사람이 죄를 범했을 때 영혼과 육체의 전인격이 죄를 지은 것으로 규정합니다. 그러므로 그리스도 안에서 얻는 구원은 영혼과 육체, 전인격의 구원임을 말씀합니다. 사람은 죽음으로 인하여 육체와 영혼은 나누어지나 그리스도를 믿는 사람은 장차 주께서 부활하신 것처럼 하나님의 능력으로 죽었던 몸이 썩지 않는 신령한 몸으로 다시 산다고 성경은 말씀합니다(고린도전서 15장).

26. 몸이 부활할 때까지 영혼은 어디에 가 있습니까?

예수를 믿어 하나님의 백성이 되고 그리스도와 함께 영광을 누리는 하나님의 양자가 된 그리스도인은 죽어서 낙원, 즉 하나님의 나라에 갑니다.

함께 십자가의 형벌을 받으면서 "예수여 당신의 나라에 임하실 때에 나를 생각하소서." 하는 죄수에게 예수께서는 "오늘 네가 나와 함께 낙원에 있으리라."고 말씀하셨습니다(누가복음 23:42-43). 예수께서는 제자들에게 당신 자신이 떠나더라도 근심하지 말라고 말씀하십니다. 아버지 집에는 거할 곳이 많으니 저희를 위하여 있을 곳을 예비하면 주께서 다시 와서 저희를 주께로 영접하여 주께서 계신 곳에 저희도 있게 할 것이라고 말씀하십니다(요한복음 14:1-3).

성경은 믿음을 따라 죽은 이들이 세상에서 나그네로 살 때 하늘에 있는 본향을 사모했다고 말씀합니다(히브리서 11:13-16). 그리스도를 위하여 고난을 당하고 죽임을 당한, 앞서간 성도들을 가리켜 "구름 같이 둘러싼 허다한 증인들"이라고 표현합니다(히브리서 11:33-12:1). 하늘나라에서는 수없이 많은 성도들이 천사들과 함께 하나님의 보좌 앞에 엎드려 큰 소리로 찬양하며 경배합니다. 하나님께서는 그들의 눈물을 씻어 주시며 위로해 주십니다(요한계시록 7:9-17).

성경에는 이런 말씀도 있습니다. 맑은 생명수의 강이 하나님과 및 어린양의 보좌로부터 흘러나 길 가운데로 흐르는데 강 좌우에는 열두 가지 실과를 맺히고 그 나무 잎사귀들은 만국을 소생시키는 생명나무가 있다고 말씀합니다. 거기에는 저주가 없으며 하나님의 종들이 하나님과 어린양의 보좌를 둘러서 주를 섬기며 주의 얼굴을 볼 것이라고 합니다. 다시 밤이 없고 등불과 햇빛이 필요 없는 그 곳, 하나님의 영광의 빛으로 가득한 그 곳에서 성도들이 영원히 왕 노릇할 것이라고 말씀합니다(요한계시록 22:1-5).

27. 영혼이 낙원에 간다면 몸의 부활이 왜 필요합니까?

성경 말씀에 따르면 예수께서 다시 세상에 오셔서 세상의 종말이 될 때 우리 몸은 부활합니다. 우리는 그 때 신령한 새로운 몸을 덧입게 됩니다(고린도전서 15:42-49). 몸을 떠난 영혼이 낙원에 혹은 천국에서 지낸다면, 그리고 영혼이 우리 자아(自我)의 정체(正體)라면 왜 구태여 몸의 부활이 있어야 하는지 의문하게 됩니다. 성경은 이런 의문에 대하여 시원스럽게 답하지 않습니다. 단지 부활의 첫 열매인 예수 그리스도의 부활을 따라 우리 몸이 다시 부활할 것임을 분명히 말씀할 따름입니다.

죽음 저편의 세계는 아무도 경험하지 못했으므로 사람으로서는 아무 것도 아는 것이 없습니다. 그러므로 그리스도께서 죽음을 이기시고 부활하심으로 죽음 저 편에 영원한 삶이 있음을 보여 주신 것입니다. 그리스도의 부활이 있어서 영원한 삶이 실재하는 것임을 알게 되었습니다. 그리스도의 부활은 죽음 저 편의 영원한 세계에 대한 보증입니다.

성경에서는 여러 곳에서 죽음을 잠자는 것으로 표현하고 있습니다. 그 말은 죽음에 대한 은유(隱喩)로도 이해할 수 있습니다만, 죽은 자가 장차 깨어 일어날 것임을 함축하는 말입니다. 몸이 잠자는 동안 영혼은 영광의 세계에 이른다는 사실과 마지막 날에 몸은 신령한 몸으로 부활한다는 사실, 이 두 사실을 우리는 서로 조화되게 이해하기가 쉽지 않습니다.

이를 현대적인 개념을 빌려 이해한다면, 죽음 저 편의 세계는 시간과 공간을 초월하는 차원이 다른 세계입니다. 현 차원의 세계에 살면서 사물을 관찰하고 사고하고 추론하는 우리는 죽음 후의 세계, 즉 차원이 다른 세계의 것을 추론할 수 없습니다. 이 세상에는 과거, 현재, 미래가 있으나 저 세상에는 영원한 현재가 있을 뿐입니다. 영혼과 몸이 죽음으로 결별하고서부터 부활로 해후하기까지의 경과는 시간으로 잴 수 없는 영원에 속한 현재입니다(시편 90:4).

II
십계명

28. 십계명이 무엇입니까?

하나님께서는 당신의 나라를 이 땅 위에 실현하시고자, 다시 말하면, 사람을 구원하시고자 일찍이 이스라엘 백성을 이집트의 종살이에서 해방시켜 광야로 인도하시고 그들과 언약을 맺으셨습니다. 이스라엘은 당신의 백성이 되고, 당신께서는 이스라엘의 하나님이 되셨습니다. 그리고 언약의 표로 십계명과 율법을 주셨습니다. 십계명은 율법의 핵입니다.

십계명은 종교적인 계명과 윤리적인 계명의 두 부분으로 구분됩니다. 예수께서는 이를 하나님을 사랑하고 이웃을 사랑하라는 두 계명으로 요약하십니다. 그리고 이 두 계명이 온 율법과 선지자의 강령이라고 말씀하십니다(마태복음 22:37-40; 신명기 6:4-9; 레위기 19:17-18).

십계명과 비슷한 형식의 계명이 새겨진 비문이 이스라엘

주변의 나라에도 발견되었습니다. 둘째 부분의 윤리적인 계명에는 별로 다름이 없습니다. 윤리적인 계명은 모든 민족에게 있는 보편적인 계율입니다. 하나님께서 인간의 양심에 율법을 주셨기 때문에 그렇습니다. 그러나 첫째 부분의 계명은 성경의 십계명과 다릅니다. 하나님을 섬기라는 말씀 대신에 왕을 섬기라는 말로 되어 있습니다. 인격적인 창조주 하나님에 대한 신앙이 없는 사회에는 왕이나 통치자가 하나님의 자리를 차지하는 것입니다. 하나님을 섬기라는 계명은 하나님께서 택하신 백성에게 주신 계명입니다.

십계명에서는 종교적인 계명과 윤리적인 계명이 하나를 이루고 있습니다. 하나님의 백성에게는 두 부분이 다 계율이 아니고 인격적인 하나님께서 말씀하시는 계명입니다. 그러므로 사람이 윤리적인 계명을 범하더라도 먼저는 하나님께 죄를 범한 것이 됩니다. 우리는 십계명을 살아 계신 하나님의 말씀으로 알고 지키며 순종하기 위하여 최선을 다해야 합니다.

29. 십계명을 온전히 지킬 수 있습니까?

사람은 십계명을 온전히 지킬 수 없습니다. 예수께 영생하는 법을 물었던 부자 청년처럼(마태복음 19:22) 누구든지 계명을 다 지켜 행한다고 생각하면, 그것은 착각입니다. 하나님을 사랑하라는 계명도 그러하지만, 이웃을 네 몸과 같이 사랑하라는 계명은 아무리 행해도 충분하지 않기 때문입니다.

그렇다고 하여 십계명이 사람을 정죄하는 올무나 거치는 것으로 알면 안 됩니다. 십계명은 하나님께서 당신의 백성에게 율법과 함께 주신 은혜로운 선물입니다. 하나님의 백성답게 사람의 도리를 다하며 살도록 주신 것입니다. 창조주 하나님을 알고 하나님을 하나님으로 옳게 섬기고 사랑하며 살도록 주신 것이며, 이웃을 사랑하는 고귀한 삶을 살도록 주신 특권입니다.

사람은 계명을 지키지 못하므로 죄인이 되는 것이 아니고 계명이 있기 이전부터 사람은 이미 죄인입니다. 계명은 사람으로 하여금 하나님의 뜻을, 즉 하나님의 백성이 어떻게 살아야 할 규범을 알려 주심으로 우리로 하여금 자신들이 죄인임을 깨닫게 합니다(로마서 5:12-13; 6:7). 그런 뜻에서 율법과 계명은 사람의 모습을 비춰주는 거울과 같아서 우리가 심판 아래 있음을 깨닫게 합니다.

그러므로 하나님께서는 그리스도 안에서 새로운 의를 나타내셨습니다. 누구든지 그리스도를 믿으면 하나님께로부터 의롭다고 여기심을 받아 하나님의 새 백성이 됩니다. 하나님의 백성이 된 그리스도인은 삶의 규범으로 주신 십계명을 새로운 관계에서 지킵니다. 그리스도인은 착각이나 좌절 혹은 비관 속에서 계명을 대하는 것이 아니고 그리스도 안에서 누리는 사죄의 은총 속에서 성령을 좇아 회개와 감사와 기쁨으로 계명에 순종하고자 최선을 다합니다.

30. 예배에서 왜 십계명을 교독합니까?

종교개혁자들은 중세 교회가 지켜 오던 전통들 가운데 성경적이며 의미 있는 전통은 그대로 지켰습니다. 예배에서 인도자가 십계명을 봉독하거나 회중과 더불어 교독하는 것은 사도신경을 고백하는 것과 같이 교회가 지켜 온 귀하고 의미 있는 전통입니다. 중세 때부터 신앙교육문답서(요리문답서)에는 사도신경과 십계명 및 주기도에 대한 문답이 대부분의 지면을 차지했습니다. 그 셋이 그 만큼 중요하므로 우리의 찬송가 앞뒤 표지 안쪽에 수록하여 예배 시에 쉽게 보고 읽을 수 있도록 하고 있습니다.

한국 교회가 1960년대 이전까지는 예배에서 십계명을 충실히 교독해 온 편이었으나 근래에 와서 소홀히 하고 있는 것은 유감스런 일입니다. 십계명이 실은 하나님을 어떻게 사랑하고 섬겨야 하는 지를 말씀하는 예배 계명입니다. 그러므로 예배에서 예배 계명인 십계명을 자주 교독하는 것은 마땅히 해야 할 일입니다.

예배에서 십계명을 교독할 때 우리는 우리에게 명령하시는 살아 계신 하나님 앞에 서서 예배하는 하나님의 백성임을 의식합니다. 하나님을 경외하며 우리 자신을 살피게 됩니다. 하나님께서는 십계명으로 의식을 갖추어 하나님을 예배하는 것이 예배의 전부가 아님을 일깨워 주십니다. 하나님을 그 무엇보다도 존귀하게 여기며 사랑할 뿐 아니라 이웃을 사랑함으로써 우리의 삶 전체로 하나님을 예배해야 함을 가르치십니다.

예배에서 행하는 십계명 교독은 성경봉독 및 설교와 함께 하나님께서 예배하는 우리에게 말씀하시는 부분입니다. 하나님께서는 십계명으로 우리로 하여금 열광적이고 기복적이며 이기적인 종교인이 되기보다는 이웃을 사랑하는 윤리적인 삶으로 하나님을 영화롭게 하는 성숙한 그리스도인이 되도록 독려하십니다.

31. 십계명의 머리말은 무엇을 말씀합니까?

"하나님이 이 모든 말씀으로 말씀하여 이르시되 나는 너를 애굽 땅, 종 되었던 집에서 인도하여 낸 너의 하나님 여호와니라(출애굽기 20:1-2)."

여호와는 '스스로 존재하는 이'라는 뜻을 가진 하나님의 거룩하신 이름입니다(출애굽기 3:14). 여호와 하나님은 우주가 있기 이전부터 영원히 계시는 하나님이시며, 변함이 없으시며, 온 우주 만물을 지으시고 당신의 주권으로 다스리시는 전능하신 창조주 하나님이십니다.

하나님께서는 이스라엘 백성의 부르짖음을 들으시고 모세를 통하여 그들을 노예의 굴레에서 해방시켜 이집트로부터 가나안으로 인도하셨습니다. 하나님께서는 그들의 조상들에게 주신 언약을 지키셨을 뿐 아니라, 시내산에서 이스라엘 백성을 하나님의 백성으로 삼으시고 당신께서 그들의 하나님이 되신다는 언약을 새롭게 주셨습니다(레위기 26:12; 출애굽기 29:45, 46).

하나님께서는 믿음의 조상들과 선지자들을 통하여 주신 약속대로 당신의 독생자를 세상에 보내셨습니다. 그리고 누구든지 저를 믿으면 죄와 죽음에서 벗어나 멸망하지 않고 영생을 얻게 하십니다(요한복음 3:16). 하나님의 아들 예수 그리스도께서는 또한 약속하신 대로 성령을 보내셨습니다. 성령께서는 우리로 하여금 그리스도를 믿게 하시고 거듭나게 하시며 의롭다함을 주셔서 하나님의 백성이 되게 하시고 하나님의 말씀을 좇는 거룩한 백성으로 성화의 삶을 살게 하십니다.

만물과 사람을 지으시고 구원하시는 창조주 하나님, 이스라엘을 택하여 당신의 백성으로 삼으신 여호와 하나님은 곧 성부와 성자와 성령 삼위일체 하나님이십니다. 우리를 그리스도 안에서 새 이스라엘이 되게 하신 성삼위 하나님께 우리는 감사와 영광을 돌리며 기쁨으로 하나님의 계명에 순종하는 삶을 살아야 합니다. 그러나 우리는 계명을 옳게 지킬 수 없는 무능한 죄인이므로 구속의 주 그리스도를 바라봅니다.

32. 제1계명으로 하나님께서는 무엇을 원하십니까?

"너는 나 외에는 다른 신들을 네게 있게 말지니라." 하는 말씀으로 삼위일체 하나님이신 여호와 하나님께서는 당신만을 예배하라고 말씀하십니다. 하나님께서는 만물에 당신의 신성을 보여 알게 하십니다.

사람에게는 하나님을 찾는 종교적인 본능이 있으나, 사람들은 죄로 말미암아 마음이 우둔하게 되어 스스로는 참 하나님을 인식하지 못합니다. 피조물을 돌보고 다스려야 할 사람이 자신을 비하시켜 우상, 즉 피조물을 섬기되 금수와 버러지 형상까지 섬기는 비참한 지경에 있습니다(로마서 1:18-23).

많은 신들을 섬기는 것을 일컬어 다신론이라고 합니다. 죽은 자의 영을 신으로 섬기는가 하면 동식물과 광물에도 정령(精靈)이 있다고 하면서 두려워하거나 혹은 동식물과 광물을 수호신으로 여겨 그것들에게 복을 빕니다. 이웃 일본 사람들이 섬기는 신이 8백만이 넘는다고 하며 인도 사람들은 그 보다 몇 배나 많은 수의 신들을 헤아린다고 하니 지구상에 민족과 부족들이 섬기는 신의 종류는 다 셀 수 없을 정도입니다.

신들의 이름을 낱낱이 들 필요도 없이 만물을 다 신으로 믿는 범신론(汎神論)은 만물 가운데 하나인 자기 자신을 신과 동일시합니다.

무신론은 문자 그대로는 참 하나님뿐 아니라 신들을 다 부인한다는 사상입니다. 하나님을 없다하는 자는 스스로가 합리적이며 논리적인 사람으로 자처합니다만, 성경은 그들이 어리석고 교만하며 악을 행하는 자라고 말씀합니다(시편 14:1-4). 하나님을 부인하는 자는 결국 물질을, 돈과 권력을, 그리고 자기 자신을 하나님의 자리에 두는 것입니다. 참 하나님을 섬기지 않고 다른 것들을 신으로 섬기는 자는 하나님의 진노와 심판을 면치 못합니다.

우리는 마음과 뜻과 정성을 다하여 우리를 지으시고 구원하시는 주 하나님만을 사랑하고 섬겨야 합니다. 그것이 하나님의 백성 된 그리스도인의 권리요 의무입니다.

33. 제2계명은 우리에게 무엇을 말씀합니까?

하나님께서는 우상을 만들지 말고 거기에 절하여 섬기지 말라고 말씀하십니다. 하늘에나 땅 위에나 물속에 있는 어떤 형상이든 만들어 하나님으로 섬기지 못하게 하시며, 어떤 모양으로든 하나님을 형상화하는 것을 금하십니다.

만물을 지으신 창조주 하나님을 외면하고 피조물을 하나님으로 섬기는 것은 참으로 어리석은 짓이고, 만물을 초월하시는 하나님을 피조물로 형상화하는 것은 하나님을 모독하는 행위입니다. 하나님께서 가장 노여워하시는 죄악입니다.

사람들은 피조물의 형상을 예술이란 이름으로 만듭니다만, 그것을 경배의 대상으로 하거나 경배를 유발하게 해서는 안 됩니다. 중세 교회는 예배당에 성상(聖像)들을 비치하여 성상 숭배를 허용했습니다. 백성들의 종교심을 만족시키기 위해서였습니다. 그러나 종교개혁의 신자들은 이러한 성상들을 제거했습니다. 조상(彫像)이나 화상(畵像)을 미술관에 비치했을 때는 감상의 대상이 되지만, 예배 장소인 예배당에 두게 되면 예배의 대상으로 잘못 알게 됩니다.

성령을 비둘기로 그리거나 조각하는 것도 실은 잘못입니다. 성령은 하나님이시므로 어떤 이유에서도 형상화해서는 안 됩니다. 예수께서는 사람들이 눈으로 보고 손으로 만졌던 분이시므로 예술가들은 그분의 모습과 삶을 예술로 표현하려고 추구합니다. 그러나 그 어떤 화상이나 조상도 진정한 예수 그분은 아닙니다.

예수 그리스도는 이제 높임을 받아 만물을 다스리시며 경배를 받으시는 아들 하나님이십니다(빌립보서 2:9-11). 십자가는 그리스도의 죽으심을 상징하는 형상이지만 입맞춤이나 예배의 대상일 수는 없습니다. 종교개혁의 교회는 그냥 십자형을 십자가의 상징으로 받아들이지만 로마 가톨릭과 정교회와는 달리 예수의 형상이 달린 십자가는 허용하지 않습니다.

34. 우상과 우상숭배는 어떤 것입니까?

조상(彫像)뿐 아니라 자연에 있는 무슨 사물이든지 사람이 거기에 절하고 섬기면 그 대상은 우상입니다. 그리고 그것을 섬기는 행위는 우상숭배입니다. 사람들은 해와 달, 돌과 바위, 수목 등 온갖 것에 절하며 복을 빕니다. 원시적인 부족이나 문명한 사회에서 사는 사람이나, 무식한 자나 유식한 자나 우상숭배를 하는 데에는 차별이 없습니다(신명기 4:15-24).

만물을 다스리시는 전능하신 하나님을 신뢰하지 않고, 자기 멋대로 생각하거나 행하는 모든 것이 우상숭배입니다. 굿을 하거나 고사를 지내는 일, 주역(周易)을 배워 점치는 일, 사주보는 일, 미신에서 날 잡는 일, 요행을 바라며 일확천금을 꿈꾸는 일, 쾌락을 좇는 일, 명예를 추구하는 일, 기(氣)를 추구하는 일, 육의 안일을 도모하는 일, 의식주를 염려하는 일(마태복음 6:25, 31-32), 염려하는 나머지 절망하거나 좌절하는 일 등등이 다 하나님께서 가증하게 여기시는 일들입니다(신명기 18:9-14).

사람에게 가장 막강한 우상은 맘몬, 즉 돈입니다. 돈은 생존을 위하여 필요한 것입니다만, 누구든지 필요 이상으로 욕심을 내면 돈의 노예가 됩니다. 돈의 세력에 저항하는 일은 어렵습니다. 인간의 존엄성, 자존심과 명예, 정치적인 생명이나 영웅적인 업적마저도 돈과 쉽게 바꾸는 사람들이 너무나 많습니다(디모데후서 3:1-7).

하나님보다 더 사랑하는 것이면 무엇이든지 다 우상입니다. 사랑하는 부모나 처자도, 자신의 목숨도 주님보다 더 사랑하면 하나님의 나라에 합당하지 않습니다(마태복음 10:37-39). 지식, 학문, 예술도 하나님보다 더 사랑하거나 하나님을 제쳐두고 추구하면 그것 역시 우상이요 우상숭배입니다. 사람이 우상숭배를 온전히 벗어나 신령과 진리로 하나님께 예배하는 것이 가능합니까? 오직 예수 그리스도 안에서 가능합니다.

35. 하나님을 예배하는 자의 축복은 무엇입니까?

하나님께서는 질투하시는 하나님이시므로 하나님을 미워하는 자의 죄를 갚되, 아비로부터 아들에게로 삼, 사대까지 이르게 하며, 하나님을 사랑하고 계명을 지키는 자에게는, 천대까지 은혜를 베푸신다고 말씀하십니다.

질투하신다는 표현은 하나님께서 당신의 백성을 사랑하시므로 백성 된 사람이 이방 백성들과 어울리고 그들에게 동화

되어 하나님을 저버리고 이방의 신들을 좇거나 우상을 섬기는 일을 미워하고 노여워하신다는 말씀입니다.

우리는 주의 날과 정한 날에 함께 모여 삼위일체 하나님께 예배해야 합니다. 하나님의 은혜와 사랑에 감사하고 찬송하며, 우리의 죄를 회개하고, 그리스도의 이름으로 기도하며, 성경말씀과 설교를 들으며, 주의 말씀을 좇아 성례를 행해야 합니다. 그리고 하나님께 예배하는 데 적합하지 않은 잘못된 관행, 즉 성경이 가르치지 않는 요소들은 제거하거나 시정해야 합니다.

하나님께서는 당신을 섬기지 않는 자와 잘못 섬기는 자를 벌하시는 반면에 온 마음을 다하여 섬기는 자에게는 은혜를 베푸십니다. 하나님께서는 사람을 벌하시기보다는 은혜 베푸시기를 기뻐하십니다. 그러므로 죄는 삼, 사대까지 벌하시지만, 하나님을 사랑하고 계명을 지키는 자 자에게는 천대까지 은혜를 베푸신다고 말씀하십니다. 그런 은혜를 베푸시고자 하나님께서는 독생자를 주셨습니다.

그러므로 우리는 마음과 성품과 힘을 다하여 하나님을 사랑하며 말씀을 마음에 새기고 전도에 힘쓰며 이웃을 사랑함으로써 우리의 삶 전체로 하나님을 예배하는 삶을 살아야 합니다. 우리는 하나님의 약속을 믿으므로 하나님의 은혜가 우리의 자손에게 기리 미치도록 부지런히 가르치며 그들을 위하여 기도해야 합니다(신명기 6:4-9).

36. 제3계명은 무엇입니까?

"너는 너의 하나님의 이름을 망령되이 일컫지 말라, 나 여호
와는 나의 이름을 망령되이 일컫는 자를 죄 없다 아니하리
라."

하나님의 이름을 헛되게 사용하거나 내세우지 말라는 뜻입
니다. 하나님의 이름을 무시하거나, 헛되고 불손하게 혹은 불
경건하게 이용하거나, 미신적으로 남용하거나, 사악한 마음으
로 언급하는 것을 금하십니다. 하나님의 이름뿐 아니라 하나
님께 속한 모든 것을 모독하거나 거짓 맹세함으로써 이용하는
일, 하나님의 작정과 섭리에 대하여 불평하거나 힐난하는 일,
섭리를 점쳐 보거나 추측하는 일, 하나님의 말씀을 전도시키
거나 농담으로 사용하는 일, 잘못된 교리를 고집하는 일 등도
하나님의 이름을 망령되게, 즉 욕되게 하는 짓입니다.

하나님의 이름을 띤 백성으로서 남의 빈축을 살 짓을 하는
일, 사교나 상업을 위해 교회의 직분 이름을 남용하는 일, 남
을 비방하거나 모함하는 일, 잘못을 지적하는 자들에게 변명
하거나 뇌받아주는 일, 폭력을 사용하는 일, 교회 안에서 내분
을 일으키는 일, 교회끼리 서로 분쟁하는 일, 상식에 벗어나는
일을 하거나 공중도덕이나 교통질서를 지키지 않는 일 등등이
다 하나님의 이름을 망령되게 하는 일입니다. 하나님께서는

당신의 이름을 망령되게 하는 자를 저주하고 벌하십니다(말라기 2:2).

하나님께서는 피조물로부터 오직 영광과 존귀와 감사와 찬송을 당연히 받으셔야 할 분이십니다. 주께서는 우리가 세상의 빛과 소금으로 살며, 사람들이 우리의 착한 행실을 보고 하나님 아버지께 영광을 돌리게 하기를 원하십니다(마태복음 5:13-16). 전에는 우리가 어두움에 속했으나 이제는 주 안에서 빛이 되었습니다. 빛의 자녀들처럼 살고, 모든 일에 착함과 의로움과 진실함으로 빛의 열매를 맺어야 합니다(에베소서 5:8-9).

37. 제4계명으로 하나님께서는 무엇을 원하십니까?

"안식일을 기억하여 거룩기 지키라. 엿새 동안은 힘써 네 모든 일을 행할 것이나, 제 칠일은 너의 하나님 여호와의 안식일인즉, 너나 네 아들이나, 네 딸이나 네 남종이나 네 여종이나 네 육축이나 네 문안에 유하는 객이라도 아무 일도하지 말라.

이는 엿새 동안에 나 여호와가 하늘과 땅과 바다와 그 가운데 모든 것을 만들고 제 칠일에 쉬었음이라. 그러므로 나 여호와가 안식일을 복되게 하여 그 날을 거룩하게 하였느니라."

제4계명은 십계명의 두 부분을, 즉 하나님을 섬기라는 부분과 이웃을 섬기라는 부분을 연결 짓고 있습니다. 하나님께서는 천지 만물을 지으시고 제 칠일에 쉬시면서 그 날을 복되게 하시고 거룩하게 하셨으므로 안식일을 기억하여 온 가족과 종들과 가축과 손님까지 쉬면서 그 날을 거룩하게 지키라고 말씀하십니다. 그리고 안식하되 그냥 쉬는 것이 아니고 하나님께 예배하며 그 날을 거룩하게 지키라고 말씀하십니다(출애굽기 20:8-11; 레위기 19:30).

그리스도의 교회는 일찍부터 예수 그리스도께서 부활하신 날, 즉 이레 중 첫날을 주의 날이라고 하며 안식일로 지켰습니다. 그리스도인들은 항상 모이기를 힘쓰지만, 특히 주일에는 마음을 다하여 교회에 출석하여 성부, 성자, 성령, 삼위일체 하나님께 예배하며 찬송하고, 하나님의 말씀을 듣고 배우며 성례를 행하며, 그리스도의 사랑과 은사를 나누며 거룩한 성도의 교제를 가집니다. 그럼으로써 우리는 영원한 안식을 맛보는 기쁨을 만끽합니다.

주일을 거룩하게 지키려면 주중에 하던 일은 멈추고 쉬어야 합니다. 쉬어야 부모님을 찾아뵐 수 있듯이, 쉬어야 하나님을 만나고 예배할 수 있으며 성도들과 교제할 수 있습니다. 하나님께서 안식일을 제정하신 것은 사람과 피조물에게 베푸시는 은혜요 크나큰 축복입니다. 이레 중 하루를 쉼으로써 우리는 일의 노예로 살지 않고, 건강하게 우리의 가족과 이웃을 돌보며, 가축이나 생물과 자연을 보호하고 다스리는 하나님의 청지기로, 평화로운 자유인으로 삽니다. 맹목적인 발전을 위하여 목표도 없이 가속으로 치닫는 세상에서 우리는 안식을 취함으로 한 숨을 돌리고 여유를 되찾고 하나님께 나아가 예배하며 삶의 리듬을 회복할 수 있습니다.

38. 안식년의 규례는 어떤 의미를 지닙니까?

안식년의 규례는 넷째 계명의 후반부, 즉 "네 남종이나 육축이나 문안에 유하는 객이라도 일하지 말라……" 하는 말씀에 관련하여 그들이 누릴 안식을 더 구체적으로 보장케 하려는 말씀입니다.

십계명은 출애굽기 20장에서와 신명기 5장에 나타나 있습니다. 출애굽기에서는 안식일을 지켜야 할 동기를 창조주 하나님께서 창조 후 안식하셨으므로 창조의 질서를 이해해야할 것을 말씀하십니다. 신명기는 하나님께서 이스라엘 백성이 이집트의 종 되었을 때 구원하셨음을 기억하라고 말씀하시면서 종들도 안식하게 하며 육축도 일하지 말도록 하라고 더 자상하게 강조하여 말씀하십니다(신명기 5:15).

하나님께서 7년 만에 맞이하는 안식년이 되면 밭에 파종하거나 포도원을 다스리지 말며 곡물이나 실과를 거두지 말라고 말씀하십니다. 그 해의 소출은 종들과 품꾼으로 하여금 거두어들이도록 하며 객과 들짐승들이 식물로 취하도록 하라고 말씀하십니다(레위기 25:1-7).

그리고 7년을 일곱 번 지난 50년, 즉 희년이 되면, 안식년 때와 마찬가지로 하되, 종으로 팔린 자는 그 의사에 따라 다시 자유를 회복하게 해 주며, 조상의 기업을 이어 누리도록 하라고 말씀하십니다(레위기 25:8-17). 희년에 하나님의 백성들은 하나님의 창조와 구원을 기념하면서 만민이 평등하고 정의가 실현되는 사회를 이루실 것을 하나님께서 바라십니다.

안식일과 안식년 및 희년에 대한 규례의 내용 자체가 하나님을 사랑하고 이웃을 네 몸과 같이 사랑하라는 율법과 선지자의 강령을 더 구체적으로 말씀하고 있습니다. 즉 백성들이 모여 하나님을 찬송과 기도로 예배할 뿐 아니라 이웃과 모든 생물과 자연을 사랑하도록 말씀하십니다. 하나님의 백성은 안식일을 지킴으로 영원한 평화의 나라, 사랑이 충만한 하나님의 나라, 영원한 안식의 세계를 미리 맛보는 것입니다.

39. 왜 교회는 일요일을 안식일로 지킵니까?

안식교에서는 기독교가 토요일 아닌 일요일을 안식일을 지키는 것은 잘못이라고 합니다. 그러나 그것은 성경과 역사를 모르고 하는 말입니다.

321년 콘스탄티누스 황제는 주일을 공휴일로 선포하여 제국 내의 백성들이 주일에는 법정의 일도 쉬고 공공 일이나 손으로 하는 노동에서 벗어나 쉬도록 명했습니다. 일요일은 본래 태양신에게 바친다는 날이었으나 콘스탄티누스는 이 날을 기독교 교회를 위한 주의 날로 구별하여 예배할 수 있도록 특전을 베풀었습니다.

380년 기독교를 국교로 선포한 테오도시우스 I세는 386년 칙령을 내려 일요일의 휴식 법을 더 강화했습니다. 그러나 기독교인들이 이때부터 비로소 주일을 예배하며 안식하는 날로 지키기 시작한 것은 아닙니다. 황제들은 그리스도인들이 지켜 온 주일을 인정해 주고 드디어는 로마 제국의 공휴일로 선포한 것일 뿐입니다.

최초의 예루살렘 교회는 오순절 성령 강림 사건이 있은 이후 날마다 성전에 모여 예배하는 일과 성도들과 더불어 교제하는 일에 힘썼습니다(사도행전 2:46-47). 그리스도의 교회는 처음에 안식일인 토요일에도 집회를 가졌으나 차츰 이레 중 첫 날을 주의 날이라고 부르며 유대교와는 달리 주일에 모여 예배하며 떡을 떼었습니다(사도행전 20:7). 동방에서는 주일을 부활의 날로 이해했으며, 서방에서는 보다 창조의 날로, 혹은 성령께서 강림하신 날로 이해했습니다.

당시 유대인들은 한 주에 두 번, 월요일과 목요일에 금식했으나 그리스도인들은 화요일과 금요일에 금식했습니다. 토요일 아닌 주일에 예배를 위하여 모였기 때문이며 아마도 자신들을 유대교인들과 차별화하기 위해서 그랬을 것으로 압니다. 금요일은 그리스도께서 죽으신 날이므로 그리스도인들은 그 날을 금식하기 적절한 날로 여겼습니다.

그러나 주일은 기쁨의 날이므로 금식도 하지 않고 무릎도 꿇지 않은 채 서서 기도했습니다. 「디다케」, 「이그나티우스의 편지」, 저스틴의 증언, 비투니아의 총독 플리니우스가 황제 트라얀에게 보내는 보고서 등 2세기 초반에 나온 문서에서 주일 성수의 기록을 볼 수 있습니다.

40. 주일 성수 제도는 무엇을 위한 것입니까?

로마 황제의 주일 법의 선포로 그리스도인들은 방해를 받는 일없이 예배하며 온 하루를 거룩하게 지킬 수 있는 문화적인 환경을 만끽할 수 있게 되었습니다. 나머지 주민들은 노동으로부터 휴식할 수 있게 되었으며, 노예들도 쉬며 예배에 참석할 수 있는 특전을 누렸습니다. 후에 게르만들은 시민들에게 주일에 중노동을 못하도록 금했으며, 이를 위반하는 자는 처벌했습니다. 유럽의 여러 나라에서는 이러한 전통이 오늘에도 유지되고 있습니다. 교회 공의회는 일찍부터 주일에 대한 국법을 확인하고 안식을 범하는 자는 하나님의 심판을 면하지 못할 것이라고 선포했습니다.

중세의 로마 가톨릭교회는 율법주의적인 동기에서 주일성수를 강조했습니다. 구약 시대에는 토요일이 안식일이었으나 신약 시대에 와서는 주일로 변경되었기 때문에 신자들은 교회가 제정해 놓은 주일성수의 규례를 그대로 지키면 자동적으로 축복을 받게 된다고 가르쳤습니다.

웨스트민스터 신앙고백은 창세로부터 그리스도의 부활 전까지는 제 칠일이 안식일이지만, 부활 이후부터는 매주 첫날이 기독교의 안식일이며 이것이 오늘의 주일이 되었다고 말합니다. 하나님께서 제정하신 이 안식일을 거룩히 지킬 수 있는 것은 거룩하게 쉼으로써 가능하며 모든 세상의 일을 중단하고 오락을 금해야 하며 부득이한 자선 사업 외에는 전적으로 예배를 드리는 것을 기쁨으로 삼아야 한다고 말합니다.

하나님을 예배하도록 일정한 시간을 성별(聖別)하는 것은 자연의 법칙에 해당하는 것으로 하나님께서는 당신의 모든 말씀에서 각 시대의 모든 사람들에게 적극적이며 영구적인 명령으로 특별히 칠일 중 하루를 안식일로 정하여 거룩히 지키게 하셨다고 말합니다.

주일 성수 제도는 그리스도인에게는 예배의 특권을 누리게 하는 특별은총이며, 만민에게는 안식의 축복을 누리게 하는 일반은총입니다. 그러나 예배 없는 안식은 나태와 퇴폐로 빠질 수 있게 만들므로 참 안식일 수 없습니다.

41. 제5계명으로 하나님께서는 무엇을 원하십니까?

"네 부모를 공경하라. 그리하면 내가 네게 준 땅에서 오래 살
리라."

사람이 자신을 낳아주고 길러 주신 부모를 사랑하고 공경
하는 것이 마땅하지만, 세상에는 이를 무시하거나 이행하지
않는 사람들이 많습니다.

부모를 공경하라는 계명은 우리 자녀들도 듣고 따라야 하
는 계명입니다. 그렇다면 우리는 자신들이 부모를 공경해야
하는 동시에 자녀들에게서 공경을 받아야 하므로 우리는 스스
로를 반성하여 부모를 공경하는 일에 모범이 되도록 힘쓰지
않을 수 없습니다. 부모 공경을 소홀히 하는 데는 그 어떠한 핑
계도, 심지어 하나님께 대한 헌신도 핑계로 통하지 않습니다
(마가복음 7:11).

그러므로 제5계명은 부모를 공경함과 동시에 자녀에게 모
범이 되는 좋은 부모가 되고 자녀를 사랑해야 한다는 뜻까지
함축합니다(에베소서 6:1,2). 자식을 낳으면 부모의 은혜를 알
게 된다고 합니다만 자식을 좋아하듯 부모를 섬기지 못하는
것이 우리 사람입니다. 그러므로 본 계명은 가정에서 식구를
사랑하는 것을 본능을 따라서만 해서는 안 되고 하나님께서
사람의 양심에 심어주신 윤리적인 도리를 따라서 행하도록 주

신 계명입니다.

가정에서 어른이신 부모께 복종하고 부모의 위엄을 높이면 부모를 공경하는 이의 자녀들이 그들의 부모를 본받아 또한 부모를 공경하게 마련입니다. 가정은 사회 공동체의 기본 단위입니다. 어른이신 부모를 공경하는 가정은 형제간에도 우애가 있어서 집안의 질서가 확립되며 온 가정이 화목을 이룹니다.

부모를 공경하는 자에게 오래 살게 하신다는 말씀은 신실하신 하나님의 약속입니다. 그러므로 우리는 우리 뿐 아니라 우리의 자녀들도 그 축복을 누리도록 부모를 공경하라는 계명을 마음에 새겨 실천하도록 말로만이 아니고 모범을 보임으로써 가르쳐야 합니다.

42. 제5계명의 '부모'를 더 넓은 의미로 이해할 수 있습니까?

제5계명은 윤리적인 계명, 즉 '이웃 사랑'의 첫 계명입니다. 그런 의미에서 부모를 공경하라는 계명은 보다 넓은 의미의 인간관계를 위한 계명을 포괄합니다.

'부모 공경'이 가정에서도 본능적인 사랑만이 아니라 사람의 도리를 따라야 한다고 주신 계명이므로, 제5계명은 혈육의 부모뿐 아니라 마을과 지역 사회에서 더불어 사는 웃어른들을 공경하며 또한 형제자매와 자식과 같은 동료들과 후배들을 존중하고 아끼며 사랑해야 한다는 도리도 함축합니다.

예수께서는 "누구든지 하나님의 뜻대로 하는 자는 내 형제요 자매요 모친이니라(마가복음 3:34, 35)."고 말씀하심으로써 부모 형제와 자녀의 개념을 더 널리 이해하도록 가르치셨습니다. 예수의 말씀은 우리의 전통적 효(孝) 사상이 조상숭배와 결부되어 있을 뿐 아니라 지나치게 혈육을 중요시하는 데 머물고 있음을 반성하게 해 줍니다.

효 사상은 조상숭배와 혈육을 중요시하는 사상을 낳고 남아선호 사상을 낳았을 뿐 아니라, 우리 사회로 하여금 족보를 자랑하며 혈연을 중요시하는 사회, 지역주의를 탈피하지 못하는 사회, 혈연, 학연, 지역의 연고를 따라 붕당을 조성하는 사회로 발전하게 했으며, 거기서 탈피하지 못하는 사회가 되게 했습니다. 그뿐 아니라 과부와 고아 및 지체부자유자를 별로 돌아보지 않는 사회, 고아의 입양을 기피하는 사회가 되게 했습니다. 그러나 이러한 경향은 예수 그리스도의 사랑으로 감화를 받지 못한 모든 사회에서 볼 수 있는 현상입니다.

그러므로 우리는 '부모 공경'의 계명을 희석시키는 일이 없이, 하나님의 다른 여러 말씀들과 예수 그리스도의 가르침에 비추어 제5계명을 이웃을 네 몸과 같이 사랑하라고 말씀하시는 윤리적인 계명의 첫 계명으로 더 폭넓게 이해하고 실천해야 합니다.

43. 아랫사람과 윗사람은 서로 어떻게 대해야 합니까?

웨스트민스터 대요리문답은 제5계명을 10개의 문답으로 잘 설명하고 있습니다. 아랫사람은 윗사람에게 말이나 행동으로 존경을 표해야 합니다. 그들의 인격이나 지위를 질시하거나 무시하거나 조소하는 일은 해서는 안 됩니다. 윗사람에게 이유 없이 반항을 하거나 도전하는 자세를 가져서는 안 되지만 아부하거나 굽실대는 것은 금물입니다. 윗사람이 잘못을 범할 때는 조심스런 충언을 아끼지 않아야 합니다만, 그들을 위하여 기도하며, 그들로 인하여 감사하며 그들의 권위를 인정하고 덕망을 기리며, 충고를 들어 받아들이고, 그들의 사소한 약점들은 관용하고 사랑으로 덮어주어야 합니다(베드로전서 2:13, 14; 디모데전서 2:1, 2).

윗사람은 하나님께로부터 받은 권세와 자기들의 위치를 따라 아랫사람을 사랑하고, 위하여 기도하며 축복해야 합니다. 윗사람은 아랫사람을 가르치고 지도하되, 일을 잘 하는 사람을 격려하고 칭찬하며 포상하는 반면에, 잘못하는 사람에게는 경고하고 견책하며, 충고하거나 징벌하는 것입니다. 아랫사람을 보호하고 그들의 영혼과 육을 위해 필요한 것을 공급해야 합니다(잠언 13:1,17; 16:18-19).

윗사람은 스스로가 옳지 못하거나 경솔하거나 가혹하거나 태만하여 불명예를 자취하거나 자신들의 권위와 신뢰를 떨어트려서는 안 됩니다. 자신의 영광과 안일을 위하거나 남들의 비판과 책임 추궁을 피하기 위하여 아랫사람을 방패로 삼거나 소모품으로 이용해서는 안 됩니다. 오히려 그들을 보호하고 방패가 되어 주는 것이 지도자의 도리입니다. 아랫사람에게 비합법적이거나 비합리적인 일을 맡기거나 강요해서도 안 되며, 아랫사람이 유혹이나 위험에 빠지게 내버려두어서도 안 됩니다.

우리는 위아래를 막론하고 남을 나보다 낮게 여기며, 남이 잘 될 때 함께 웃고 기뻐하며, 슬픔과 괴로움을 당할 때 함께 울고 아파하며 서로를 위로할 수 있어야 합니다.

44. 제6계명은 무엇입니까?

"살인하지 말지니라."

하나님께서는 사람이 해서는 안 되는 일을 단호하게 금하시는 하나님의 선포입니다. 우리 자신의 생명이나 남의 생명을 해치는 모든 행위를 금하십니다. 부정적(否定的) 명령문으로 된 하나님의 계명을 사회에서 통용되는 형법 정도로 이해 하면 잘못입니다. 세상 법에서는 사람이 행동으로 살인을 해 야만 살인죄가 성립됩니다. 살인할 동기에서 행동에 옮기다 가도 목적을 달성하지 못한 경우는 살인죄보다는 가벼운 살인 미수죄로 처벌당합니다.

그러나 예수께서는 하나님 앞에서는 사람을 미워하기만 해 도 이미 살인을 범한 것이라고 말씀하십니다. 그 말씀에 따르 면, 증오, 시기, 원수 갚으려는 마음, 분노, 싸움을 거는 일, 사 람을 치는 일, 상해를 입히는 일, 멸시, 압제 등이 다 살인에 해 당합니다. 그리고 자기 멸시, 무절제한 생활, 절망, 자포자기 등은 자살에 해당합니다.

그러므로 우리 각자는 세상의 법을 따라서는 죄가 없으나 하나님 앞에서는 살인을 범했으며 또 범하고 있으므로 죄인일 뿐입니다.

우리는 사람의 내면에 있는 범죄의 요소와 동기를 제거하 거나 막을 능력이 없습니다. 그러나 사회적으로 우리는 자신 과 남의 생명을 보존하기 위하여 최선을 다해야 합니다. 남의 생명을 해치는 자는 벌할 뿐 아니라 그런 유혹이나 충동을 받 지 않도록 예방해야 하며, 폭행을 방지하고, 생명을 위해할 수 있는 요소들을 제거하며, 생명을 귀하게 여기는 정신을 기르 고 그런 환경을 조성해야 합니다. 폭력과 살인 행위를 담고 있 는 영상물이 우리 사회에 범람하지 않도록 해야 하며, 우리의 청소년들을 그런 해악에서 보호하는 조치를 강구해야 할 것입니다. 교통 법규를 잘 지키도록 해야 하며, 음주 운전을 엄하게 단속해야 합니다.

우리는 서로에게 친절하며, 정중하게 대하고, 온유하고 관대하며, 오래 참으며, 서로를 용서하고 화해를 도모하며, 실의에 빠진 사람을 위로하고 도와야 합니다.

45. 사람을 죽이면 무조건 살인입니까?

다른 사람의 생명을 구하기 위하여 자신의 생명을 버리는 것은 자살이 아닙니다. 남의 생명을 위하여 자기를 희생하는 것은 고귀한 행위입니다(로마서 5:7, 8). 남의 생명을 위해(危害)하는 자에게서 자기와 가족과 이웃을 보호하기 위하여 부득이하게 위해하는 자를 죽였을 경우 우리는 그것을 살인이라고 하지 않고 정당방위라고 합니다.

사람이 실수로 남을 죽였을 경우 우리는 그것을 과실치사라고 하며, 과실치사를 범한 사람은 정상(情狀)을 참작하여 가볍게 벌합니다. 하나님께서는 구약 시대에 과실치사를 범한 사람들로 하여금 정당한 재판을 받을 때까지 보호받도록 하는 도피성 제도를 두도록 하셨습니다(여호수아 20:1-6, 민수기 35:).

전쟁의 전투 중에 적병을 죽이는 것을 살인이라고 하지 않습니다. 그런 살상은 자기와 가족과 나라를 적의 침공으로부터 방어하기 위한 것이므로 정당방위에 속하는 행위로 간주합니다. 그러나 전쟁에서 행해지는 살상행위라고 하여 다 정당화되는 것은 아닙니다. 양민을 학살하는 행위, 항복하거나 무장 해제된 적을 죽이는 행위, 잔인하게 살육하는 행위는 살인입니다.

그리스도인으로서 침략적인 전쟁에는 참여할 수 없으나 정당방위를 위한 전쟁이면 참전할 수 있다고 말해 왔습니다만, 정당방위의 정황을 검정하는 일이나 전쟁이 방어를 위한 것인지 아닌지를 분간하는 것은 쉬운 일이 아닙니다. 특히 전쟁의 경우 그것은 흔히 주관적으로 인식될 수 있기 때문입니다. 그리고 전투에서는 쌍방의 살상 혹은 방어 행위 간에 구별이 없습니다. 전쟁이 장기화되면 그런 구분은 더 어려워집니다.

그러므로 우리는 하나님께 전쟁을 일으키는 우리 사람들의 죄를 두고 용서를 빌고, 전쟁에 참여할 수밖에 없는 우리의 처지를 하나님께서 불쌍히 여기시고 용서하시며 평화를 주시도록 기원할 뿐입니다.

46. 제7계명은 무엇입니까?

"간음하지 말지니라."

세상의 법과 관습은 살인에는 엄해도 간음에는 허술합니다. 세상의 전체적인 분위기가 "음란하고 폐역한 세대"라고 할 만하기 때문입니다. 그러나 하나님께서는 간음에 대해서도 마찬가지로 단호하십니다. 하나님께서는 간음을 범하는 자는 사형에 처하도록 명하실 뿐 아니라, 그들을 부끄러움에 내버려두시거나 소돔과 고모라의 경우와 같이 심판하십니다(레위기 20:10-21; 신명기 22:22-30). 간음과 음란은 가정을 파탄으로 몰아갈 뿐 아니라 사회를 병들게 하고 망하게 합니다(로마서 1:24, 26, 27).

일곱째 계명에 해당하는 죄는 음란, 강간, 근친상간, 동성애, 부자연스럽게 색욕을 좇는 것, 부정한 것을 상상하거나 생각하는 일, 음담패설, 외설, 성희롱, 매춘, 매춘을 조장하거나 방관하는 일, 배우자를 구타하는 일, 혼외 혹은 혼전 정사, 부당한 이혼, 일부다처 혹은 일처다부, 놀기 좋아하고 먹기를 탐하는 일 등입니다.

하나님께서는 남자와 여자가 성인이 되면 합법적으로 혼인함으로써 부부가 되어 가정을 이루기를 원하시며, 혼인을 귀중히 여겨 별거하는 일이 없이 서로를 극진히 사랑하며 자녀의 좋은 부모가 되는 것을 원하십니다(창세기 2:20-25; 요한복음 2:1-11; 고린도전서 7:1-7). 집안에서 남편과 아내가 피차 격이 없이 친숙하게 지내는 가운데서도 인격적으로 상대방을 신뢰하고 존중하며 예의를 갖추어 정중하게 대해야 합니다.

가정 밖에서 남자와 여자가 서로 대할 때에도 남존여비 사상 같은 것은 멀리 할 뿐 아니라 '페미니즘'에서도 탈피하여 피차를 동등한 사회적인 인물이요 인격자로 대해야 합니다. 그리고 부부간의 정절에 손상되지 않도록 정숙하게 이성(異性)의 인격을 존중하는 가운데서 대해야 합니다(히브리서 13:4; 에베소서 5:3; 디모데전서 5:1-3).

47. 제8계명은 무엇입니까?

"노석질하지 말지니라."

절도나 강도짓뿐 아니라 어떤 수단을 통해서든 이웃의 소유와 재산을 침해하거나 취하는 모든 행위를 금하십니다.

탐욕을 부리는 일, 장물 취득, 고리대금업, 높은 이자를 취하는 일, 폭리를 남기는 일, 저울눈을 속이거나 됫박을 속이는 일, 토지의 경계표지를 옮기는 일, 불공정 거래, 불성실한 계약 이행, 수뢰, 소송의 남용, 위조 상품 혹은 위조 화폐 사용,

매점 매석, 위기에 식료품을 사 재거나 물건 값을 올려 받는 행위입니다.

그리고 일하지 않고 먹으려는 자세, 일한 것보다 더 많은 대가나 소득을 바라는 것, 일확천금을 꿈꾸는 일, 자원 낭비, 밀렵, 밀수, 불법적인 복사, 국유지 불법 점유, 고기의 남획, 산업 스파이 행위, 주가 조작, 부동산 투기, 전세금 혹은 월세를 턱없이 올려 받는 일 등이 다 계명을 어기는 일에 속합니다.

제8계명으로 하나님께서는 우리에게 정직하고 성실하게 노동하며 봉사하도록 요구하십니다. 그밖에도 요구하시는 것은 공정한 상거래, 성실한 계약 이행, 신용을 지키는 일, 남의 물건을 탐하거나 그것에 손대지 않는 일, 습득한 물건을 주인을 찾아 되돌려 주는 일, 공짜를 바라지 않는 일, 자원을 아끼고 자연환경을 보존하는 일, 특히 물을 아껴 쓰고 쓰레기를 분리수거하는 일입니다.

또한 부와 재산을 합법적인 방법으로 획득하고 보전하는 일, 하나님께 속한 것을 돌려 드려 재물을 하늘에 쌓아두는 일, 즉 일용할 양식을 바라며 사는 일, 못 가진 자들과 가진 것을 나누는 일, "사흘을 굶으면 담을 넘는다"는 속담이 현실화 될 수 있는 열악한 환경을 개선하는 일, 세계 도처에 헐벗고 굶주리는 사람들을 위해 기도하며 돕는 일입니다(마태복음 6:2-4, 19-34).

48. 제9계명은 무엇입니까?

"네 이웃에 대하여 거짓 증거하지 말지니라."

이웃에게 대하여 거짓 증언을 함으로써 우리 자신과 이웃의 명예에 손상을 주는 일을 금하십니다. 사람의 말을 왜곡하거나 가감해서 옮기 일, 어느 사람에 대한 소문을 확인하지 않고 옮기거나 수군거리나 나쁘게 말하는 일을 금하십니다. 그리고 소문이 사실이라고 하더라도 명예가 훼손되는 일은 덮어두어야 합니다.

특히 언론은 잘못 보도함으로써 개인과 단체의 명예와 활동과 재산에 치명적인 손해를 끼치는 일이 없도록 해야 합니다. 진실을 은폐하거나 진실을 밝히지 못하게 억압하는 일, 법정에서 부당하게 침묵하는 일, 불법에 대하여 침묵하는 일, 진실을 때를 가리지 않고 말하거나, 진실을 나쁜 목적에서 악의를 가지고 말하거나 모호하게 말하는 것은 금물입니다.

그밖에도 남의 말을 곡해하는 일, 아첨하는 일, 우리 자신이나 남을 너무 과시하거나 과소평가하는 일, 하나님의 은사와 은총을 부인하는 일, 죄를 숨기거나 변명하거나 가볍게 여기는 일, 남이 불명예와 수치를 당하면 기뻐하고 명예를 얻고 칭찬을 받으면 질시하는 일, 남을 조소하고 경멸하는 일, 합법적인 약속을 파기하는 일 등도 금하십니다.

우리는 자신들의 명예를 지킬 뿐 아니라 이웃의 명예를 지키고 높이는 일에 힘써야 합니다. 이웃의 단점은 덮어주는 대신에 장점을 찾아 칭찬해 주어야 하며, 이웃을 위해 공중 앞에 나서서 진실을 말하며 필요에 따라서는 변호해 주어야 합니다. 그뿐 아니라 이웃의 약점을 덮어주고 재능과 은사를 인정해주고 좋게 말해 주어야 합니다. 약속을 지키며, 참되고 정직하며 덕스럽게 말하고 행동해야 합니다(스가랴 8:16,17; 잠언 31:8, 9; 14:5, 25).

49. 제10계명은 무엇입니까?

"네 이웃의 집을 탐내지 말지니라. 네 이웃의 아내나, 그의 남종이나 그의 여종이나 그의 소나 그의 나귀나, 무릇 네 이웃의 소유를 탐내지 말지니라."

살인, 간음, 도적질, 거짓말 등 여러 유형의 범죄를 사전에 차단하도록 범죄의 뿌리가 되는 탐함을 경계하시며 그 대상을 구체적으로 들어 금하시는 계명입니다.

우리는 우리에게 주신 하나님의 은혜가 족한 줄 알며 감사해야 합니다. 부와 명예를 얻는 일을 꿈꾸며 희망하는 것은 가한 일이나 이웃이 가진 것을 부러워하거나 탐해서는 안 됩니다. 부와 명예를 얻기 위하여 우리는 부정한 방법을 동원해서는 안 되며 언제나 정당하고 성실하게 노력해야 합니다.

탐함의 대상으로 이웃의 아내를 언급했다고 해서 이 계명이 여자를 소유물처럼 취급하는 사상을 함축하는 것이라고 생각하는 것은 잘못입니다. 하나님께서 여자를 소유물처럼 취급하는 것을 시인하시면서 하시는 말씀이 그런 현실을 경계하는 뜻에서 하시는 말씀이고, 이웃에 속한 모든 것이라는 뜻에서 하시는 말씀입니다.

하나님의 계명은 남녀 모두에게 주시는 말씀이므로 여자는 '네 이웃의 아내' 라는 말씀을 '네 이웃의 남편' 으로 대치하여 들어야 합니다. 남종과 여종과 소와 나귀는 농목 시대에는 재산이었습니다. 오늘로 말하자면, 큰 저택에 모든 편의시설이며, 별장, 고급 자동차, 골프 회원권 등 각종 부의 상징들에 해당합니다.

이웃을 사랑하는 마음에서 이웃에 속한 모든 것을 귀하게 여기며 아끼고 보호하는 일에 협조하며, 도둑이나 폭력배의 침입에 공동으로 대처하며 방어해야 할 것입니다.

그리고 "주는 것이 받는 것보다 복이 있다" 는 말씀과 같이 이웃이 가진 것을 부러워하기보다 오히려 먼 곳에 혹은 가까운 곳에 어려움을 당하는 이웃이 없는 지를 살펴 내가 가진 것을 이웃에게 나누며, 이웃의 평안을 위하여 기도하며 돕도록 해야 할 것입니다.

III
주기도

50. 주기도가 무엇입니까?

주기도는 주 예수께서 가르치신 기도입니다.

예수께서 기도할 때 외식하는 자와 같이 사람에게 보이려고 기도해서는 안 된다고 하시면서 은밀한 중에 보시는 하나님 아버지께 기도해야 한다고 말씀하시고(마태복음 6:5-6), 이어서 기도할 때 이방인과 같이 중언부언하지 말라고 하시면서 어떻게 기도할 것인지를 가르치셨습니다(마태복음 6:7-15; 누가복음 11:2-4).

일반적인 이해에 따르면, 기도는 모든 종교에서 사람이 초자연적인 능력을 가졌다고 여기는 신에게 자기의 소원을 아뢰는 것입니다. 사람들은 두려울 때나 어려움을 당할 때 신을 찾으며 도움을 호소합니다. 평안할 때는 별로 신을 찾지 않습니다만, 찾을 경우에는 불행을 당하지 않고 평안을 누리게 해 주시기를 소원하면서 아룁니다.

그러나 인격적인 하나님을 알지 못하는 사람들은 자신들이 만든 우상이나 자연에 있는 피조물에게, 혹은 알 수 없는 신에게, 막연히 기도할 뿐입니다. 그러므로 그들은 자신들의 기도를 받는 신에 대한 지식도 없고 신뢰도 없습니다. 그래서 그들은 지극한 정성을 들여야 한다면서 고행도 하고 말을 많이 하거나 반복하거나 혹은 기계적으로 주문을 외움으로써 기도합니다.

갈멜산에서 엘리야와 대결한 바알 선지자들의 기도가 중언부언의 기도, 즉 했던 말을 또 하며 말을 되풀이하는 기도의 대표적인 것입니다. 그들은 자신들의 몸을 칼과 창으로 해하기까지 하면서 뛰고 법석을 하면서 큰 소리로 외쳤습니다. 아무런 응답이 없는, 무의미한 기도를 했습니다(열왕기상 18:25-29).

그러므로 예수께서는 우리 그리스도인은 기도할 때 우상 숭배자들처럼 기도해서는 안 되고 참으로 살아 계신 하나님을 신뢰하며 하나님의 자녀답게 기도하라고 가르치십니다. 그래서 주기도는 '하늘에 계신 우리 아버지' 라고 부르는 말로 시작합니다.

51. 하나님을 어떻게 "하늘에 계신 우리 아버지"라고 부릅니까?

우리는 주기도를 하면서 "하늘에 계신 우리 아버지"라는 말로 시작할 수 있게 된 것이 얼마나 큰 축복이요 특권인지 상기해야 합니다.

우리말로는 "하늘에 계신"이라는 말이 먼저이지만, 유럽 말로는 "우리 아버지"(Our father)라는 말로 시작합니다. 헬라어나 독일어로는 "아버지, 우리의"(Pater hemōn, Vater unser)라는 어순으로 되어 있습니다. 다시 말하면 주기도를 할 때 먼저 "아버지" 하고 부르며 시작합니다.

우주 만물을 지으시고 만물을 초월하여 하늘에 계시는 전능하시고 거룩하신 하나님을 우리는 "아버지"라고 부릅니다. 그것이 어떻게 가능합니까? 예수 그리스도로 말미암아 가능하게 되었습니다.

첫 사람 아담이 죄를 범한 후 모든 인류는 죄 아래서 죄의 종노릇을 하며 하나님의 노여우심을 받을 수밖에 없는 비참한 존재가 되었습니다. 우리가 아직 하나님과 원수 된 상태에 있을 때 하나님의 아들 예수 그리스도께서 십자가에 달려 우리를 구속하심으로 우리는 하나님과 화목하게 되었으며, 그리스도 안에서 의롭다함을 받아 하나님의 백성이 되었습니다(로마서 5:1-11).

우리는 성령께서 일하심으로 그리스도 안에서 이제는 무서워하는 종의 영을 받지 않고 양자의 영을 받아 하나님을 "아빠 아버지"라고 큰 소리로 부르게 되었습니다. 우리는 이제 그리스도로 말미암아 그분과 함께 하나님의 유업을 이을 상속자가 되었습니다(로마서 8:15-17).

성령께서는 우리가 무엇을 어떻게 빌어야 할지 모를 때에도 친히 탄식하며 우리를 위하여 아버지 하나님께 기도해 주십니다(로마서 8:26-27). 하늘에 계신 창조주 하나님, 모든 것을 아시고 능력이 무한하신 하나님을 "아버지"라고 부를 수 있는 우리 그리스도인은 얼마나 귀한 은총과 축복을 받은 사람인지 말로 다할 수 없습니다.

52. "이름이 거룩히 여김을 받으시오며"는 무슨 뜻입니까?

주님께서는 기도에서 우리가 자신들이 필요로 하는 것을 구하기보다는 하나님께 먼저 영광을 돌려야 함을 가르치십니다.

이름은 인격을 대변하는 것입니다. 그러므로 "이름이 거룩히 여김을 받으시오며" 하는 말은 하나님께서 친히 거룩히 여김을 받으시오며 하는 말이나 같습니다. 천지 만물을 창조하신 하나님은 당신께서 지으신 만물을 초월하시며 구별되시므로, 그런 뜻을 가진 '거룩'은 하나님의 이름과 위엄에 가장 적합한 말이며, 하나님을 하나님으로 고백하고 찬송하는 말입니다.

이사야가 환상 중에 본 보좌에 앉으신 하나님을 모시는 스랍들, 즉 영물들은 찬송합니다.

"거룩하다 거룩하다 거룩하다 만군의 여호와여 그의 영광이 온 땅에 충만하도다"(이사야 6:2-3).

밧모섬의 요한은 스랍들이 밤낮을 쉬지 않고 찬송하는 같은 광경을 보았습니다.

"거룩하다 거룩하다 거룩하다 주 하나님 곧 전능하신이여……"(요한계시록 4:8).

시편 기자들은 하나님의 백성들뿐 아니라 하나님께서 지으신 세상의 만물도 하나님의 거룩하신 이름을 찬송한다고 노래합니다.

"주의 크고 두려운 이름을 찬송할지니 그는 거룩하심이로다(시편 99:3)."

"할렐루야 하늘에서 여호와를 찬양하며 높은데서 찬양할지어다 그의 모든 천사여 찬양하며 모든 군대여 찬양할지어다. 해와 달아 찬양하며 광명한 별들아 찬양할지어다……(시편 148)."

우리는 하나님께서 지으신 피조물일 뿐 아니라 그리스도 안에서 죄와 영원한 죽음에서 구원함을 받아 하나님을 아버지라고 부르는 하나님의 자녀요 백성이므로, 기도할 때 먼저 하나님의 이름이 거룩히 여김을 받으시며 영광과 찬송을 받으시도록 송축하는 것이 마땅합니다.

하나님께서는 당신을 가리켜 "거룩하다"고 하시며, 당신께 속한 것도 거룩하므로 하나님의 백성 된 우리에게 거룩해야 한다고 말씀하십니다.

"기록하였으되 내가 거룩하니 너희도 거룩할지어다 하셨느니라(베드로전서 1:16; 레위기 11:45)."

구약 레위기에 보면 제사에 관하여 주신 말씀에서 하나님께서 제물과 제도를 거룩하게 하신다고 거듭 말씀하십니다. 하나님께서는 거룩하시므로 죄를 용납하지 않고 미워하시며, 죄에 대하여 진노하십니다. 하나님께서는 당신의 백성들의 죄를 사하시고 그들을 거룩하게 하시려고 희생 제물을 드리게 하시며 그 제도를 거룩하게 하셨습니다.

구약 시대에 사람들은 화목제를 드림으로써 비로소 거룩하신 하나님께 나아갈 수 있었습니다. 이제 우리는 예수 그리스도께서 십자가에 죽으심으로 단번에 그리고 영원히 화목 제물이 되셔서 우리 죄를 사하시고 우리를 거룩하게 하시는 예수 그리스도로 말미암아 하나님께 나아갑니다(히브리서 4:14-16).

우리는 거룩한 하나님의 백성이므로 하나님께 나아가 예배할 때 하나님의 전능하심과 지혜와 선하심과 의와 자비와 진리를 나타내시는 그 모든 일을 인하여 하나님을 거룩히 여기며 찬양합니다. 우리는 하나님을 예배하며 찬양하게 해 달라고 기도할 뿐 아니라, 날마다 우리의 생활 가운데서 하나님의 말씀을 묵상하며 성령의 인도하심을 받아 모든 죄와 세상의 불의를 멀리 하며, 날마다 성령으로 새로 지음 받는 삶을 살게 해 달라고 기도해야 할 것입니다.

성령의 충만함을 받아 시와 찬미와 신령한 노래로 성도들과 함께 찬송하며, 사랑과 희락과 화평과 오래 참음과 자비와 양선과 충성과 온유와 절제 등 성령의 열매를 맺어 하나님의 백성다운 우리의 거룩한 삶으로 하나님께 영광을 돌리게 해 주시도록 기원합니다(에베소서 5:17-21; 갈라디아서 5:16-26; 시편 1:1-6).

53. "나라이 임하옵시며" 하는 말로 무엇을 기원합니까?

"나라이" 라는 말은 토씨를 고어 식으로 쓴 것입니다. "나라가" 라고 해야 할 것입니다. 나라가 임하기를 기도하는 것은 하나님께서 왕적 통치로 세상과 우리를 다스리기를 기원하는 것입니다.

하나님 나라의 오심은 예수 그리스도의 오심과 더불어 시작되었습니다. 예수께서는 하나님 나라의 임하심을 선포하심으로 복음 사역을 시작하셨습니다(마가복음 1:14, 15). 주께서는 사람들에게 하나님 나라가 무엇이며 어떻게 실현되는지를 비유와 교훈의 말씀으로 가르치셨습니다. 그리고 귀신 들린 사람들에게서 귀신을 쫓아 낫게 하시고 눈먼 자의 눈을 뜨게 하시며 벙어리로 하여금 듣고 말하게 하시고 앉은뱅이와 중풍 병자를 걷게 하셨습니다(마태복음 4:23-26).

예수께서는 가난하고 병든 사람들과 죄인들의 친구가 되심으로써 하나님의 진리와 공의가, 축복을 받은 것으로 치부하는 유식하고 부유한 중산층과 상류층 사람들뿐 아니라, 하층의 소외된 백성에게도 미치는 것임을 보여 주셨습니다. 그리고 하나님 나라의 복음과 구원의 축복이 선민이었던 유대인뿐 아니라 만백성을 위한 것임을 나타내셨습니다. 예수께서는 이 일을 성취하시기 위하여 하나님 아버지께 순종하여 십자가에서 고난을 받으시고 죽으셨습니다.

하나님의 나라는 예수의 교훈과 행적이 전파됨에 따라, 그리고 십자가와 부활의 복음을 듣고 그분을 믿고 순종하는 사람들이 늘어남에 따라 그만큼 더 임하는 것입니다.

"나라이 임하옵시며" 할 때, 우리는 주의 복음이 더 널리 전파되고 하나님께서 주의 교회를 보존하시고 더 왕성하게 하시며, 하나님을 대적하는 모든 권세가 분쇄되기를 빕니다. 그리고 우리로 하여금 주의 말씀과 성령의 다스림을 받게 하시며 하나님께 진심으로 순종하는 하나님의 백성으로 살게 해 주십시오 하고 빕니다.

54. "뜻이 하늘에서 이루어진 것같이 땅에서도 이루어지이다" 하는 말로 무엇을 기원합니까?

"뜻이"라고 하는 말이 헬라어나 유럽어로는 "당신의 뜻"이라고 되어 있습니다. '당신의 뜻', 즉 하나님의 뜻이 무엇입니까? 성경에서 보여 주시는 대로입니다. 하나님께서는 하늘과 땅과 땅 위에 생물을 지으시고 좋다고 하시며 생육하고 번성하라고 축복하셨습니다. 사람을 남녀로 지으시되 하나님의 모양과 형상대로 지으시고 좋다고 하시며 생육하고 번성하여 땅을 정복하고 땅 위의 생물을 다스리도록 명하시며 축복하셨습니다(창세기 1:22, 27-28; 2:3).

사람을 비롯한 모든 피조물이 하나님께 찬양하고 예배하며, 죄를 범하는 일이나 고난과 슬픔과 죽음이 없이, 서로가 사랑하며 의롭고 평화롭게 사는 것, 그것이 하나님의 뜻이었습니다.

그러나 사람이 하나님의 말씀을 순종하지 않고 죄를 범함

으로 말미암아 사람과 함께 모든 피조물이 낙원의 삶을 상실
하게 되었습니다. 사람이 하나님께 반역했음에도 불구하고
하나님께서는 사람과 함께 모든 피조물을 불쌍히 여기시고 아
들을 보내서서 사람을 죄에서 구속하시고 모든 피조물이 허무
한 데 굴복하지 않고 자유를 누리도록 원하십니다. 그것이 그
리스도 안에서 나타내 보이시는 하나님의 뜻입니다.

이 땅 위에서는 하나님의 뜻이 우리 사람들의 불순종으로
말미암아 충분히 다 이루어지지 않았으나 하늘에서는 하나님
의 뜻이 충만하게 이루어지고 있습니다. 하나님께서 네 영물
과 이십 사 장로들과 천군 천사들과 구속함을 받은 수많은 성
도들에게서 영광과 존귀와 감사와 찬송을 세세 무궁토록 받으
십니다.

그러므로 우리는 하나님의 뜻이 하늘에서 이루어진 것 같
이 땅에서도 이루어지기를 기원합니다. 더 많은 사람들이 하
나님을 사랑하고 하나님께 예배하며 하나님의 말씀을 좇아 의
롭게 살며, 성부와 성자와 성령께서 서로 사랑하시듯이 그리
스도 안에서 우리 모두가 서로 사랑하고, 장차 영원히 살면서
마침내는 하나님의 사랑에 영원히 참여하기 원하십니다. 그
것이 하나님의 뜻입니다.

55. "오늘날 우리에게 일용할 양식을 주옵시고" 하는 말로 무엇을 기원합니까?

우리가 하나님께 일용할 양식을 구하는 것은 만물과 함께 우리 모두가 주의 것이며, 우리가 누리는 모든 좋은 것이 다 주께로부터 오는 것임을 시인하는 것입니다. 주께서 우리에게 은혜를 베푸시고 우리를 돌보시지 않으시면 우리는 하루도 아니 한시라도 살 수 없는 존재임을 고백하며 하나님의 은총을 겸손히 간구하는 것입니다.

일용할 양식이 무엇입니까? 루터는 그의 소요리문답에서 일용할 양식에 관하여 인상 깊은 말로 가르칩니다.

> "우리 육신에 영양을 주고 우리 육신이 필요로 하는 모든 것을 말합니다. 즉, 먹는 것과 마시는 것, 옷, 신, 집, 저택, 논밭, 가축, 돈, 재산, 경건한 배우자, 믿음이 있는 자녀, 믿음이 있는 가족, 경건하고 진실한 통치자들, 선량한 정부(政府), 좋은 날씨, 평화, 건강, 교육, 명예, 좋은 친구들, 신뢰할 수 있는 이웃 등등입니다."

다시 말하면, 하나님께서 내리시는 일반은총에 속하는 모든 것을 의미한다는 말입니다. 옳은 말입니다. 그러나 한편 우리는 예수께서 하신 말씀을 기억합니다.

"목숨을 위하여 무엇을 먹을까 무엇을 마실까 몸을 위하여 무엇을 입을까 염려하지 말라 목숨이 음식보다 중하지 아니 하며 몸이 의복보다 중하지 아니 하냐…… 그러므로 내일 일을 위하여 염려하지 말라 내일 일은 내일 염려할 것이요 한 날의 괴로움은 그 날로 족하니라(마태복음 6:25-34)."

아무런 재산도 없는 사람, 충분한 수입도 없는 사람, 경제 위기를 당하여 일터를 잃은 사람, 기근과 재난을 당한 사람은 자신과 가족의 생명을 보존하기 위하여 먹을 것과 입을 것, 그리고 필요한 최소한의 것을 주시도록 주의 말씀을 믿고 기도해야 할 것입니다.

또한 하나님의 나라와 그의 의를 위하여 사는 성도로서 먹고사는 일 때문에 탐욕을 부리거나 비굴하지 않고 신앙과 양심의 자유를 보전하기 위하여 오늘의 양식을 얻는 것으로 족하게 여기는 마음으로 하나님 아버지께 오늘의 양식을 주시도록 기도해야 할 것입니다.

56. "우리가 우리에게 죄 지은 자를 사하여 준 것같이 우리 죄를 사하여 주옵시고"는 무엇을 말합니까?

우리는 하나님께 기도할 때마다 우리 자신이 죄인인 것을 새삼 절실히 느끼며 하나님 앞에 죄를 회개하며 용서를 구합니다. 예수께서는 우리가 용서를 진심으로 구하도록 원하십니다. 형제와 거리끼는 것이 있으면 덮어두지 말고 먼저 화해하고 하나님께 기도하라고 말씀하십니다.

> "그러므로 예물을 제단에 드리려다가 거기서 네 형제에게 원망들을 만한 일이 있는 것이 생각나거든 예물을 제단 앞에 두고 먼저 가서 형제와 화목하고 그 후에 와서 예물을 드리라(마태복음 5:23,24)."

구약 성경에 따르면 형제에게 죄를 범한 사람은 곧 하나님께 죄를 범한 것이며, 이웃에게 용서를 구하거나 잘못을 보상을 할 때는 하나님께 제물, 즉 속건제를 드리는 일을 같이해야 합니다. 즉, 이웃끼리 용서를 구하고 용서하는 일은 서로가 임의로 하는 것이 아니고 하나님 앞에서 하는 것이라는 뜻입니다.

형제를 용서하라는 말씀에는 용서를 구하라는 뜻도 함축되어 있습니다. 화목을 위하여 형제에게 "용서한다"고 일방적으로 선언하는 일은 없습니다. 그런데 용서를 구하는 일보다 용서하는 일은 더 어렵습니다. 그러므로 형제를 용서하라는 말씀을 더 많이 하시며 비유로 가르치십니다(마태복음 18:21-35).

> "너희가 사람의 잘못을 용서하면 너희 하늘 아버지께서도 너희 잘못을 용서하시려니와 너희가 사람의 잘못을 용서하

지 아니하면 너희 아버지께서도 너희 잘못을 용서하지 아니하시리라(마태복음 6:14, 15; 5:23; 누가복음 6:36, 37).”

이 기도의 말씀으로 우리는 하나님의 용서와 크신 사랑을 받았으므로 자신과 이웃의 잘못을 용서하고 사랑하게 해 주시도록 빌며, 하나님께서 우리 자신의 죄뿐 아니고 이웃과 형제의 죄도 용서해 주시기를 빕니다.

57. “우리를 시험에 들게 하지 마옵시고, 다만 악에서 구원하소서”로 무엇을 말합니까?

우리는 연약하오니 주께서 성령으로 우리를 붙드시고 인도하셔서 시험에 들지 않고 악의 세력을 벗어나게 해 주시도록 기도하는 것입니다.

우리 성도들은 본래 죄의 종이었으나 이제는 예수 그리스도로 말미암아 죄에게서 해방되어 하나님께 속한 종이 되었습니다. 거룩함에 이르는 열매를 얻었습니다(로마서 6:17-23). 그러므로 예수 그리스도 안에 있는 성도들에게는 결코 정죄함이 없습니다.

그러나 우리는 여전히 연약하므로 죽는 날까지 우리를 넘어지게 하려는 집요한 마귀와 악의 유혹과 시험을 받습니다.

베드로는 그의 편지에서 말씀합니다.

> "근신하라 깨어라 너희 대적 마귀가 우는 사자 같이 두루 다니며 삼킬 자를 찾나니(베드로전서 5:8)."

하나님께서 성도들의 믿음을 연단하기 위하여 시험을 주시기도 하십니다. 그러나 하나님께서는 친히 악으로 시험하지 않으실 뿐 아니라 성도들이 감당할 수 없는 시험은 주시지 않는다고 성경은 말씀합니다(야고보서 1:12, 13).

그런데 사람은 자기 안에 있는 욕심 혹은 정욕 때문에 시험을 받습니다. 욕심으로 인하여 시험에 빠지면 심각한 상태에 이릅니다. 욕심이 잉태한즉 죄를 낳고 죄가 장성한즉 사망을 낳는다고 성경은 말씀합니다(야고보서 1:14, 15).

또한 사람은 환난, 핍박 등 외부의 환경 때문에 시험을 받기도 합니다(히브리서 11:36). 신앙의 절개를 지키지 못하고 넘어지면 주를 부인하거나 성령을 거스르는 치명적인 죄를 범하게 됩니다.

우리는 마귀의 흉계에 대항하기 위하여 온 몸에 갑옷을 입듯이 무장하여 싸워야 한다고 성경은 말씀합니다(에베소서 6:10-20). 그러나 우리는 악의 세력에 대항하여 우리 힘으로는 싸워서 이길 수 없습니다. 그러므로 하나님께서 시험에 들지 않게 하시고 악에서 구원해 주시며 성령의 도우심으로 승리하게 해 주시도록 기도합니다.

지극히 거룩하시고 선하신 하나님께서는 만물과 함께 사람을 선하게 지으셨는데 첫 사람 아담이 마귀의 시험에 넘어져 죄를 범함으로 말미암아 죄가 세상에 들어오고 사망이 왔다고 말씀합니다(로마서 5:12).

마귀가 그러면 어떻게 세상에 존재하게 되었는지 성경은 분명히 말씀하지 않으십니다. 그러나 하나님께서 지으신 영적 존재들 가운데 하나님께 불순종하여 타락한 존재임을 성경에서 알 수 있습니다. 사람으로 하여금 죄를 범하도록 유혹하는 모든 시험은 마귀에게서 옵니다. 사람은 아무도 마귀의 시험을 면할 수가 없습니다. 그것은 사람이 되신 예수 그리스도께서도 예외가 아니었습니다(마태복음 4:1-11).

예수께서는 사역을 시작하실 때도 흔히 사람들이 받는 그런 시험을 받으셨습니다. "돌로 떡을 만들어라," "하나님의 천사가 보호해 줄 터이니 성전 꼭대기에서 뛰어 내려라," "세상의 영광을 원하면 내게 절하라" 고 하며 마귀가 시험했습니다.

베드로는 예수께 십자가의 길을 가는 것을 만류했으며, 군병들은 하나님의 아들이면 십자가에서 내려오라고 조롱했습니다. 무의식한 가운데 마귀의 사주를 받은 것입니다.

그러나 예수께서는 모든 시험을 이기시고 죄를 범하지 않으셨습니다. 예수께서는 우리와 같은 성정을 가지셨으나 죄는 없으십니다(히브리서 4:15). 그러므로 예수께서는 화목 제물이 되실 수 있었던 분이시며 승리하신 중보자이십니다. 예수께서는 죽으시고 부활하셔서 사망의 권세를 이기시고 우리 부활의 첫 열매가 되셨습니다(고린도전서 15:23, 55). 그리스도께서는 장차 마귀를 결박하여 그 세력을 완전히 쳐 부시고 새 하늘과 새 땅의 왕으로 다스리실 것입니다(요한계시록 21-22).

그러므로 하나님 아버지께서 우리로 하여금 그리스도 안에서 날마다 승리하여 의롭게 살게 하시며 마침내는 악에서 온전히 건짐을 받게 해 주시도록 기도합니다.

58. "대개 나라와 권세와 영광이 아버지께 영원히 있사옵나이다. 아멘"이라고 할 때 우리는 무엇을 기원합니까?

이 말씀은 누가복음에는 없고 마태복음에만 있습니다만, 마태복음에도 초기의 사본에는 없는 말씀입니다. 그러므로 이 말씀은 교회가 예배에서 주님께서 가르치신 기도를 할 때 끝맺으면서 화답한 말씀입니다.

'대개' 는 헬라어 접속사 '호티' (hoti)를 번역한 말로서 '왜냐하면' 이라는 뜻입니다. "대개 나라와 권세와 영광이 아버지께 영원히 있사옵나이다." 하는 말을 직역하면 '대개' 라는 의미가 더 드러납니다. "왜냐하면 나라와 권세와 영광이 영원토록 당신의 것이기 때문입니다." 이 말을 풀어서 이렇게 기도할 수 있습니다.

> "우리가 이렇게 기도하는 것은 우리 스스로가 무슨 자격이 있어서가 아닙니다. 우리는 주님께서 지으신 피조물이며 주께 기도하고 간구할 아무런 자격도 없으나, 하나님 아버지께서는 만물을 창조하시고 권세를 가지고 다스리며 영광을 받으시는 왕이시오 만물의 주인이시므로 우리는 주 앞에 머리 숙여 기도합니다.
> 우리는 하나님 앞에 감히 나아갈 수 없는 죄인이지만 이제 아버지의 독생자 예수 그리스도를 말미암아 하나님께 나아가 하나님을 아버지라고 부르며 주께 영광과 존귀와 감사와 찬송을 드립니다. 하나님 아버지의 이름이 거룩히 여김을 받도록 송축하며 주께 영광을 돌리는 우리의 기도를 들으소서. 영원무궁하도록 영광을 받으소서. 아멘"

'아멘'은 '진실하다', '미쁘다' '믿을 만하다' 는 말입니다. "우리가 기도에서 드리는 말씀이 진정으로 아뢰는 말씀이고 정말입니다" 하는 말이기도 합니다. 그러나 우리의 진실보다는 하나님의 진실을 고백하는 말입니다. 다시 말하면, 우리가 진실한 마음에서 기도하므로 기도의 내용이 진실하다는 뜻이기보다는 "하나님께서 거룩하시고 의로우시며 진실하시고 자비하시며 미쁘시므로 우리의 찬송을 받으시기에 합당하실 뿐 아니라 하나님의 뜻에 합하는 우리의 간구와 기원을 들으시고 이루어 주실 것을 믿습니다." 하고 고백하는 말입니다.

59. 기도가 무엇입니까?

기도는 일반적으로 이해하는 대로는 사람이 신에게 소원을 아뢰는 것입니다. 사람들은 불안하거나 위급할 때, 혹은 필요한 것이 있을 때 하나님을 찾고 기도합니다. 사람을 당신의 형상대로 지으시고 일반은총을 베푸시는 하나님께서는 택함을 받지 못한 백성의 기도도 들으시는 것을 성경에서 알 수 있습니다. 하나님께서는 아브라함의 첩 하갈의 기도를 들으셨으며(창세기 16:7-14), 엘리사를 통하여 나아만의 소원을 들어 주셨습니다(열왕기하 5:1-15). 니느웨 성의 백성들의 회개하는 기도를 들어 재앙을 거두셨습니다(요나 3:5-10).

그러나 그리스도 안에서 택함을 받은 하나님의 백성은 모든 상황에서 항상 그리스도의 이름으로 성령의 도움을 받아 하나님을 아버지라고 부르며 기도합니다.

기도에서 우리는 위대하시고 거룩하신 하나님을 가깝게 만나 우리 자신이 죄인임을 절실히 깨달으며 죄를 고백합니다. 하나님께서 계명으로 금하신 일을 한 반면에, 하라고 명하신 일을 하지 못한 죄를 고하며 용서를 구합니다. 기노에서 우리는 우리가 지은 죄를 낱낱이 기억하지 못해도 하나님 앞에서는 부정(不淨)하고 불경건(不敬虔)한 죄인임을 발견하고 고백합니다.

우리는 기도에서 하나님께서 그리스도 안에서 우리의 죄를 사하시는 하나님의 자비와 사랑에 감사하며, 만물과 함께 우리를 지으시고 다스리시는 하나님께 영광과 찬송을 돌립니다.

기도에서 우리는 하나님께서 살아계시며 만물을 다스리시고 택한 백성을 돌보시는 하나님이심을 발견하며, 성경에서 말씀하시는 하나님의 말씀이 진리임을 확인하며 확신합니다.

기도에서 우리는 하나님께 찬양과 감사를 돌릴 뿐만 아니라 우리에게 있는 소원을 아룁니다.

60. 우리는 왜 하나님께 기도해야 합니까?

주께서는 우리에게 기도하도록 명하시며, 또한 사도들을 통하여서도 "쉬지 말고 기도하라(데살로니가전서 5:17)"고 말씀하십니다. 괴롭고 슬픈 일을 당하거나 희망이 없어 보이는 때라도 "아무것도 염려하지 말고 다만 모든 일에 기도와 간구로, 너희 구할 것을 감사함으로 하나님께 아뢰라(빌립보서 4:6)"고 말씀하십니다.

우리는 우리의 처지와 형편을 하나님께 아뢰고 도와주시기를 호소합니다. 우리의 도움은 오로지 천지를 지으신 여호와 하나님께로부터 오기 때문입니다(시편 121:2). 우리 주 예수께서는 우리에게 기도하되 간절히 끈기 있게 기도하라고 말씀하십니다.

> "구하라 그리하면 너희에게 주실 것이요 찾으라 그리하면 찾아낼 것이요 문을 두드리라 그리하면 너희에게 열릴 것이니…… 너희가 악한 자라도 좋은 것으로 줄 줄 알거든 하물며 하늘에 계신 너희 아버지께서 구하는 자에게 좋은 것을 주시지 않겠느냐(마태복음 7:7-11)."

또한 재판관에게 번거롭게 호소한 어떤 과부처럼 낙심하지 말고 기도하라고 말씀하십니다(누가복음 18:1-8).

예수께서는 새벽에 한적한 곳을 찾아 기도하셨으며, 십자가의 죽음을 앞두고는 겟세마네 동산에서 피땀을 흘리며 기도하셨습니다. 주께서는 기도에 관하여 가르치시고 기도하라고 명하실 뿐 아니라 친히 기도의 본을 보이셨습니다. 선지자와 사도들, 하나님의 뜻을 따라 진실하게 산 믿음의 사람들은 다 기도하는 사람이었습니다.

기도는 성경을 통하여 말씀하시는 하나님의 말씀에 대하여 우리가 경청하고 확인하며 응답하는 자세이며, 창조주 하나님 앞에 우리 스스로를 낮추는 겸손한 자세입니다. 우리가 빌 바를 모르면서도 주 앞에 엎드리는 것이 기도입니다. 그럴 때는 성령께서 말할 수 없는 탄식으로 우리를 위해 하나님의 뜻대로 간구해 주십니다(로마서 8:26,27).

61. 중보 기도는 무엇입니까?

기도하는 자가 자신의 안위는 고려하지 않고 하나님께서 당신의 영광을 위하여 이웃과 백성들을 구원하시고 은혜와 자비를 베푸시도록 간구하는 기도입니다. 만물을 지으시고 만백성을 사랑하시는 하나님의 뜻에 가장 합하는 위대한 기도입니다. 성경에서 우리는 위대한 중보 기도의 예를 봅니다.

하나님께로부터 "땅의 모든 족속이 너로 말미암아 복을 얻을 것이라(창세기 12:3)"고 하는 약속을 받은 믿음의 조상 아브라함은 하나님께서 소돔과 고모라를 멸하려고 하실 때 머리를 조아리며 하나님의 노여우심과 공의로운 심판을 할 수만 있으면 거두어 주시도록 중재 기도를 드렸습니다(창세기 18:22-33).

하나님께서 목이 곧은 이스라엘 백성을 버리고 모세의 자손들로 하여금 큰 나라가 되게 하겠다는 말씀에 모세는 하나님의 이름과 영광을 위하여 이스라엘 백성들을 불쌍히 여기시며 죄를 용서하시고 그들에게 자비를 베풀어주시기를 기도했습니다(출애굽기 32:9-14).

중보 기도의 절정은 우리 주 예수 그리스도에게서 봅니다. 예수께서는 자신을 십자가에 달려 죽으셔서 화목제물이 되심으로써 우리 죄를 사하시고 사람들로 하여금 하나님과 평화를 누리게 하셨습니다. 이 일을 앞두고 겟세마네에서 예수께서는 "내 아버지여 만일 할 만하시거든 이 잔을 내게서 지나가게 하옵소서 그러나 나의 원대로 마시옵고 아버지의 원대로 하옵소서(마태복음 26:39)." 하시며 피와 땀을 흘리시면서 기도하셨습니다.

그리고 십자가에 달리실 때 "아버지 저들을 사하여 주옵소서. 자기들이 하는 것을 알지 못함이니이다(누가복음 23:34)." 하시며 당신을 십자가에 못 박는 자들을 위하여 기도하셨습니다.

부활 승천하신 예수 그리스도께서는 하나님 우편에서 성도들을 위해 중보자로서 기도하십니다(히브리서 7:24, 25; 에베소서 1:20).

성경은 우리 성도들 역시 사역자를 위하여, 그리고 서로를 위하여 기도하라고 말씀하십니다(데살로니가전서 5:17, 25; 히브리서 13:18; 야고보서 5:16). 그러나 남을 위하여 하는 기도라고 하여 우리가 하는 기도를 '중보기도' 라고 말하는 것은 적절하지 못합니다.

구약시대의 아브라함이나 모세는 중보할 수 있는 위치에 있었습니다만 일반 백성들은 아니었습니다. 우리를 위하여 중보기도를 하시는 이는 오직 중보자이신 예수 그리스도이십니다. 종교개혁자들은 제사장이란 직함을 두고도 오직 예수 그리스도 그분만이 제사장이라고 했습니다. 우리는 이웃과 형제자매를 위하여 중보자이신 예수 그리스도의 이름으로 기도합니다.

그러므로 "중보기도 합시다."고 말하는 대신에 "어려움을 당한 형제를 위하여, 병으로 고생하는 이웃을 위하여, 굶주리는 사람들을 위하여 기도합시다." 그러면 될 것입니다.

62. 기도와 명상이 어떻게 다릅니까?

중세 신비주의 뿌리를 두고 있는 영성(靈性, sprituality)이라는 개념은 성경이 가르치는 '성령 충만'(fullness of the Holy Spirit)과는 구별됩니다. 영성을 말하는 그룹에서는 개인적인 묵상 혹은 명상을 장려합니다. 그러나 영성을 추구하는 명상과 성령 충만을 간구하는 기도가 같지 않습니다.

기도와 명상이 다르다고 해서 그리스도인은 기도만 해야 하고 명상은 해서는 안 되는 그런 것은 아닙니다. 생각하는 존재로 지음 받은 사람은 사물에 관하여 생각하거나 자기를 성찰하는 명상에 잠길 수가 있습니다. 일반적인 의미의 명상은 하나님의 일반은총에 속합니다. 우리 사람은 일반적인 지식을 추구할 수 있듯이 명상도 할 수 있습니다. 그리고 명상에서 우리는 유익을 얻습니다.

그러나 명상으로 기도를 대치할 수는 없습니다. 명상으로 기도를 대신할 경우 사람은 신비주의로 빠져들게 됩니다. 기도를 대신하는 명상은 마음을 비움으로써 자신의 영혼이 신적인 세계의 영과 접촉하고 신적인 존재와의 합일을 지향하는 반면에, 기도는 살아 계신, 인격적인 하나님께 당신께서 영광을 받으시고 우리의 감사와 찬송을 받으시며 당신의 뜻을 이루시도록, 그리고 당신의 뜻 가운데서 우리의 간구를 들어주시도록 아뢰는 것입니다. 영성을 말하는 이들이 영적인 경험을 강조하고 인격의 완성을 지향하는 점은 성령의 충만을 말하는 경우와 비슷한 것 같으나, 실제적인 결과는 다르게 나타남을 봅니다.

명상은 일반은총에 속하나 기도는 성령의 선물입니다(유다서 1:20; 로마서 8:26). 성령께서 우리를 감동하시고 힘을 주셔서 우리는 하나님께 기도할 수 있게 됩니다. 기도로 우리는 자신들이 하나님의 자녀임을 확인하며 순진하게 하나님을 아버지라고 부르며 주께 영광을 돌리고 우리의 소원을 아뢰는 것입니다.

신앙문답 II

삼위일체 하나님

63. 유일신 하나님은 삼위일체 하나님, 그렇습니까?

세계 만물을 창조하시고 다스리시는 하나님은 삼위로 계신 한 하나님이십니다. 세상에는 많은 종교가 있어서 제각기 하나님에 대한 신앙을 말하고 있으나, 창조주 하나님은 성경을 통하여 당신 자신을 나타내 보이시며 유일하게 참 하나님이심을 선포하십니다.

성경이 말씀하는 하나님, 즉 스스로 계시는 여호와(야웨) 하나님은 사람들이 상상하거나 만들어낸 신들과는 비교가 되지 않는 유일하신 참 하나님이십니다. 그런 뜻에서 여호와 하나님은 유일신(唯一神)이십니다. 그러나 단일신(單一神)은 아니십니다. 성경으로 우리에게 말씀하는 하나님은 아버지 하나님(성부), 아들 하나님(성자), 성령 하나님(성령) 세 분이시나 한 하나님이시며, 한 하나님이시나 세분으로 계시며 일하십니다.

하나님께서 삼위일체의 하나님이심은 하나님의 독생자 예수 그리스도께서 세상에 오심으로 말미암아 분명히 드러나게 되었습니다. 예수께서 요한에게서 세례를 받으실 때 성령께서는 비둘기같이 예수께 임하셨으며, 하나님 아버지께서는 예수를 가리켜 "이는 내 사랑하는 아들이요 내 기뻐하는 자라." 고 말씀하셨습니다(마태복음 3:16,17).

예수 그리스도와 함께 살면서 그분의 삶과 일하심을 보고 또 그분의 가르치심을 받은 베드로는 "주는 그리스도시요 살아 계신 하나님의 아들이시니이다." 하고 고백했습니다(마태복음 16:16). 그의 고백은 제자들을 대표한 고백이었으며, 그리스도의 교회의 첫 고백이었습니다.

그리스도의 교회는 교회의 머리이신 예수 그리스도의 명령을 좇아 새 신자에게 성부와 성자와 성령의 이름에 연합하는 세례를 베풀어 왔습니다(마태복음 28:20). 사도 바울은 고린도에 보내는 둘째 편지를 끝맺으면서 예수 그리스도의 은혜와 하나님의 사랑과 성령의 교통하심이 교회에 같이 있기를 축원했으며(고린도후서 13:13), 교회는 일찍부터 예배에서 삼위일체 하나님께 경배하며 영광을 돌리며 찬송했습니다.

"성부와 성자와 성령께 영광이 있을지어다."
"우리는 성부와 성자와 성령을 찬양하나이다."

삼위일체 교리는 예수 그리스도가 참 하나님이신지를 묻는 데서부터 시작하여 밝혀진 교리입니다. 베드로와 같이 예수를 하나님의 아들로 믿고 고백하면 삼위일체 교리를 인정하고 받아들입니다만, 예수를 하나님의 아들로 믿지 않는 자는 다 삼위일체 하나님을 부정합니다.

64. 삼위일체 교리를 어떻게 옳게 이해해야 합니까?

삼위일체(trinitas)라는 말은 교부 터툴리안이 먼저 사용했습니다. 교회는 일찍부터 세 분이신 한 하나님을 고백하고 예배했으나, 325년 니케아 공의회의 결정 이전에는 성자(聖子)께서 성부(聖父)와 동등하시며 함께 영원하시다는 진리를 명쾌하게 설명하지 못했습니다. 그리고 교회 안과 주변에는 잘못된 견해들이 있었습니다. 예수는 하나님의 양자라는 견해(養子說)와 예수는 사람의 모양으로 나타난 하나님이시라는 견해(假現說)가 있었습니다.

이 두 견해는 교회 역사에서 거듭 발견되는 그리스도와 삼위일체 하나님에 대한 전형적인 잘못된 견해입니다. 유대주의적 에비온파는 양자설을, 신비주의적인 영지주의자들은 가현설을 말했습니다.

3세기에도 양자설에 해당하는 동적 단일신론(monarchianism)과 가현설에 유사한 양태론적 단일신론이 있었습니다. 양태론적 단일신론은 그냥 양태론(modalism)이라고도 합니다.

양태론적 단일신론은 한 하나님이 아버지, 아들, 성령의 세 모양으로 나타나신다는 주장입니다. 사벨리우스가 주장했으므로 사벨리우스주의라고도 합니다. 자유주의 신학자들이 선호하는 잘못된 이해인데, 한국 교회에 만연되고 있는 이해입니다.

삼위일체 하나님을 물, 얼음, 수증기, 혹은 해, 햇빛, 에너지 등으로 설명하면 양태론의 오류에 빠집니다. 창조주 하나님을 피조물로 비유하거나 설명할 수는 없습니다. 창조주이신 삼위일체 하나님을 설명하느라고 무슨 물건을 비유로 들어 설명하면 하나님을 우상으로 만드는 결과가 됩니다. 그리고 추상적인 개념으로 설명하면 하나님을 추상적인 신으로 만드는 결과가 됩니다.

삼위일체 교리는 예수 그리스도가 참 하나님이신지를 묻는 데서부터 시작하여 밝혀진 교리입니다. 그러므로 성경 말씀대로 예수는 그리스도시요 하나님의 아들이심을 믿으면 삼위일체 교리를 이해하고 있는 것으로 알아야 합니다. 인격은 본래 논리적인 분석을 통해서가 아니고 상대방의 자기소개에 대한 신뢰와 사귐을 통하여 알게 되는 것입니다.

65. 삼위일체 하나님은 사랑의 하나님이라고 하는데 맞습니까?

성부 성자 성령 삼위의 하나님은 한 하나님이십니다. 요한 일서에 보면 하나님은 곧 사랑이시라고 말씀합니다(요한 1서 4:9, 16). 그뿐 아니라 성경 전체에서 하나님은 사랑이심을 증거합니다. 하나님께서 삼위일체 하나님이심은 하나님께서 피조물을 사랑의 대상으로 삼으시고 만물을 당신의 작품으로서 좋게 여기시면서 비로소 사랑하기 시작하신 것이 아님을 우리로 하여금 깨닫게 해 주시는 진리입니다.

하나님께서 삼위일체 하나님이심은 영원 전부터 아버지께서 아들을 사랑하시고 아버지와 아들이 성령과 더불어 사랑 안에 계심을, 교제하고 계심을 알려 주는 말씀입니다. "삼위일체 하나님"은 하나님께서는 영원 전부터 사랑으로 충만하신 하나님이심을 함축합니다.

"아들은 아버지에게 나셨고, 성령은 아버지와 아들에게서 나오신다"는 것이 서방교회의 고백이고, "아들은 아버지에게서 나셨고, 성령은 아들을 통하여 아버지에게서 나오신다."는 것이 동방교회의 고백입니다.

하나님은 삼위일체 하나님이시므로 영원전부터 사랑하시는 하나님이시며, 또한 우리 인생이 하나님의 말씀을 거역하여 죄로 말미암아 타락했음에도 불구하고 우리를 사랑하십니다. 우리를 사랑하시되 아버지 하나님께서는 독생자를 주시기까지 사랑하시고, 아들 하나님께서는 자신을 희생으로 내어 주시기까지 사랑하십니다.

그리고 성령 하나님께서는 우리를 사랑하셔서 오래 참으시는 가운데서 우리 죄인을 회개케 하시며, 정하게 하시고 의롭게 하십니다. 우리를 하나님의 양자로 삼으시고, 우리로 하여금 독생자가 누리는 영광에 참여하게 될 때까지 우리를 위하여 탄식하심으로 기도하시고 성화시키시며 보존하십니다. 우리는 성부 성자 성령 세 분이시면서 하나이신 하나님께 영광과 존귀와 감사와 찬양이 세세 무궁토록 있기를 축원하며 예배할 뿐입니다.

66. 하나님을 알 수 있습니까?

우리 자신의 능력으로는 하나님을 알 수가 없습니다. 하나님은 우리 사람과 만물을 지으신 이시며 우리가 보고 만지고 경험할 수 있는 세계를 초월해 계시는 영이시므로 우리 자신의 능력으로는 하나님을 알 수가 없습니다. 그러므로 하나님께서 당신 자신을 나타내 보여 주시고 말씀해 주셔야 우리 사람은 비로소 하나님을 알 수 있습니다. 우리는 선지자들이 기록한 구약 성경 말씀과 사도들이 예수 그리스도의 복음을 증언하고 기록한 신약성경의 말씀을 통하여 하나님을 압니다.

하나님께서는 구약 시대에는 선지자들에게 당신 자신을 알리셨습니다. 그리고 그들에게 구세주를 보내 주실 것을 약속하셨으며 또한 그 약속을 지키셨습니다. 구세주는 곧 하나님의 아들 예수 그리스도이십니다.

예수께서는 "내 아버지께서 모든 것을 내게 주셨으니 아버지 외에는 아들을 아는 자가 없고 아들과 또 아들의 소원대로 계시를 받는 자 외에는 아버지를 아는 자가 없느니라(마태복음 11:27)."고 말씀하십니다.

그리고 또한 "내가 곧 길이요 진리요 생명이니 나로 말미암지 않고는 아버지께로 올 자가 없느니라."고 말씀하시고 이어서 "너희가 나를 알았더라면 내 아버지도 알았으리로다 이제부터는 너희가 그를 알았고 또 보았느니라."(요한복음 14:6-7)고 말씀하십니다.

예수 그리스도께서는 사람들에게 하나님 아버지에 관하여 가르치실 뿐 아니라 하나님 아버지를 닮은 삶을 사셨습니다. 흠이 없이 의롭게 사셨으며, 죄와 위선은 미워하시는 한편, 가난한 사람들을 돌보시고, 병든 자를 고치시며 슬픔 가운데 있는 자를 위로하시며 사랑과 자비를 베푸는 삶을 사심으로써 하나님의 성품을 보여 주셨습니다. 십자가에 죽으심으로 인간을 향하신 하나님의 자비와 사랑을 드러내셨으며, 죽음에서 부활하심으로 당신께서 하나님의 아들이심을 입증하셨습니다(로마서 1:1-3). 성령께서는 우리의 죄를 사하시고 마음의 눈을 뜨게 하셔서 하나님을 알게 하십니다.

II
계시·성경·율법

67. 성경이 어떻게 하나님의 말씀입니까?

성경이 하나님의 말씀임은 성경 자체가 증언합니다. 성경은 그 어디서도 성경이 하나님의 말씀임을 논증하지 않습니다. 다만 선포할 따름입니다.

성경은 그 서두에 "태초에 하나님께서 천지를 창조하시니라(창세기 1:1)."고 선포합니다. 그리고 하나님께서 말씀으로 천지 만물을 지으셨음을 거듭 말씀합니다. 모세의 다섯 책, 즉 오경이나 여러 예언서에도 하나님에 관한 말씀과 하나님께서 주신 계명과 율법 및 직접 하시는 말씀으로 가득 차 있습니다. 성경을 읽는 사람은 하나님의 말씀에 압도되어 성경이 하나님의 말씀임을 마침내 시인하게 됩니다.

바울은 디모데에게 보내는 둘째 편지에서 말씀합니다.

"모든 성경은 하나님의 감동으로 된 것으로 교훈과 책망과 바르게 함과 의로 교육하기에 유익하니 이는 하나님의 사람으로 온전케 하며 모든 선한 일을 행할 능력을 갖추게 하려 함이라(디모데후서 3:16-17)."

성경은 성령의 감동으로 기록되었으므로 성경을 읽을 때 성령께서 눈을 열어주셔서 말씀의 뜻을 깨달아 알게 해 달라고 기도하는 마음으로 읽어야 합니다(시편 119:18). 그러면 성경이 하나님의 말씀임을 밝히 알게 되고 확신하게 됩니다.

성경 말씀을 읽거나 들을 때 성령께서 감동을 주시므로 사람은 자신이 죄인임을 깨닫고 회개하며, 예수를 믿어 하나님을 아버지라고 부릅니다. 죄의 종노릇하는 삶에서 해방되어 새 생명을 얻고 기뻐하며 성령을 좇아 살며(에베소서 4:17-32), 하나님의 말씀을 따라 거룩한 삶을 살려고 최선을 다하는 기적을 경험합니다. 성경은 믿는 자들로 하여금 날마다 새로워지게 하며 영원한 생명을 소유했음을 깨닫게 합니다(요한 1서 5:11-12) 그리스도와 함께 영광을 누리며 하나님의 자녀로 영원히 살 것을 희망하게 합니다.

교회 역사에서 헤아릴 수 없이 많은 사람들이 같은 기적을 경험했습니다. 그런 기적을 안겨 주는 책은 성경뿐입니다. 그러므로 우리는 성경이 하나님의 말씀임을 시인하고 고백하며 사랑합니다.

68. 성경이 영감된 하나님의 말씀이라는 뜻은 무엇입니까?

성경은 하나님께서 저자들을 감동하심으로 기록되었다고 디모데후서에서 말씀합니다(디모데후서 3:16). 그러나 하나님께서 어떻게 감동하셨는지에 관한 말씀은 없습니다. 그것은 우리 인간의 이해를 초월하는 것입니다. 선지자들은 하나님의 말씀을 황홀한 상태가 아닌 차분한 상태에서 받았습니다.

모세의 경우, 십계명은 하나님께서 돌 판에 직접 새겨 주신 대로 받았습니다만(신명기 5:22; 9:10,11; 출애굽기 24:12), 창조와 역사 및 법과 규칙들은 질서정연하게 기록하였습니다. 선지자들은 그들이 처한 역사적인 상황에서 이스라엘에 대한 하나님의 질책과 심판의 경고를 전달함과 동시에 하나님의 자비와 구세주에 대한 약속을 예언하였습니다.

성경에는 여러 형식의 문체와 주제들이 있습니다. 직접화법으로 된 하나님의 말씀이 있는가 하면, 역사에 대한 서술이나 족보가 있습니다. 저자 자신들이 말하는 설명도 있습니다. 그들은 자신들의 논리나 문체로 글을 썼습니다. 성경에는 또한 잠언이 있고 시가가 있으며 드라마 형식의 욥기도 있습니다. 시편은 개인이나 회중이 하나님께 드리는 기도요 찬송입니다. 예수께서 그리고 사도들은 구약을 성경이라고 말씀하시며 그 권위를 인정하시고 말씀을 인용하셨습니다.

신약에는 예수님의 교훈과 행적을 전하는 복음서가 있으며, 성령의 임하심과 교회의 설립과 확장을 기록한 사도행전이 있고, 교회의 믿음을 독려하는 사도들의 편지들이 있습니다.

이와 같이 각양의 형식으로 쓰인 글과 책으로 된 성경이 하나님의 독생자 예수 그리스도 안에서 성령을 통하여 우리 사람과 만물을 돌보시고 구원하시는 아버지 하나님의 뜻과 약속과 경륜을 말씀하고 있으며, 하나님 아버지와 아들과 성령께 영광과 찬송을 돌리고 있으므로 성경은 성령의 감동으로 쓰인 하나님의 말씀임을 고백합니다.

69. 계시와 말씀을 어떻게 구분합니까?

계시(啓示)는 하나님께서 당신 자신과 당신의 뜻을 열어 보여주시는 것을 의미합니다. 신학에서는 계시를 일반 계시(또는 자연계시)와 특별 계시로 구분합니다. 하나님께서 만물에 당신의 신성을 나타내 보이시는 것을 일반 계시라고 하며, 성경의 말씀으로 당신 자신과 당신의 뜻을 분명히 나타내 보이시는 것을 특별계시라고 합니다.

신학에서 일반적으로 계시는 말씀이라는 개념보다 넓은 것으로 이해합니다. 하나님께서 당신을 말씀으로 알리시는 것도 계시이고, 자연 만물과 다른 매체를 통하여 알리시는 것도 계시입니다.

하나님의 말씀을 믿는 이는 "하늘이 하나님의 영광을 선포하고 궁창이 그의 손으로 하신 일을 나타내는" 것(시편 19:1)을 깨닫습니다. 즉, 자연 계시를 인식합니다. 그러나 믿지 않는 사람은 인식하지 못합니다(로마서 1:19-21). 우주 만물을 보아도 감동이 없습니다. 혹시 있더라도 창조주의 존재를 막연히 느낄 뿐입니다.

하나님께서는 계시를 특별히 선지자와 사도들에게 주셨습니다. 당신의 뜻을 충분히 나타내셔서 설교하고 기록하게 하셨습니다. 그러므로 그들이 기록한 성경 말씀을 두고 달리 계시를 받았다고 말하는 자는 저주받을 거짓 선지자입니다(갈라디아 1:6-10).

그러나 계시와 말씀은 또한 달리 구분됩니다. 말은 인격적인 의사소통입니다. 성경에 보면, 말씀은 또한 인격입니다. 아들 하나님이십니다. "말씀이 육신이 되어(요한복음 1:14)" 우리 가운데 사시면서 하나님과 아버지의 뜻을 나타내 보이셨습니다. 그렇다면 말씀은 계시의 원천입니다. 말씀이 계시므로 계시가 있습니다. 말씀은 실체요 인격이며 계시는 말씀을 드러내심이요 드러내시는 행위입니다. 하나님의 계시를 통하여 우리가 인식하는 것은 하나님의 말씀이며 말씀하시는 하나님이십니다.

70. 율법이 무엇입니까?

율법은 하나님께서 모세를 통하여 이스라엘 백성에게 하나님의 백성답게 살도록 주신 생활과 행위의 규범입니다. 율법, 즉 히브리어로 '토라'는 모세 오경을 가리키는 말이기도 합니다. 구약 성경은 '율법'과 '선지서'(역사서 및 예언서) 및 '시가서'로 구성되어 있습니다.

법이라는 뜻으로의 율법을 말하자면, 모세의 율법이 있기 이전에 이미 고대 국가에도 하무라비 법전 등이 있었습니다. 십계명은 율법의 핵인데, 이스라엘 주변의 나라에도 십계명과 유사한 것이 있었습니다. 그것은 있을 수 있는 일입니다. 하나님께서 사람의 양심에 법을 주셨기 때문입니다(로마서 2:15). 그러나 율법과 십계명의 특이한 점은 이스라엘 주변 나라의 계명이 윤리적인 규범만을 말하는 데 반하여, 십계명은 윤리적인 규범뿐 아니라 종교적인 규범을 함께 말씀하고 있으며, 종교적인 규범이 중심이 되고 있는 점입니다.

국가의 법은 왕이 혹은 정치적인 주권자가 정한 것으로 도덕과 윤리에 기초하고 있으나 사회 윤리적인 규범을 어기지 않도록 소극적으로 규제하는 기능을 합니다. 그래서 사람이 이웃과 사회에 해를 끼치지 않으면 법을 지킨 것이 됩니다. 그러나 성경이 말하는 율법이나 계명의 경우는 다릅니다. 법과 계율을 말씀하시는 이가 인격이신 하나님이시기 때문입니다.

율법을 국법 정도로 생각하면 오해입니다. 예수께서는 율법과 선지자의 가르침을 첫째는 하나님을 사랑하고 둘째는 이웃을 사랑하라는 말씀으로 요약하셨습니다(마태복음 22:37-40). "마음을 다하고 목숨을 다하고 뜻을 다하여" 하나님을 사랑하고 이웃을 적극적으로 사랑해야만 율법과 계명을 지킨 것이 됩니다. 우리는 율법과 계명을 주신 하나님 앞에서 말씀대로 살지 못함을 절실히 인식하며 회개합니다.

71. 사람이 율법을 지킬 수 없다면 그것이 무슨 소용입니까?

첫 사람이 마귀의 유혹을 받아 자의적으로 하나님의 말씀을 불순종했기 때문에 그의 자손인 사람들은 율법을 지킬 능력을 상실했습니다. 그러나 하나님께서는 사람을 사랑하셔서 이스라엘 백성을 택하시고 율법을 주셨습니다.

율법은 사람이 그것을 지킬 수 있는지 여부를 고려하여 주시는 그런 것이 아닙니다. 사람에게 반드시 있어야 하므로 하나님께서 은혜로 주신 것입니다. 율법이 있어서 사람은 무질서와 범죄 가운데 살도록 내버려둠을 당하지 않고, 하나님을 사랑하고 이웃을 사랑해야 하는 행위의 규범을 알게 됩니다. 율법은 우리로 하여금 무능한 죄인임을 깨닫게 해 줍니다(로마서 7:9).

율법에는 행위의 규범만이 아니고, 하나님께 예배하며 죄 사함을 받는 법과 이스라엘 백성을 하나님의 백성으로 구별하는 정결을 위한 법과 절기의 법이 있습니다. 누구든지 하나님께 혹은 사람에게 죄를 지으면 소나 양이나 비둘기를 희생하여 제사를 드려 죄 사함 받는 길을 열어두고 있습니다. 그것은 하나님께서 사람에게 베푸시는 자비로운 배려입니다.

하나님의 아들 예수께서는 온전하고 거룩하게 사심으로써 온전한 행위를 요구하는 율법을 지키셨습니다. 그뿐 아니라 십자가에서 희생이 되심으로써 제사를 요구하는 율법을 성취하셨습니다. 따라서 제사의 법은 폐지되었습니다. 그리스도의 복음은 만백성을 위한 것이므로 정결의 법과 절기의 법도 폐지되었습니다.

율법 가운데 종교적이며 윤리적인 계명은 하나님의 형상대로 지음 받은 만백성이 지켜야 하는 계명입니다. 그리스도를 믿는 사람에게는 감사함으로 지켜야 하며 그리스도 안에서 사죄의 은혜를 깨닫게 하며 성화를 이루어 가게 하는 말씀입니다. 그러나 그리스도 안에 있지 않는 사람에게는 불순종에 대하여 심판하는 말씀입니다.

III

사죄·칭의·상급

72. 성경은 사람이 어떤 상태에 있다고 말씀합니까?

사람은 죄 아래 있으며 죽을 수밖에 없는 운명에 있습니다만, 많은 사람들이 자신이 비참한 처지에 있는 줄을 모릅니다. 사람은 행복을 추구하고 잘 살기를 바랍니다. 사람들은 행복을 얻기 위하여 지식을 추구하고 부와 권력을 얻으려고 도모합니다. 그러나 사람은 누구나 병들고 죽는 것을 피하지 못합니다. 사람들은 자연적인 재난도 당합니다만 서로 싸우고 살인하며 전쟁으로 대량 학살을 자행하여 불행을 자초하기도 합니다.

사람들은 과학의 발달로 행복을 성취할 수 있을 것으로 생각합니다. 그러나 과학의 이기가 살상 무기로 이용되는 것을 자주 경험합니다. 최근에 사람들은 인간의 유전자 지도를 발견했다면서 사람이 무병장수 할 날이 멀지 않다고 환호합니다만, 무슨 결과가 유발될지 아무도 장담할 수 없습니다. 지식의 발달과 인간의 편이를 위한 무분별한 개발은 이미 환경오염과 생태계 파괴를 초래했습니다. 어디로 가야 하는지, 어디로 갈 것인지를 알지 못하는 인간, 내일 일을 내다보지 못하는 인간의 업적이 온전할 까닭이 없습니다. 그러나 방향 없이 급속히 발전하는 과학 기술은 제동도 조율도 불가능합니다.

우리는 사람이 무엇이며 어디서 와서 어디로 가는지 새삼 묻지 않을 수가 없습니다. 하지만 우리는 고아와 같아서 자신을 스스로는 알 수 없습니다. 우리 사람은 부모나 가족이든 아니면 누군가가 말해 주어야만 비로소 자신의 뿌리를 알 수 있습니다. 우리 사람의 근원적인 뿌리를 말해 줄 수 있는 존재는 사람을 지으신 하나님이십니다. 하나님의 말씀인 성경은 우리가 얼마나 비참한 상태에 있는 죄인인지 말씀해 줍니다. 그리고 어떻게 비참한 상태에서 구원을 얻고 자유를 누릴 수 있는지 말씀해 줍니다(로마서 3:20, 7:7).

73. 사람은 정말 전적으로 부패했습니까?

성경은 말씀합니다.

"의인은 없나니 하나도 없으며 깨닫는 자도 없고 하나님을 찾는 자도 없고 다 치우쳐 함께 무익하게 되고 선을 행하는 자는 없나니 하나도 업도다(로마서 3:10-12)."

"어리석은 자는 그 마음에 이르기를 하나님이 없다 하는도다 그들은 부패하고 소행이 가증하니 선을 행하는 자가 없도다…… 다 치우쳐 함께 더러운 자가 되고 선을 행하는 자가 없으니 하나도 없도다(시편 14:1-3)."

윤리적으로 비교적 선하게 사는 사람도 있으며 착한 일을 하는 경우들도 있는데 왜 사람은 전적으로 부패했다고 하는 것일까요? 비교적 선하든 않든 아무도 스스로는 하나님을 알 수 없으며, 죄의 종노릇하는 데서 해방되지 못하고 그냥 죄 가운데 삽니다. 사람은 선에 대한 생각은 가졌으나 본래의 성품이 부패했으므로 선을 온전히 행하지 못합니다(로마서 7:21-24).

예수께서는 제자들에게 유대교 지도자들의 선행은 본받으라고 말씀하셨습니다. 그러나 그들은 스스로가 선을 행하는 자로 자처했으므로 위선자였습니다. 그러므로 예수님의 질타를 면치 못했습니다.

누구든지 선의 원천이시며 유일하게 선하신 하나님을 염두에 두지 않고 선을 추구하거나, 조금 선을 행한 것을 가지고 하나님 앞에 부끄러워할 줄 모르고 자기의 선행을 내세우는 것은 무지요 위선입니다.

하나님 앞에 서면 내가 행한 적은 선행은 순수하지도 못할 뿐더러, 하나님께서 원하시는 수준에는 턱없이 부족한 것임을 인식합니다. 자신은 바울처럼 죄인 중의 괴수임을 인식하고 내가 행한 것은 죄 뿐임을 고백하며 다만 하나님의 은혜와 자비를 구할 뿐입니다.

사람은 전적으로 부패했으므로 자신의 힘으로는 하나님을 알 수 없으며 하나님께서 원하시는 표준에 맞는 선을 행할 수도 없습니다. 다만 성령께서 일하시므로 하나님의 은혜로만 그리스도 안에서 우리 자신의 죄를 깨닫고 회개하며 거듭나게 되어 하나님을 알게 되는 것입니다.

74. 사람은 부패한 성품으로 지음 받았습니까?

아닙니다. 하나님께서 사람을 당신의 형상대로 지으시되 남자와 여자로 지으셨습니다(창세기 1:27). 하나님을 창조주로 바로 알고 진심으로 사랑하며, 하나님을 주님으로 모시고 영원한 축복 가운데 서로 사랑하며 함께 살면서 주께 영광을 돌리도록 지으셨습니다. 하나님께서는 사람에게 당신이 지으신 모든 식물과 동물을 돌보고 다스리라고 하셨습니다. 자의로 판단하고 관리할 수 있는 의지와 능력을 주셨습니다(창세기 1:28, 2:19).

그러나 첫 사람 아담과 하와는 마귀의 꾐에 넘어가 하나님을 의심하고 말씀에 불순종하였습니다. 하나님께서 동산의 실과나무들 가운데 따 먹지 말라 먹는 날에는 반드시 죽으리라고 명하시며 경고하셨음에도 불구하고 아담과 하와는 하나님의 말씀과 경고를 믿지 않고 무시함으로써 하나님의 말씀을 어김으로 죄를 범한 것입니다(창세기 3장).

한 사람으로 말미암아 죄가 세상에 들어오고 죄로 말미암아 사망이 왔으며, 이와 같이 모든 사람이 죄를 지었으므로 사망이 모든 사람에게 이르게 되었습니다(로마서 5:12).

사람들은 서로를 의심하고 미워하며 살인할 뿐 아니라 대량 학살도 자행합니다. 강자는 약자를 지배하려고 합니다. 부부가 쉽게 신의를 저버리며 남자는 여자를 지배하려고 하므로 남존여비의 관습이 생겼습니다. 성희롱과 성폭행이 그치지 않습니다. 그뿐 아니라 사람이 돌보고 다스려야 할 모든 생물과 땅도 저주를 받게 되었습니다. 사람의 이기적인 개발과 횡포 때문에 만물이 신음하며 구속의 날을 기다립니다(로마서 8:19-23).

그러나 하나님께서는 죄 아래 있는 사람들에게 율법을 주시고 사죄의 길을 열어주시며 독생자 예수 그리스도를 주셨습니다. 성령께서 사람을 감동하셔서 자신이 죄인임을 깨닫고 죄를 회개케 하십니다. 아들을 믿는 자를 의롭다 하시며 새 사람으로 거듭나게 하시고, 하나님의 자녀의 성품을 회복하게 하십니다.

75. 하나님의 백성이 되는 과정에 어떤 일이 있습니까?

성경과 신학은 사람이 죄와 사망의 세력의 지배를 벗어나 하나님의 백성이 되는 일과 그 과정에서 일어나는 일을 회개(悔改), 회심(回心), 중생(重生), 칭의(稱義) 등 여러 가지 말씀으로 묘사하고 정의합니다. 이러한 모든 과정의 일들이 성령으로 말미암아 일어나고 성령의 감동으로 말미암아 일어납니다. 그러나 모든 것을 하나님께서 하시고 사람은 그냥 피동적으로 응답하거나 반응하는 것은 아닙니다.

중생하게 하시는 이는 전적으로 성령 하나님이십니다. 칭의는 하나님께서 믿는 자를 의롭다고 여겨 주시는 것이므로 그것 역시 전적으로 하나님께서 하시는 것입니다. 그러나 회개와 회심 역시 성령으로 말미암아 되는 것입니다만 그 행위의 주체는 거듭난 사람이 하는 것입니다.

회개(repentance)와 회심(conversion) 역시 성령의 감동으로 되는 것입니다만 그것은 우리 사람이 행동을 취하고 경험하는 것이고 우리 사람이 할 몫입니다.

사람이 자신의 죄를 회개하고 예수를 믿으면, 하나님께서 예수 그리스도의 희생을 보시고 회개하는 자의 죄를 사하여 주시며 의롭다고 여겨 주십니다.

죄의 값은 사망이므로 하나님께서는 아담의 범죄 이후부터 사람에게 은혜를 베푸서서 짐승의 피를 흘려 생명을 희생함으로써 죄 사함을 받게 하셨습니다. 죄 사함의 근거가 되는 짐승의 죽음은 일시적인 효능을 가질 뿐이었으나, 예수 그리스도의 죽음은 영속적인 효능을 가집니다(히브리서 9:25-28).

죄를 사하여 주시는 것이 종교적 측면에서 베푸시는 하나님의 은혜라면, 칭의는 죄 사함을 받는 사람에게 법적이며 윤리적인 측면에서 의로워졌음을, 즉 하나님의 자녀가 되었음을 선포하시는 은혜입니다. 사죄와 칭의는 이를테면 시궁창에 빠진 사람을 건져 먼저 씻겨 깨끗이 하여 하나님의 자녀의 신분에 맞는 옷을 입히는 것에 비유할 수 있습니다.

하나님께서는 율법으로 명하시는 선을 행할 수 없는 사람을 포기하시거나 율법을 무효화하고 그냥 사면하시지 않습니다. 하나님께서는 법을 어기거나 무시하거나 자유재량으로 사면을 단행하는 세상의 왕이나 권력자와는 다른 분이십니다. 그분은 사랑의 하나님이시면서 동시에 공의로우신 하나님이십니다.

그러므로 하나님께서는 율법 외에 달리 의를 나타내셨습니다. 다시 말하면 사람이 율법을 행함으로 의롭다함을 받게 하시는 의 말고 예수 그리스도를 믿음으로 의롭다함을 받게 하시는 의를 말씀합니다. 하나님께서 당신의 독생자를 화목 제물로 세우셔서 오래 참으시는 중에 우리가 그 사실과 그리스도를 믿을 때, 우리의 죄를 간과해 주시는 것입니다.

죄를 간과해 주신다고 하여 하나님의 의로우심에 잘못이 있습니까? 그렇지 않습니다. 오히려 하나님의 의로우심을 더 드러내는 것입니다. 왜냐하면 하나님께서는 율법 외의 의에 관하여 이미 율법과 선지자들을 통하여 미리 알리신 것입니다.

하나님께서 율법을 주신 것은 사람으로 하여금 사람답게 살아서 구원에 이르도록 하시려는 것이었습니다. 그러나 사람이 율법을 온전히 행할 수 없으므로 율법이 결과적으로는 죄를 깨닫게 하는 것이 되었으며 정죄하는 것이 되었습니다. 하나님께서는 은혜로 주신 율법, 우리 인간의 삶과 행위의 규범이 되는 율법을 폐하시지 않고 그대로 두시면서 사람들로 하여금 구원에 이르도록 예수 그리스도를 믿음으로 의롭다고 하는 조치를 세우셨습니다.

그러므로 아들을 주셔서 우리 사람으로 하여금 그를 믿음으로 의롭다함을 받도록 하심으로써 하나님께서는 사랑과 자비가 풍성하신 의로우신 분이심을 더 드러내셨습니다(로마서 3:21-26).

76. 뉘우침과 회개, 회심과 중생을 어떻게 이해해야 합니까?

사람은 양심이 있으므로 자신의 잘못을 인정하며 후회하고 뉘우칩니다. 그러나 그냥 뉘우치는 것은 회개가 아닙니다. 후회하되 하나님의 은혜로 하나님 앞에서 뉘우치며 그분께 잘못을 고하고 용서를 구하며 하나님께 돌아서는 것을 가리켜 회개라고 합니다. 회개는 성령의 감동으로 그리스도 안에서 하나님을 믿을 때 할 수 있는 것입니다. 그리고 하나님 앞에서 매일의 삶에서 지은 죄를 뉘우치고 용서를 구하며 바로 살도록 도와주시기를 간구하는 것도 회개입니다(마태복음 3:2 누가복음 15:11-24; 시편 51:1-19;).

회심은 최초의 회개를 일컫는 말입니다. 사람이 복음의 말씀을 듣고 자신이 죄인임을 깨달아 죄를 회개하고 그리스도를 믿어 이전의 죄악의 삶을 버리고 하나님께로 전향하는 것을 가리켜서 회심이라고 합니다.

'중생'은 요한복음 3장에서만 볼 수 있는 말씀입니다만, 회심을 다른 측면에서 일컫는 말로서 하나님의 백성이 되는 국면을 잘 드러내는 말씀입니다. 중생(重生), 즉 거듭남은 죄인이 그리스도를 믿는 하나님의 자녀로 새롭게 태어나는 것을 일컫는 말입니다.

회심이나 중생이 다 성령께서 일하심으로 이루어지는 것입니다만, 회심은 죄를 회개하고 하나님께로 돌아서는 사람이 스스로 경험하는 의식과 심리의 변화를 가리킴에 반하여, 중생은 그 과정에서 사람으로 하여금 새 사람이 되도록 하나님 편에서 하시는 일을 말합니다. 중생은 사람이 칭의와 마찬가지로 말씀을 통하여 나중에 깨닫게 되는 것입니다.

사람은 성령으로 거듭나야 하나님의 나라를 보고 하나님의 나라에 들어가게 됩니다(요한복음 3:3, 5). 즉 그리스도를 믿어 하나님의 다스림을 받는 백성이 됩니다. 거듭난 이는 자신이 죄인임을 깨닫고 회개하며 예수를 그리스도요 주님으로 믿고 고백합니다. 날마다 회개하며 주님의 뜻대로 살려고 하는 이는 분명히 거듭난 사람입니다.

77. 칭의가 반율법주의를 조장합니까?

이신칭의(以信稱義), 즉 믿음으로 의롭다함을 받는다는 교리 때문에 개신교 신자들이 선행을 소홀히 하는 경향이 있다는 비판을 듣습니다. 그렇다면 그것은 신자들이 칭의 교리를 옳게 이해하지 못한 탓입니다. 루터와 종교개혁자들은 공로주의는 거부했으나 선행은 강조했습니다.

그리스도를 믿음으로 말미암아 의롭다 함을 받은 사람은 구원을 얻기 위해서가 아니고, 구원 얻은 성도로서 하나님께 감사하는 마음에서 말씀과 계명을 따라 선을 행하기 위하여 최선을 다합니다. 또한 성령께서 성도로 하여금 하나님의 말씀을 따라 살도록 감동을 주시며 힘을 주셔서 성화되어 가는 삶을 살게 하십니다.

선행을 명하는 율법의 계명은 율법을 아는 신자나 불신자를 막론하고 누구나 다 지켜야 하는 규범입니다. 그러나 기독교 신자는 그리스도 안에서 지키려고 합니다. 율법과 계명을 그리스도의 복음을 통하지 않고 이해하거나 그리스도 없이 지키려고 노력하는 것은 율법주의입니다. 율법이 말하는 대로 선을 행함으로 의롭다함을 받는다는 율법주의는 공로주의와 상통합니다. 공로주의는 선을 행함으로써 구원을 얻는다는 사상으로서 종교 일반에 볼 수 있는 사상입니다.

막연히 잘 믿는 생활을 강조하는 것은 사람들로 하여금 공로주의에 빠지게 합니다. 그리스도의 구속의 은혜에 감격함이 없이 열심을 다하는 신앙생활은 공로주의에 머무는 충실한 종교생활로 환원되기 때문입니다.

우리 그리스도인은 그리스도를 믿을 때 하나님께서 우리를 의롭다고 여겨 주시는 칭의로부터 출발하고 거기에 근거하여 성령을 좇아 기쁨으로 선을 행하기 위하여 최선을 다하는 삶을 삽니다. 그리고 자신의 부족과 죄를 회개하고 그리스도 안에서 베푸시는 사죄의 은총에 감사하며 하나님을 찬송하고 영화롭게 하는 삶을 삽니다.

78. 성화는 성도들이 함께 이루어 가는 것, 그렇습니까?

성령께서 우리 성도를 날마다 거룩하게 변화시켜 주시는 것을 성화라고 합니다. 우리가 그리스도 안에서 하나님의 말씀과 계명을 좇아 순종하는 삶을 살려고 할 때, 그리고 날마다 우리의 죄를 회개하며 그리스도의 사죄의 은총을 바라며 감사하는 삶을 살 때, 성령께서는 우리로 하여금 칭의에 대한 감사와 감격을 부단히 가지면서 거룩한 성도의 삶을 살게 해 주시며 점점 주님을 닮아가도록 변화시켜 주십니다.

성화는 자기 인격을 스스로 연마하는 수양이나 수련과는 다릅니다. 회개(회심), 중생, 칭의는 사람이 구원 과정의 시작 단계에서, 즉 세상에서 하나님의 나라로 옮겨질 때 경험하거나 부여되는 하나님의 은혜입니다. 그것은 각자가 개별적으로 경험합니다.

그러나 성화는 그리스도인이 세상에서 사는 날 동안 그리스도의 몸인 교회를 이루는 성도들과 더불어 모두 함께 성결함을 이루는 은혜입니다. 함께 하나님의 성전으로 지어져 가는 것입니다(에베소서 2:20-22). 아기가 태어날 때는 각자 개별적으로 태어나지만, 태어나면 가정의 일원으로 가족의 보호를 받고 가족과 사랑을 나누면서 자라며 더불어 살아가는 것과 같습니다.

믿음의 성장을 추구한다면서 교회를 떠나 혼자 신앙의 수련을 쌓는 것은 위험할 뿐더러 옳지 않습니다. 혼자 은혜를 받았다면서 스스로 교만에 빠져 형제들을 업신여기기 마련입니다. 혼자만의 성장을 추구하는 것은 자신에게는 물론 교회에 유익이 되지 못합니다.

갈라디아서는 성령의 열매를 사랑, 희락, 화평, 오래 참음, 자비, 양선, 충성, 온유, 절제라고 말씀합니다. 거의 모두가 더불어 사는 데서 갖추는 덕목입니다. 에베소서는 성도 상호간의 화평과 화목을 강조하며, 모퉁이 돌이 되신 그리스도 안에서 성도들이 서로 연결하여 하나님께서 거하시는 성전으로 성령 안에서 함께 지어져 가야 한다고 말씀합니다(에베소서 2:14-22).

79. 하늘나라에 상급이 있습니까?

율법주의적인 유대교에서는 상급 사상이 농후했습니다. 상급사상은 공로사상과 연계될 수 있기 때문입니다. 그러므로 공로사상을 배격하며 칭의 교리에 충실하려는 이들은 장차 하늘나라에서 구체적인 상급은 없고 모든 믿는 자들이 하나님의 자녀로서 누리는 특권은 다 같다고 말합니다.

칭의를 얻은 그리스도인들이 그리스도와 더불어 하나님의

양자가 되고 하나님을 아바 아버지라고 부르며 그리스도와 함께 그의 유업을 얻으며 아들이 누리는 영광에 참여하는 것(로마서 8:12-17), 그것이 곧 상급입니다. 하나님 자신이 우리의 상급입니다(창세기 15:2). 그러므로 물질적이며 구체적인 상급은 없다고 주장하는 이들이 있습니다.

그러나 예수께서 상에 대하여 언급하셨으며(마태복음 6:2, 5, 16), 달란트 비유도 상급이 있음을 함축합니다(마태복음 25:14-30). 아래의 말씀들은 상급이 있음을 시사합니다.

> "그러므로 너희 담대함을 버리지 말라 이것이 큰상을 얻게 하느니라(히브리서 10:35),"
> "이는 상 주심을 바라봄이라(히브리서 11:26),"
> "만일 누구든지 그 위에 세운 공적이 그대로 있으면 상을 받고 누구든지 그 공적이 불타면 해를 받으리니 그러나 자기는 구원을 받되 불 가운데서 받은 것 같으리라(고린도전서 3:14)."

상급이 물질적인 것이 아니고 하나님의 위로와 칭찬일 뿐이라고 하더라도 그것은 분명 하나님이 주시는 큰 상입니다. 하나님께서 성도들의 눈에서 모든 눈물을 씻어 주시는 것(요한계시록 7:17)은 주를 위해 핍박을 당하고 고난의 삶을 살은 성도들에게 덤으로 주시는 하나님의 상급입니다. 요한계시록 서두에 아시아의 일곱 교회의 사자에게 보내는 편지에는 그들이 받을 여러 가지 상에 관하여 언급하는 말씀 가운데, 받는 자만이 아는 상에 관한 말씀은 특정한 사람에게 내리는 구별된 상에 관한 언급으로 이해할 수 있습니다(요한계시록 2장-3장).

80. 상급은 하나님의 약속, 미래의 것이면서 현재에 누리는 것, 그렇습니까?

성경 말씀은 사람들이 일반적으로 생각하고 사용하는 언어로 말씀합니다. 우리는 극악무도한 악을 행한 자에게는 더 큰 형벌이 있을 것이라고 생각하는 반면에, 순교자나 주를 위해 충성스럽게 산 이들은 더 큰상을 받을 것이라고 생각합니다. 그리고 순교자는 불충하고 죄 많은 '나'와는 달리 상을 받을 것이라고 생각합니다(마태복음 10:40-42).

그러나 주를 위해 충성스럽게 산 이들은 자신들이 남보다 더 많은 상급을 받을 것이라고 생각하지 않습니다. 자신의 부족을 느끼며 모든 것이 하나님의 은혜로 말미암은 것이라고 말하고 무익한 종이 우리가 해야 할 일을 한 것뿐이라고 고백함으로써 모든 영광은 하나님께 돌리며 찬양할 것입니다(누가복음 17:9, 10).

그리스도 안에서 믿는 자에게는 이미 영생이 있다면(요한1

서 5:11-12), 그리스도인은 이미 상을 받아 누리며 사는 것입니다. 그리스도 안에서 구원의 기쁨을 누리며, 그리스도를 위하여 고난 가운데서도 충성스럽게 살고, 하나님께서 같이해 주심을 체험하며, 하나님을 사랑하고 이웃을 사랑하는 삶이 곧 하나님께서 주시는 상입니다.

그것은 바울이 말한 바와 같습니다. "그런즉 내 상이 무엇이냐 내가 복음을 전할 때에 값없이 전하고 복음으로 인하여 내게 있는 권을 다 쓰지 아니하는 이것이로라"(고린도전서 9:18).

잘못 산 사람은 자신의 삶을 후회하는 한편, 믿음으로 살아 바울과 같이 개선가(디모데후서 4:7, 8)를 부를 수 있는 성도를 부러워합니다. 성도는 현재의 고난은 장차 우리에게 나타날 영광과 족히 비교할 수 없음을 믿고 바랍니다(로마서 8:18). 상급에 관한 말씀은 우리 성도들에게 세상의 삶에서 인생으로서 혹은 성도로서 겪는 고난을 견디면서 하나님의 말씀을 좇아 진실하게 살도록 격려하시는 약속의 말씀입니다. 하나님께서는 약속을 지키시는 신실하신 분이십니다.

IV
성례

81. 성례란 무엇입니까?

성례는 주 예수 그리스도께서 친히 제정하신 예식으로서 복음의 약속을 가리키는 표지이며, 말씀과 함께 교회의 표지입니다. 하나님께서는 성도로 하여금 성례를 통하여 그리스도로 말미암아 주시는 구원의 은혜에 대한 약속을 눈으로 보고 몸으로 경험하고 입으로 맛보게 하심으로써 구원의 은혜를 더 잘 이해하며 누리도록 보증하시며 확증하십니다(고린도전서 11:23-34).

로마 가톨릭교회는 중세 교회가 1215년 제4차 라테란 회의에서 받아들인 대로 성례에는 7가지가 있다고 주장하고 시행합니다. 즉 세례와 성찬에다 고해성사, 임종하는 사람에게 행하는 종유성사, 사제의 서품(안수), 결혼성사 등을 더하여 7가지를 말합니다.

　그러나 개신교회는 종교개혁자들을 따라, 그리스도께서 제정하신, 그리고 그분의 죽으심과 부활에 근거하는 세례와 성찬 두 가지만을 성례라고 합니다.

　하나님 아버지께서는 아들 예수 그리스도의 죽으심과 부활로 이루신 구속 사역에 근거하여 성령의 일하심을 통하여 우리의 구원을 이루십니다. 이 구원의 과정을 크게 나누면 칭의와 성화입니다. 칭의는 그리스도 안에서 우리를 의롭게 만들어 하나님의 백성으로 삼으시는 것이고, 성화는 우리로 하여금 흠이 없는 하나님의 백성으로 살도록 우리를 날마다 거룩하게 변화시키시는 것입니다.

　세례는 칭의에 부응하는 성례이며, 성찬은 성화에 부응하는 성례입니다. 우리는 단 한 번 세례를 받음으로 하나님의 백성의 삶을 시작하고, 늘 말씀을 듣고 수시로 성찬을 받음으로 하나님의 백성으로 양육을 받고 살면서 성화를 이루어 갑니다. 성찬을 받을 때 우리는 세례를 받음으로 그리스도와 연합하게 된 사실을 상기하며 칭의의 은혜를 재확인합니다. 그리스도와 연합한 성화의 삶에 감사하며 하나님의 자녀로 살기 위하여 최선을 다합니다.

82. 세례가 무엇입니까?

세례는 기독교로 개종하는 자에게 베풀도록 하나님께서 제정하신 성례로서 물세례는 세례 요한에게서 비롯되었습니다. 세례 요한은 자신은 물로 세례를 주지만, 그리스도께서는 성령으로 세례 주시는 이심을 선포했습니다.

세례는 씻음을 뜻하는 의식으로서 하나님께서 회개하는 자에게 죄 사함을 주서서 그를 정결하게 하시는 것을 보증하는 의식입니다(마가복음 1:4, 사도행전 22:16). 그런데 우리의 죄를 실제로 사하시고 정결하게 하시는 이는 성령이시므로 '성령 세례'는 참 세례이고, '물세례'는 '성령 세례'를 상징하는 징표입니다.

종교개혁자들은 교회의 개념을 '보이지 않는 교회'와 '보이는 교회'로 구분합니다. '보이지 않는 교회'는 택함을 받은 자들의 교회이고 '보이는 교회'는 택함을 받은 자들과 그냥 부르심만 받은 자들이 함께 지체로 구성되고 있는 현존하는 교회입니다.

물세례를 받음으로 수세자는 '보이는 교회'의 지체가 되고, 성령 세례를 받음으로 '보이지 않는 교회'의 지체가 됩니다. 부르심을 받은 자가 모두 다 택함을 받은 자가 아니듯이 물세례를 받는 자가 다 성령 세례를 받는 자는 아닙니다.

그렇다고 물세례를 먼저 받은 후 성령 세례를 받게 된다는 등 순서 매김을 할 수는 없습니다. 성령 세례가 참 세례이고 물세례는 성령 세례를 상징하는 징표이므로 둘은 대등한 절차로 대등하게 일어나는 사건이 아닙니다. 고넬료 가정은 성령 세례를 먼저 받고 물세례를 받았으나(사도행전 10:44-48), 요한의 회개의 세례를 받은 에베소 교인들은 예수의 이름에 연합하는 물세례를 받을 때 성령의 임하심을 경험하게 되었습니다(사도행전 19:1-7).

세례는 주께서 제정하신 제도이며 약속이므로 우리는 자비하고 신실하신 하나님께서 성령으로 우리의 죄를 사하시고 정결하게 하시며 의롭게 하시는 것을 믿는 믿음을 가지고 세례를 행합니다.

83. 세례에 깊은 뜻이 있습니까?

요한의 물세례는 죄 사함을 보증하는 회개의 세례이지만(마가복음 1:4), 예수께서 제정하신 세례는 보다 적극적인 의미를 함축합니다. 즉 회개하고 그리스도를 믿는 자로 하여금 죄의 굴레에서 벗어나 성부와 성자와 성령에 연합하게 하는 세례입니다. 그것은 세례 제정의 말씀에 뚜렷이 표현되고 있습니다.

“성부와 성자와 성령의 이름으로 세례를 주고”(마태복음 28:19) 하는 말씀에서 ‘이름으로’ 라는 말은 ‘이름을 가지고’ 가 아니고 ‘이름 안으로’ ‘이름에 연합하도록’(into the name) 하는 말입니다. 그러므로 세례 시에도, “성부와 성자와 성령의 이름에 연합하는 세례를 주노라.” 하는 것이 옳게 번역한 말이 됩니다. 그러나 세례를 받는 이가 교회의 지체가 되었음을 공포할 때는 ‘이름을 가지고’ ‘이름으로써’ (3격 명사) 하는 뜻입니다. 양자를 혼돈하지 않아야 할 것입니다.

세례는 성 삼위 하나님과 연합하게 하는 것이면서도 특별히 그리스도와 연합하게 하는 것이므로(로마서 6:3-5) 세례는 그리스도의 죽으심과 함께 죽고 또한 그리스도의 살아나심과 함께 산다는 뜻을 함축합니다. 그러므로 세례 받은 성도는 죄에 대하여는 죽은 자처럼 죄를 멀리하면서 하나님을 향하여 거룩한 삶을 살아야 합니다.

성경에서 ‘세례’, 즉 헬라어의 ‘밥티스마’ 는 ‘물에 담그다’ 는 뜻도 있고 ‘씻다’ 는 뜻도 있습니다. 초대 교회에서는 침례를 선호했으나 형편에 따라 머리에 물을 뿌림으로써도 세례를 베풀었습니다.

그러나 물 세례는 참 세례인 성령 세례의 징표이므로 대부분의 교회는 침례보다는 물을 바르는 간략한 의식을 행해 왔습니다. 물 세례에 지나치게 비중을 두면 물 세례가 참 세례인 성령 세례를 가리키는 징표로서의 의미가 흐려집니다. 그러면 중세 교회가 범했던 의식주의에 빠지거나 물 세례에 이어 성령 세례를 가시적으로 받아야 한다는 잘못된 생각에 빠지게 됩니다.

84. 유아에게도 세례를 주어야 합니까?

종교개혁 때부터 재세례파를 위시하여 유아 세례를 반대하는 교회들이 있게 되었습니다. 유아는 죄를 회개하거나 예수를 구주로 고백할 수 없기 때문이라는 이유에서입니다. 이런 교회들은 대체로 유아의 '봉헌' 으로 세례를 대신합니다. 유아 세례를 받은 국민들이 대부분 교회에다 적만 두고 있는 유럽의 기독교를 보면 유아 세례를 반대하는 이유를 이해할 만도 합니다.

요한이 주는 회개의 세례는 사람이 죄를 고백할 때 정결함을 얻게 되는 것의 징표입니다. 그러나 그리스도의 세례는 죄 씻음 받음의 징표일 뿐 아니라, 성 삼위 하나님과 연합함으로써 하나님의 자녀요 백성이 되게 하는 것의 징표입니다. 그러므로 교회는 부모와 함께 하나님의 자녀요 백성이 되도록 유아에게도 세례를 베풀어 왔습니다.

종교개혁자들은 교회가 일찍부터 유아 세례를 베풀어 왔다는 교부들의 견해와 증언을 그대로 받아들이면서 사도들이 유아의 세례를 거부하지 않은 것으로 믿었습니다. 그리고 구약과 신약의 계속성을 인정하는 가운데서 유아 세례의 유효성을 주장했으며, 구약의 할례와 같이 세례도 언약의 징표라는 의미에서 유아 세례를 인정했습니다.

신약성경에 유아 세례에 대한 직접적인 언급은 없으나 '권속' 혹은 '온 집'이라는 말에는 어린이도 포함되었으므로 어린이도 어른들과 함께 세례 받은 것으로 이해합니다(사도행전 16:25-34; 18:8). 그리스도인도 할례를 받아야 하느냐 하는 문제로 논쟁을 하기까지 한 사도들이(갈라디아서 5:2-6 참조) 예수를 믿기로 한 온 집안사람에게 세례를 베풀면서 어린이는 배제했다고 생각하기는 어렵습니다.

'보이지 않는, 택함을 받은 자들만의 신령한 교회'를 추구하는 교회는 유아 세례를 거부하는 경향인 반면에, '보이는 역사적인 교회'에 충실하려는 교회는 유아 세례를 베풉니다.

85. 성찬은 무엇입니까?

성찬은 세례와 함께 예수 그리스도께서 제정하신 성례입니다. 예수께서 잡히시기 전 날 밤에 제자들과 함께 유대인의 명절인 유월절을 지키는 중에 떡(빵)과 포도주를 나누시면서 이를 행하여 당신을 기념하라고 하셨습니다(누가복음 22:19).

예수께서는 떡을 떼시면서 "이것이 나의 몸이니라"고 하시고, 잔을 들어 사례하시고 "이것은 죄 사함을 얻게 하려고 많은 사람을 위하여 흘리는 바 나의 피 곧 언약의 피니라." 라고 말씀하셨습니다(마태복음 26:26-28).

유월절은 이스라엘 백성의 이집트 탈출을 앞두고 하나님께서 이집트의 처음 난 사람과 가축을 죽이는 재앙을 내리실 때 이스라엘 백성들은 양을 잡아 온 식구가 먹되 피는 집 문 양 설주와 인방에 바르면 재앙을 면케 하신다는 언약을 주셨습니다. 어린양처럼 희생이 되신 예수 그리스도의 피는 그리스도를 믿는 하나님의 백성으로 하여금 심판을 면하고 영원한 생명을 얻게 하는 언약, 곧 새 언약의 피입니다(누가복음 22:20).

"이것은 나의 몸", "이것은 나의 피"라는 주의 말씀은 성찬의 떡과 포도주가 당신의 몸과 피를 상징한다는 뜻으로 하신 말씀으로 이해합니다. 그러나 성찬을 주의 죽으심과 구속의 은혜에 감사하며 주께서 주시는 것으로 알고 받을 때, 우리는 "내 살은 참된 양식이요 내 피는 참된 음료로다(요한복음 6:55)."라고 말씀하시는 그리스도의 몸과 피를 받는 것이 됩니다.

성찬을 받을 때 그리스도께서는 영으로 우리 가운데 계시면서 세례를 받음으로 주와 연합하게 된 우리의 삶을 확증하시며 보전하십니다. 성찬을 받으면서 우리는 그리스도를 믿어 세례를 받음으로 의롭다함을 받고 그리스도와 연합하게 된 사실을 상기하며 성령의 감화와 인도하심으로 그러한 삶을 이어가도록 해 주시는 주의 은혜에 감사합니다.

86. 세례 교인이라야 성찬을 받을 수 있습니까?

그렇습니다. 그것은 교회가 지켜온, 그럴 만한 충분한 이유가 있는 전통입니다. 하나님께서 우리가 예수 그리스도를 믿을 때 우리를 의롭다고 하시며 하나님의 자녀로 삼아주시고 날마다 거룩한 백성으로 살고 하나님의 온전하심과 같이 온전한 하나님의 자녀가 되어가도록 우리를 성화시켜 주십니다. 이 일을 직접 하시는 이는 성령이십니다.

세례는 칭의에 부응하는 의식이며 성찬은 성화에 부응하는 의식입니다. 사람이 단 한 번 세례를 받아 교회의 지체가 되고 하나님의 가족이 됩니다. 그와 반면에 성찬은 우리가 하나님의 가족으로 살면서 늘 행하는 것입니다. 교회가 사람들로 하여금 세례를 받은 후에 비로소 성찬을 받게 하는 것은 그런 뜻에서입니다. 사람이 하나님의 자녀로 먼저 태어나거나 입양이 되어야 하나님의 가족으로 인정받으며 그 특권을 누릴 수 있습니다. 그러므로 세례를 받지 않은 사람이 성찬을 받는 것은 하나님의 백성이 되는 일과 하나님의 백성으로 사는 일을 두고 하나님께서 제정하신 질서를 전도시키는 격이 됩니다.

우리는 예수 그리스도께서 우리의 구속을 위하여 죽으신 사실을 깨달아 세례를 받고 성찬을 행함으로 그의 죽으심을 기념합니다. 그러므로 세례와 성찬은 구분되면서도 서로 연결되는 의식입니다. 성찬을 받을 때 우리는 죄 사함을 받고 의롭다함을 받아 하나님의 자녀가 된 것을 재확인하고 감사하며 찬송합니다. 그러므로 우리의 성화는 늘 죄 사함을 받고 의롭다함을 받은 사실을 상기하고 확인하며 감사하고 찬송하는 가운데 이루어집니다.

칭의는 구원 과정의 첫 단계이지만, 우리가 칭의를 과거에 경험한 일로 여겨 뒤로하고 성화의 여정을 살아가는 것은 아닙니다. 우리는 칭의의 의미와 감사와 감격을 지니고 또한 늘 회개하면서 성화의 삶을 살아가는 것입니다.

87. 주의 성찬이 미사와는 어떻게 다릅니까?

미사는 성찬식을 겸해 드리는 로마 가톨릭교회의 예배입니다. '미사'는 예배가 끝날 때 예배 인도자가 "이제는 여러분들이 보냄을 받습니다." 하는 말에서 '예배'로 전의가 된 말입니다.

미사는 성찬의 화체설에 근거한 것이므로 종교개혁의 교회는 미사를 반대합니다. 화체설은 성찬의 떡과 포도주의 실체가 그리스도의 피와 살로 변한다고 하는 사상입니다. 그리고 변화된 그리스도의 몸과 피는 하나님께 드리는 제물이 된다고 합니다.

그에 반하여 개신교에서는 성찬을 하나님께서 말씀과 함께 우리에게 베푸시는 은혜의 징표로 이해합니다. 예수 그리스도께서는 단 번에 제물이 되셨으며 우리를 구속하시는 효능은 영속적이므로 다시 제물이 된다는 것은 있을 수 없는 입니다. 성찬은 우리가 하나님께로부터 받는 것이지 하나님께 드리는 것이 아닙니다.

중세 교회는 일반 성도들에게 성찬을 한 해 한 번 정도 받도록 했습니다. 그나마도 떡만 받게 하고 포도주는 사제들만이 받았습니다. 성찬의 제물 사상과 관련된 것이 또한 사제 사상, 즉 목사가 제사장이라는 사상입니다. 그것은 성직자와 평신도를 신분상으로 구분할 뿐 아니라 봉사의 직분을 계층으로 구분하는 교계제도(教階制度)와 교황제도의 근간이 되는 사상입니다. 미사에서 떡만 받게 하는 관행은 로마 가톨릭에서 그대로 유지되고 있습니다.

종교개혁자들은 성찬은 주께서 제정하신 대로 본래의 의미를 따라 옳게 시행되어야 한다고 믿었습니다. 즉 성찬을 자주 행하며 성도들은 떡과 포도주 둘 다 받도록 했습니다. 루터교와 성공회에서는 매주 성찬식을 거행하고 개혁교회는 1년에 4번 정도 거행합니다. 교회에 따라서는 매달 한 번씩 성찬식을 갖기도 합니다.

88. 성찬을 어떤 자세로 받아야 합니까?

초대 교회 시대에는 성찬과 함께 애찬이 있었습니다. 애찬은 유대교의 전통에서 온 것으로 성도들이 음식을 나누며 사랑의 교제를 하는 것이었습니다. 고린도전서에서 바울은 애찬이라는 말을 언급하지는 않으나 성찬을 애찬을 나누듯이 해서는 안 되고 성찬답게 나누어야 한다고 말씀합니다. 그리고 주의 성찬을 분별없이 받는 것은 주의 몸과 피를 범하는 죄이며 자신의 죄를 먹고 마시는 것이라고 경고합니다(고린도전서 11:20-29).

성찬을 받으려면 먼저 성찬의 뜻을 바로 알아야 하며, 자기 자신을 살펴야 합니다. 그렇지 않으면 성찬을 미신으로 받는 격이 됩니다. 자신을 살필 때 우리는 주의 성찬을 받을 수 없는 죄인임을 깨닫습니다만, 주께서는 죄인을 위하여 십자가에 죽으셨습니다.

그러므로 우리는 우리 죄를 사하시고 구속하시는 주께 감사하고 죄를 회개하며 주를 신뢰하는 마음으로 성찬을 받아야 합니다. 그럼으로 교회가 교인들의 불경건함과 부도덕함을 징계할 때 일정한 기간 동안 성찬을 받지 못하게 함으로써 벌했습니다.

그러나 누구든지 수찬 정지를 당할 만한 죄를 지은 일이 없음에도 불구하고 스스로가 부족함을 느껴 주의 성찬을 받지 않는 것은 잘못입니다. 주께서 당신의 생명을 희생함으로써 제정하시고 우리를 초대하시는 주의 성찬에 참여하기를 주저하거나 이를 예사롭게 거부하는 것은 주의 은혜를 헛되게 하고 무시하는 죄를 범하는 것입니다.

교회는 말과 행위에서 불신앙적이고 불경건함을 나타내 보이는 사람들은 성찬에 참여하지 않도록 해야 합니다. 그런 사람들을 허용하고 받아들이면 하나님의 언약이 훼손되며 하나님의 노여워하심이 온 교회에 미치게 됩니다. 말하자면 교회는 교인의 잘못을 징계하는 권징을 옳게 시행해야 합니다.

V

하나님의 나라와 교회

89. 하나님의 나라란 무엇입니까?

이 세상에 임하는 '하나님의 나라' 는 장소적인 개념이기보다는 '하나님의 통치' 를 뜻하는 동적인 개념을 가진 말입니다. 마태복음에서는 주로 천국이라고 말하고 있습니다. 예수께서는 "회개하라 천국이 가까워 왔느니라"(마태복음 3:1; 마가복음 1:15)는 말씀으로 하나님께서 다스리시는 세상이 임박했으니 하나님의 말씀에 순종함으로써 영원한 심판을 면하고 하나님의 다스리심을 받는 하나님의 백성으로 살라고 말씀하십니다.

"그러나 내가 하나님의 성령을 힘입어 귀신을 쫓아내는 것이면 하나님의 나라가 이미 너희에게 임하였느니라(마태복음 12:28; 누가복음 11:20)," "하나님 나라는 너희 안에 있느니라(누가복음 17:20-21)."고 하신 예수의 말씀은 하나님 나라의 임하심은 그 나라의 주인이신 그리스도 당신 자신으로 말미암아 실현되었다는 뜻입니다. '너희 안에'는 '너희 마음속에'가 아니고 '너희 가운데'라는 뜻입니다.

그러나 우리는 또한 이 세상을 초월하는 죽음 저편의 하나님의 나라를 간과해서는 안 됩니다. 영광이 충만한 '하나님의 나라', 즉 천상의 천국은 천당과 동의어입니다. 예수께서 성찬을 제정하시면서 말씀하신 '아버지의 나라' (마태복음 26:29)는 곧 '아버지의 집' (요한복음 14:2)과 같은 뜻입니다. "내 나라는 이 세상에 속한 것이 아니니라" (요한복음 18:36), '하늘에 계신 아버지', '뜻이 하늘에서 이루어진 것 같이' (마태복음 6:9, 10) 라는 주님의 말씀들은 위에 하나님 나라가 있으므로 이 땅에 하나님 나라의 임하심이 있음을 뜻하는 말씀입니다.

현재적인 하나님의 나라는 천상의 하나님 나라가 먼저 있어서 임하는 것입니다. 천상의 하나님 나라는 우리에게는 미래의 것이지만, 그리스도인은 이미 하나님 나라 안에, 즉, 하나님의 통치아래 있으므로 우리의 시민권은 하늘에 있다고 고백하며 주의 나타나심과 영광을 바라고 기뻐합니다(빌립보서 3:20).

90. 천국의 임하심의 표적이란 무엇입니까?

천국의 임하심의 표적은 하나님의 독생자 예수 그리스도께서 동정녀의 몸에서 탄생하여 이 세상에 오신 것입니다. 하나님 나라는 우리의 이해를 초월하므로 예수께서는 비유로 가르치십니다. 비유는 다양하지만 하나님 나라의 메시지는 단순합니다. 죄로 말미암아 버려진 사람들을 하나님께서 사랑하시므로 생명의 구원과 은혜를 베푸시는 것입니다. "하나님이 세상을 이처럼 사랑하사 독생자를 주셨으니 누구든지 그를 믿는 자마다 멸망하지 않고 영생을 얻게 하려 하심이라(요한복음 3:16)."고 하는 복음이 곧 천국 비유의 내용입니다.

예수께서는 천국의 내용과 천국으로 말미암아 야기되는 사건들을 비유로 가르치십니다. 그런데 천국의 내용이 천국의 장본인이신 예수 당신 자신으로 말미암아 밝혀지고 야기되며 성취되는 것입니다. 잃은 양과 동전을 찾는 비유(누가복음 15:1-10), 아버지께로 돌아오는 탕자의 비유(누가복음 15:11-32) 등은 하나님께서 사랑으로 죄인을 찾으시고 영접하신다는 사실을 가르칩니다. 포도원 비유(마태복음 20:1-16)는 사람이 자신의 공로가 아니고 오직 하나님의 은혜로만 구원을 얻는다는 사실을 가르칩니다.

마태복음에 있는 씨 뿌리는 비유는 천국 복음에 대응하는 사람들의 자세와 받아들이는 사람들을 통하여 맺히는 풍성한 결실에 관하여 가르치며(마태복음 13:1-23), 누룩과 겨자씨 비유는 천국의 복음이 미미하게 시작되나 온 세계로 전파될 것을 가르칩니다(마태복음 13:31-33). 가라지 비유는 교회 안에 불신자나 배교자가 있게 되는 이유와 하나님의 관용과 심판에 관하여 가르칩니다(마태복음 13:24-30).

그밖에도 열 처녀의 비유, 달란트 비유 등 세상의 종말과 그리스도의 재림 및 하나님의 심판을 가르치는 비유(마태복음 25:1-30), 이웃이 누구인지를 가르치는 비유(누가복음 10:25-37) 등 많은 가르침이 있습니다.

91. 하나님의 나라와 교회는 어떻게 다릅니까?

저 세상의 '하나님의 나라' 는 하나님의 뜻이 이루어진 영광으로 충만한 세계입니다. 이 세상에 임하는 동적인 개념의 '하나님의 나라' 는 하나님께서 당신의 독생자 예수 그리스도 안에서 죄인들을 용서하시고 의롭다고 하심으로써 하나님의 백성으로 삼으시고 다스리며 보존하시는 하나님의 뜻이요 능력이며 경륜입니다. 반면에, 그리스도의 교회는 이 하나님 나라로 들어와 하나님의 다스리심을 받도록 촉구하는 부르심에 응하여 순종하는 백성들의 공동체입니다.

예수 그리스도께서 교회의 머리가 되신다는 점에서는 교회가 하나님의 나라와 동일할 수 있으나, 교회는 문화 속에 사는 불완전한 사람들이 그 지체가 되고 있다는 점에서는 하나님의 나라가 곧 교회는 아닙니다. 예수께서 말씀하신 씨 뿌리는 비유, 겨자씨와 누룩 비유 등을 흔히 교회의 부흥과 성장을 의미하는 비유로 이해합니다만, 더 엄밀히 말하면, 천국의 복음 전파를 통하여 교회가 성장함에 따라 하나님의 구원과 다스리심이 더 많은 백성들에게 미친다는 의미의 말씀입니다.

하나님의 나라는 영원하며 완전하나 문화와 역사 속에 존재하는 교회는 불완전합니다. 교회는 비록 하나님 나라의 법과 원리를 따른다고 하나 실패하며 부패할 수 있습니다. 그러므로 교회는 항상 하나님의 말씀을 따라 스스로를 개혁하는 교회이어야 합니다. 교회는 부분적으로 쇠퇴할 수도 있으나 하나님의 나라는 변함없이 왕성하며 교회를 새롭게 합니다.

천사들과 영적인 존재들과 구원받은 성도들이 창조주시며 구원의 주이신 성부 하나님과 성자 하나님과 성령 하나님을 영원히 찬양하는 그 곳, 즉 하나님의 나라는 교회가 지향하고 목적하며 희망하는 나라입니다. 천상의 하나님 나라를 바라며 땅 위에 임하시는 하나님의 나라, 즉 하나님의 통치에 순종하는 교회가 바람직한 그리스도의 교회입니다.

92. 반석 위에 세우는 교회란 무슨 뜻입니까?

예수께서는 베드로가 주는 그리스도시요 살아 계신 하나님의 아들이시라고 고백했을 때, "너는 베드로라 이 반석 위에 내 교회를 세우리라"고 약속하셨습니다(마태복음 16:18). 로마 가톨릭은 '이 반석'은 베드로 개인으로 해석합니다. 주께서 베드로 위에 교회를 세우시고 교회의 열쇠를 맡기셨다고 하며 교황은 베드로의 후계자라고 말하면서 교황주의 제도를 정당화합니다.

개신교 신학자들은 이런 해석에 반대합니다. 루터처럼 '이 반석 위에'는 신앙고백의 내용, 즉 예수 그리스도 자신을 가리키는 것이라고 하는 이들이 있는가 하면, 칼빈처럼 베드로를 사도들의 대표로 간주하여 '이 반석 위에'는 '사도와 선지자의 터 위에'(에베소서 2:20, 13-22)로 이해하는 이도 있습니다.

베드로는 사도 각자를 대신합니다(요한복음 21:15-17 참조). 그러므로 위의 말씀은 교회의 머리이신 그리스도께서 당신의 교회 설립에 사도들이 맡을 역할을 언급하며 약속하신 말씀입니다. 사도들은 오순절에 성령의 부으심을 받아 복음의 증인이 되었으며, 예루살렘 교회는 그리스도의 첫 교회요 모(母)교회가 되었습니다. 그러므로 교회는 그리스도에 대한 사도들의 증언과 그들이 기록한 성경 말씀에 기초를 두는 교회입니다. 그렇지 않은 교회는 거짓 교회입니다(갈라디아서 1:6-10).

그리스도의 교회는 예수를 그리스도요 주로 고백할 뿐 아니라 사도들이 하나로 시작한 역사적인 교회를 존중하고 지향하며 사도들이 전한 복음을 하나님의 말씀으로 믿고(데살로니가전서 2:1-12), 성경 말씀에 순종하며 성령으로 충만한 가운데 선교, 구제, 기도에 힘쓰는 교회입니다. 그리고 시와 찬미로 서로 화답하며, 그리스도의 이름으로 항상 아버지 하나님께 감사하며 그리스도를 경외함으로 서로 복종하는 가운데 사랑으로 교제하는 거룩한 교회입니다(사도행전 2:42-47; 에베소서 5:15-21).

93. 보이는 교회와 보이지 않는 교회란 무엇을 말합니까?

16세기의 종교개혁자들은 부패한 가톨릭교회, 즉 기구로서의 교회를 염두에 두고 교회의 쇄신을 주창하면서 교회의 개념을 이분하였습니다. 로마 가톨릭교회를 예수 그리스도의 신비적인 몸의 성장과 동일시함으로써 보이는 하나의 교회가 있을 뿐이라는 로마 가톨릭의 교회관에 반하여, 루터는 ‘내적인 교회’ 와 ‘외적인 교회’ 로 나누어 말하고, 칼빈은 ‘보이는 교회’ 와 ‘보이지 않는 교회’ 로 구분하여 말했습니다.

완전한 구원으로 택함을 받은 성도의 모임을 ‘내적인 교회' 혹은 '보이지 않는 교회' 라고 하고, 최종적인 구원은 받지 못했으나 교회에 적을 두거나 출석하는 교인들을 다 포용하는 현실의 교회를 '외적인 교회' 혹은 '보이는 교회' 라고 하였습니다.

'보이는 교회' 를 지나치게 강조하면 로마 가톨릭교회처럼 교권주의 교회가 되고 '보이지 않는 교회' 를 추구하면 분리주의 교회가 됩니다.

그러나 성경은 교회를 둘로 나누어 말씀하지 않습니다. 바울은 문제가 많은 고린도 교회를 향하여서 "너희는 그리스도의 몸" 이라고 말하는 한편, 흠이 많고 불완전한 현실의 교회가 지향해야 할 온전한 교회 상(敎會像)을 가르칩니다. 현실의 교회는 성화의 과정에 있는 교회, 즉, 항상 개혁되어야 하는 불완전한 교회이므로 교회의 지체인 성도들과 교회를 섬기는 사역자는 현실의 불완전한 교회에 충실해야 하며, 그럼으로써 함께 성화를 이루어 가야 한다고 가르칩니다.

칼빈은 '보이지 않는 교회' 를 전제하면서도 '보이는 교회' 에 충실함으로써 제네바 시 교회를 목회하는 한편 교회의 하나 됨을 위하여 평생 애썼으며, 또한 '보이는 교회' 에 충실하면서도 '보이지 않는 교회' 를 지향함으로써 교회 개혁을 주창하고 그 일을 위하여 정진했습니다.

종교개혁자들에게 '보이지 않는 교회' 는 교회 개혁을 위한 명분을 위한 전제일 뿐이지 그들이 추구하려고 내세운 개념은 아니었습니다. 그들은 항상 개혁해야 하는 현실의 교회를 목회하며 섬겼습니다.

한국교회의 분열은 지나치게 '보이지 않는 교회'를 지향하는 것을 명분으로 내세운 데서. 초래된 것입니다. 그러므로 우리는 종교개혁자들이 교회의 두 개념을 말한 역사적인 정황을 잘 이해하는 가운데, 사도들의 터 위에 세워진, 그리스도께서 머리이신 교회의 지체임을 인식하고 그리스도의 몸인 하나의 교회, 즉 '보이는 교회'를 섬기는 일에 충성해야 할 것입니다.

94. 교회 치리 또는 권징은 무엇입니까?

종교개혁자들은 교회의 표지가 말씀 전파와 성례라고 했는데, 개혁교회에서는 치리 및 권징도 교회의 표지라고 덧붙여 말합니다. 교회의 치리는 정치와는 다릅니다. 정치는 사람이 자신이나 당의 정견대로 상황을 따라 나라를 통치하거나 이끌어 가는 것을 일컫는 말입니다.

현대 정치는 다수의 견해와 여론에 따라 정책이 수립되거나 수정되고 시행되는 것임에 반하여, 교회의 치리는 성경의 원리와 교회가 성경 말씀에 근거하여 정한 법에 따라 교회를 다스리고 섬기는 것입니다. 그러므로 '교회 정치'라는 말은 적절한 말이 못됩니다. 영어로 나라의 정치는 '폴리틱스'(politics)라고 하고 교회 치리는 '폴리티'(church polity)라고 합니다.

치리권은 교회의 머리이신 예수께서 교회에 위임하신 것입니다. 예수께서는 "내가 천국의 열쇠를 네게 주리니 네가 땅에서 무엇이든지 매면 하늘에서도 매일 것이요 네가 땅에서 무엇이든지 풀면 하늘에서도 풀리리라(마태복음 16:19)."고 말씀하셨습니다. '네게'는 베드로 개인보다는 교회를 가리킵니다(마태복음 18:18-19). 좀 더 구체적으로 말하면 목사와 장로로 구성되는 당회, 노회, 총회, 혹은 위원회, 속회, 연회 등 목회자를 세우며 중요한 결정을 내리고 시행하는 치리 기관을 뜻합니다.

권징은 치리 가운데서도 특별히 교인들의 잘못을 징벌하여 회개하도록 하는 것입니다. 권징은 교회가 성결하게 보존되도록, 그리하여 하나님의 영광을 가리는 일이 없도록 하기 위하여 시행하는 것입니다. 권징이 없으면 교회에서 직분을 가진 이들과 교인들의 윤리의식은 희박해지며 교회는 그 권위를 상실하게 되고 무질서하게 됩니다.

교회의 지체인 그리스도인들은 천국의 열쇠를 맡은 교회의 권위를 존중해야 하며, 권징을 당할 경우 감사함으로 받아 순복해야 합니다. 그래야 하나님의 위엄과 자비를 경험하게 됩니다.

95. 교회의 권징은 어떻게 시행됩니까?

교회 권징(징계)의 원리는 마태복음 18:15-18에 기록되고 있습니다. 예수께서는 형제가 죄를 범한 것을 알면 혼자 가서 만나 권고하라고 말씀하십니다. 들으면 형제를 얻은 것이요. 듣지 않으면 두세 사람이 가서 권고하고 그래도 듣지 않으면 교회에 말하고 그래도 듣지 않으면 이방인과 세리와 같이 여기라고 말씀하십니다.

초대 교회에서는 권징이 엄격했습니다. 세례 받기 전에 사람이 한 번 회개하면 그만인 것으로 알았습니다. 2세기에 이르러 교회는 신자가 살아가면서 지은 죄를 회개할 수 있다고 했습니다. 그래서 상당히 중한 죄를 범한 사람에게도 회개할 수 있는 기회를 주었습니다.

징벌을 받은 사람은 면죄를 받기 위하여 죄를 고백하고 교회법에 규정된 고행을 수행해야 했습니다. 20년 혹은 30년을 고행해야 하는 경우도 있었습니다. 그러나 살인, 매춘행위, 배교 등의 죄를 범했을 경우에는 교회에서 추방되어 평생 '참회자' 로 살아야 했습니다.

권징을 당한 사람이 고행해야 하는 제도가 중세에는 악용되어 11세기경부터 면죄부 제도를 낳게 되었습니다. 교회가 내린 징벌을 국가의 정부 당국이 가세하여 집행하는 중세적인 상황에서 출교(黜敎)는 곧 사회적인 파문(破門)이었습니다. 범법자가 십자군에 참여하면 면죄를 받게 되었으며, 또 몸으로 직적 참여하는 것을 돈으로 대신할 수 있게 되면서부터 면죄부는 보편화되었습니다. 그리하여 중세 교회는 부패하게 되었으므로 권징이 옳게 시행되지 않았고, 권징이 부재하였으므로 더욱 부패의 늪에 빠졌습니다.

그러나 종교개혁의 교회는 죄를 범한 형제가 진정으로 회개하도록 권징을 시행하는 것을 원칙으로 합니다. 심지어 출교의 경우에도 회개하고 돌아오기를 바라는 기대를 늦추지 않습니다. 한국 교회는 권징을 회복함으로써 윤리성과 교회의 권위를 회복해야 할 것입니다.

96. 교회 봉사가 무엇입니까?

'교회 봉사' 라고 할 때 우리는 교회가 하는 봉사와 교회를 섬기는 봉사의 둘로 구분해 볼 수 있습니다. 그런데 일반적으로는 교인들이 교회를 위해 하는 봉사를 주로 생각합니다. 그러나 우리는 교회를 주격으로 이해하여 교회가 하는 봉사를 먼저 생각해야 할 것입니다.

교회가 하는 봉사에는 먼저 예배가 있습니다. 예배라는 말은 '섬기다' '절하다' 라는 말뜻을 가지고 있습니다. 교회는 온 지체가 모여 성 삼위 하나님께 의식을 갖추어 찬송하며 기도하고, 성경 봉독과 설교를 통하여 하나님의 말씀을 들으며 예배합니다. 예배에서 교회에 속한 모든 지체들이 하나님의 사랑과 사죄의 은총에 대한 말씀을 듣고 하나님의 사랑과 언약을 확인하며 하나님의 백성이 된 감격과 기쁨을 새롭게 합니다. 그리고 매일의 삶에서 교회 공동체로서 혹은 지체로서 무엇을 하며 어떻게 살아야 할 것인지 가르치는 말씀을 듣습니다.

구약의 선지자들은 구약 시대의 교회, 즉 이스라엘 백성들이 해야 할 일로 하나님을 마음과 뜻과 정성을 다하여 섬겨야 한다고 설교하고 예배에 덧붙여 이웃 사랑을 실천할 것을 강조했습니다. 성경은 이웃 사랑의 실천이 없는 예배 행위는 하나님께서 증오하고 분노하시는 위선이라고 질타하면서 하나님께서 원하시는 것이 과부와 고아를 불쌍히 여기며, 인자를 사랑하며 공의를 행하는 것이라고 말씀합니다(이사야 1:10-17; 아모스 6:21-27; 미가 6:6-8).

그런데 구원의 복음이 만민에게 미치게 된 신약 시대의 그리스도의 교회는 이웃 사랑을 실천하되 이웃의 영혼을 구원하는 일과 육적인 필요를 돌보는 일을 겸하여 하도록 성경은 가르칩니다. 주 예수께서 천국 복음을 전하고 가르치는 한편 가난한 자들의 친구가 되시고 병 고치는 일을 하심으로써 두 과업을 실천하셨습니다. 사도들과 예루살렘 교회도 복음전파와 함께 구제하는 일을 수행했습니다.

97. 선교는 그리스도의 교회의 우선적인 과업입니까?

구약의 종교는 이스라엘의 민족 종교였으므로 구약성경에 선교에 대한 미래적인 비전이 제시되고 있을 뿐 백성들 각자에게 선교에 대한 사명은 부과되지 않고 있습니다. 하나님께서 아브라함을 불러 이스라엘의 조상이 되게 하심은 그를 인하여 만백성이 축복을 누리게 하고자 하심이었습니다(창세기 12:2-3).

하나님께서는 이스라엘을 당신의 백성으로 택하시고 계명과 율법을 주셔서 그들의 역사에서 하나님의 뜻을 순종하면 복을 받고 거역하면 징계와 심판을 받는 것임을 보여 주셨습니다. 그리고 메시아, 즉 그리스도로 말미암아 하나님의 구원이 만민에게 미칠 것임을 선지자들을 통해 약속하셨습니다. 예수 그리스도께서 오셔서 십자가에 죽으시고 부활하심으로 말미암아 만백성을 구원하시려는 하나님의 뜻과 약속이 성취되었습니다.

예수께서는 승천하시기 전에 제자들에게 말씀하셨습니다. "하늘과 땅의 모든 권세를 내게 주셨으니 그러므로 너희는 가서 모든 민족을 제자를 삼아 아버지와 아들과 성령의 이름으로 세례를 베풀고 내가 너희에게 분부한 모든 것을 가르쳐 지키게 하라. 볼지어다 내가 세상 끝날까지 너희와 항상 함께 있으리라"(마태복음 28:18-20). 또한 말씀하시기를 "오직 성령이 너희에게 임하시면 너희가 권능을 받고 예루살렘과 온 유대와 사마리아와 땅 끝까지 이르러 내 증인이 되리라."고 말씀하셨습니다(사도행전 1:8).

약속하신 대로 오순절에 성령께서 강림하셨습니다. 사도들은 성령의 충만함을 받고 성령이 말하게 하심을 따라 다른 방언으로 말하기 시작했습니다. 그래서 여러 나라에서 예루살렘에 모여든 사람들은 놀랍게도 사도들의 설교를 알아들을 수 있었습니다. 구원의 복음은 이제는 만백성을 위한 것이 된 것입니다(사도행전 2:1-13).

98. 구제봉사 역시 교회가 해야 할 중요한 과업이 아닙니까?

그렇습니다. 구제봉사는 선교와 더불어 교회가 해야 할 중요한 과업입니다. 하나님을 섬기라는 계명에 따르면 종교와 윤리는 하나입니다. 율법에 따르면 윤리적인 계명을 어긴 자는 이웃에게 사과하고 배상할 뿐 아니라 하나님께 속건제를 드려야 했습니다. 그것은 하나님을 섬기는 일과 이웃을 사랑하는 일은 하나로 연결되어 있음을 의미합니다. 따라서 구제봉사는 하나님 섬기는 도리를 전하는 선교의 내용이기도 합니다.

십계명은 종교적인 계명과 윤리적인 계명으로 구성되어 있습니다. 종교적인 계명과 윤리적인 계명을 연결하고 있는 안식의 계명과 안식년과 희년의 규례에는 나그네와 객은 물론 가축과 들짐승에게까지 자비를 베풀도록 가르치십니다(레위기 25:1-17). 예수님 당시 성전의 연보궤는 구제 헌금을 위한 것이었습니다.

흔히 선교가 곧 이웃 사랑의 실천이 아니냐고 말하기도 합니다. 영혼을 구원하고자 하는 선교 역시 이웃 사랑에 속한다고 할 수 있습니다. 그러나 성경에서는 구제 봉사, 즉 이웃을 구체적으로 돕는 이웃 사랑을 말씀합니다.

예수께서는 구원을 찾는 사람에게 하나님의 계명을 행할 것을 요구하시면서 십계명 가운데 윤리적인 계명을 지키는 지 여부를 물으십니다. 선교는 보다 종교적인 행위에 속하는 반면에, 구제 봉사는 윤리적인 행위에 속합니다. 선교는 하나님의 특별은총을 사람들로 하여금 깨닫고 받아들이도록 전하는 일임에 반하여 구제 봉사는 하나님의 일반은총을 나누는 일입니다.

하나님을 사랑하고 이웃을 사랑하라(마태복음 22:37-40; 레위기 19:17-19)는 두 계명이 율법과 선지자의 강령이라고 말씀하시는 예수께서는 사람들의 영혼 구원을 위하여 천국 복음을 전하시는 한편, 그들의 육적인 생활에 필요한 것을 위하여 배려하셨습니다. 그러므로 선교와 구제봉사를 분리하여 생각해서는 안 됩니다.

99. 신약성경이 말하는 교회의 직분에는 어떤 것이 있습니까?

교회의 직분은 성도를 온전케 하며 봉사의 일을 하도록 하며 그리스도의 몸인 교회를 세우도록 하나님께서 세우신 봉사의 직책을 말합니다. 하나님께서는 이를 위하여 교회에 사도, 선지자, 전도자, 목사와 교사를 주셨습니다(에베소서 4:11-12).

사도(apostolos)는 그리스도의 가르침과 행하심을 직접 듣고 보고 배운 것을 증언하고 교회의 기초로 역할을 하도록 세우심을 받은 직분입니다. '보내심을 받은 자'라는 말뜻대로 예수께서는 제자들을 더러운 귀신을 쫓아내며 모든 병과 모든 약한 것을 고치는 권능을 주시며 사람들에게 천국 복음을 전하도록 내보내셨습니다(마태복음 10:1-5). 바울은 예수께서 부활하신 후 부르심을 받아 뒤늦게 사도가 되었습니다(사도행전 9:1-18; 갈라디아서 1:1, 11-12).

선지자는 구약의 선지자처럼 교회에서 하나님의 말씀을 예언하는 직분이었습니다. 신약성경이 아직 형성되지 않았을 때 교회에서 하나님의 말씀을 전하여 성도들을 가르치고 죄를 회개하도록 촉구하는 일을 했습니다(고린도전서 14:24). 그러나 사도들의 편지와 복음서들이 순환되게 된 2세기에는 선지자란 이름이 교회에서 살아졌습니다.

사도들은 각 곳에 교회를 세우고 장로를 세웠습니다(사도행전 14:28). 사도시대의 장로는 다스리는 일과 가르치는 일을 겸한 장로였습니다(디모데후서 5:17). 장로가 교회를 가르치고 돌보는 이라는 뜻에서 감독이라고도 했습니다(사도행전 20:17, 28; 디모데전서 3:1). 목사 역시 같은 뜻입니다. 목사는 주님의 양을 치는 목자라는 말입니다.

사도들은 교회의 구제 봉사를 위하여 또한 집사를 세웠습니다(사도행전 6:1-6). '집사'(diakonos)는 봉사자란 뜻입니다. 집사는 그런 뜻으로 모든 직분자에게 다 적용되는 직분 이름입니다. 개역 성경 고린도전서 3:5에 '사역자들'로 번역한 낱말은 '집사들'입니다.

100. 교회의 제도에는 어떤 것이 있습니까?

교회는 사도시대의 다락방 교회로부터 현존하는 교회에 이르기까지 그 치리(정치) 형태로 보아 대체로 세 가지 혹은 네 가지로 유형으로 발전해 왔습니다. 감독교회, 회중교회, 장로교회, 제도를 부정하는 교회입니다.

사도시대의 교회는 장로교 유형의 교회였습니다만, 2세기부터 감독교회로 발전하기 시작했습니다. 지역의 넓은 교구를 목회하는 장로들을 감독(주교, bishop)이라고 칭하게 되었으며, 이들이 돌보는 교구를 감독구(bishopric 혹은 see)라고 했습니다. 감독은 감독구를 여러 교구(parish)로 나누어 목사로 하여금 목회하도록 했습니다. 감독구와 감독들을 주관하는 이를 대주교(archbishop)라고 하고, 대주교들을 총괄하는 이를 총대주교(Patriarch)라고 했습니다.

기독교 세계는 처음 예루살렘, 안디옥, 알렉산드리아, 로마, 콘스탄티노플을 중심으로 하는 5개의 총대주교구가 있었습니다만, 7세기에 이슬람의 침공으로 인하여 로마와 콘스탄티노플의 총대주교구만 남게 되었습니다. 교황주의 제도는 감독교회 제도에서 더 교권주의적 교회로 발전하게 된 교회 제도입니다. 그것은 로마의 감독이 다른 감독들보다 우위에 있음을 주장하면서 생긴 것입니다.

교황주의 혹은 감독교회에 가장 반대적인 교회가 지역교회의 독립성을 최대한으로 주장하는 회중교회입니다. 장로교는 감독교회와 회중교회의 중간에 위치하는 교회 제도입니다. 즉 지역교회의 독립성을 상당한 정도로 인정하면서 지역교회가 구성하는 노회와 노회가 구성하는 총회의 관할을 존중하는 교회 제도입니다.

그밖에 이러한 제도적인 교회를 부정적으로 보는 나머지

목회를 전담하는 교직자 제도를 인정하지 않는 교회들이 있습니다. 퀘이커, 형제교회(Plymouth Brethren), 무교회 등입니다.

VI

성령의 은사와 성화의 삶

101. 성령의 은사가 무엇입니까?

성령의 은사는 하나님께서 우리 모든 사람을 위하여 내어 주신 당신의 아들 예수 그리스도의 은혜로 말미암아 우리에게 주시는 모든 좋은 선물입니다(로마서 8:32). 하나님 아버지께서는 은사를 성령을 통하여 주십니다. 그것은 곧 성령 하나님께서 주시는 것이기도 하므로 성령의 은사라고 하는 것입니다.

그리스도 예수 우리 주 안에 있는 영생이 하나님의 은사이며(로마서 6:23), 의롭다하심이 은사입니다(로마서 5:16). 이 은사는 그리스도인이면 누구나 다 받는 지극히 귀한 것입니다.

또한 그리스도인 각자에게 특별히 주시는 은사가 있습니다(고린도전서 12:4). 하나님께서는 교회를 섬길 일군을 세우시고 각자에게 필요한 은사를 주십니다. 사도에게는 사도의 은사를, 목사와 교사 및 장로에게는 말씀을 깨달아 가르치는 은사와 다스리는 은사를 주십니다. 그밖에 장로와 집사들 및 그리스도의 몸인 교회의 각 지체에게는 각기 달리 필요한 은사를 주서서 교회를 섬기게 하십니다.

로마서에서는 그리스도 안에서 우리 많은 사람이 한 몸이 되고 서로 지체가 되었음을 말씀하고, 우리에게 주신 은혜대로 받은 은사가 다르다고 말씀합니다(로마서 12:4-12). 이런 은사들은 일반은총에 속하는 자연스런 은사입니다.

고린도전서에서는 능력을 행하거나 병을 고치거나 서로 돕는 일과 각종 방언을 하는 일, 방언을 통역하는 일 등 신비적이며 초자연적인 은사에 관하여 말씀합니다. 하나님께서는 이런 은사를 직분자이든 아니든 필요한 사람에게 교회를 봉사하는 데 사용하도록 주십니다(고린도전서 12:27-28). 그러나 그런 은사는 교회의 유익을 위하여 사용되지 않으면 오히려 해가 됩니다. 그러므로 성도들은 가장 큰 은사를 가지기를 사모하라고 말씀합니다.

102. 가장 큰 은사는 무엇입니까?

위에서 말한 초자연적 은사보다 더 큰 은사가 곧 사랑이라고 성경은 말씀합니다(고린도전서 12:31-13:13). 사랑은 가장 자연스런 은사입니다. 교회를 섬기도록 주신 자연적인 은사나 초자연적인 은사가 다 사랑을 위한 것입니다. 사랑이 결여되면 다른 모든 은사들이 무의미한 것이 되고 맙니다. 다른 모든 은사들이 다 하나님의 사랑을 깨닫고 그 사랑을 받아들이며 그 사랑 가운데 살도록 하는 일을 위해서 있기 때문입니다.

성경은 "하나님은 사랑이시라"고 말씀합니다(요일 4:8, 16). 사랑은 성부 성자 성령 삼위 일체 하나님께서 서로 사랑하시는 사랑에서 비롯된 것입니다. 하나님의 사랑은 만물과 함께 우리를 지으신 사랑이며, 우리 사람을 사랑 하셔서 우리를 죄와 죽음에서 구원하시기 위하여 독생자를 아끼지 아니하시고 우리에게 주심으로 나타내 보이신 사랑입니다. 그것은 우리를 구원하시기 위하여 당신 자신을 희생하신 하나님의 독생자의 사랑입니다.

하나님께서 우리를 당신의 형상으로 지으시면서 우리 가운데 심어주신 본능적인 사랑은 불완전하나마 고귀한 것입니다. 성령께서는 우리의 사랑이 그리스도 안에서 베푸시는 하나님의 사랑과 접하여 하나님의 온전한 사랑을 지향하여 성장하기를 원하시며 도우십니다.

믿음과 소망은 우리 신자가 하나님을 향하여 언제나 가지는 것입니다. 사랑은 믿음과 소망의 대상이요 내용입니다. 믿음과 소망은 하나님께서 우리에게 베푸시는 것, 즉 사랑에 대한 응답으로 가지는 것이고 바라는 것입니다. 하나님의 사랑에 응답하는 우리의 사랑은 곧 우리의 인격을 형성하는 사랑입니다. 성부, 성자, 성령 하나님의 사랑에 참여하는 사랑이요 영원히 하나님과 사귀는 사랑입니다.

103. 방언의 은사를 어떻게 보아야 합니까?

사도들이 받은 방언과 일부의 고린도 교인들이 받은 방언이 같지 않았습니다. 오순절 성령 강림 직후에 사도들이 한 방언은 복음을 온 나라 사람들에게 전할 수 있도록 하는 매체로서의 방언이었습니다. 그것은 예루살렘에 모여 든 여러 나라 사람들이 각기 이해할 수 있는 외국어였습니다(사도행전 2:4, 6-7). 그것은 또한 성령의 임하심의 증표이며 새 언약의 시대에 그리스도의 복음이 만백성에게 전파되는 것임을 나타내는 상징적인 의미를 띠는 것이었습니다(사도행전 1:8).

고린도 교회 사람들이 하는 방언은 하나님께 기도할 때 "영으로 비밀을 말하는" 방언으로 다른 사람들은 알아듣지 못하는 방언이었습니다(고린도전서 14:2). 그러므로 사람들이 알아듣지 못하는 방언으로 설교를 한다든지 신앙 간증을 하는 것은 성경에서는 볼 수 없는 유형입니다. 방언으로 예언을 한다면서 통역자를 세운다고 해도 그것은 성경에는 없는 거짓입니다.

방언으로 기도할 경우에는 혼자 은밀히 해야 하며, 공중 앞에서 할 경우라면 다른 사람들도 알아듣고 아멘 할 수 있도록 통역을 세워야 한다고 말씀합니다. 바울은 방언을 금할 이유는 없으나 교회에 덕이 되도록 질서를 지켜야 할 것을 강조하며, 사람들이 알아듣지 못하는 방언을 하기보다는 알아들을 수 있는 예언을 하는 것이 낫다고 말씀합니다(고린도전서 14:19, 22-25, 39). 여기서 말씀하는 예언은 오늘의 설교와 같은 은사를 의미합니다.

바울의 선신에 따르면, 초대 교회 당시에 방언을 하는 것이 보편적인 현상은 아니고 고린도 교회에서만 있었던 것이었습니다. 고넬료 가정에서 베드로의 설교를 듣고 사람들이 방언을 하게 된 것은 성령께서 그들에게 임하심을 나타내는 증표로서 이방인에게도 구원을 주심에 대한 상징적인 의미를 가집니다. 그러나 사도들의 방언과는 달리 복음에 응답하는 찬양의 방언이었습니다(사도행전 10:44-46).

104. 성령이여 오소서 하는 기도를 늘 할 수 있습니까?

성령께서는 오순절에 임하신 것은 유일하고 단회적이라고 말하거나 그 때 처음으로 오신 것이라고 말하는 사람도 있습니다만, 성령은 언제나 하나님 아버지와 아들에게서 나오시는 이시며 성도들에게 임하시는 분이십니다. 단회적이라는 말은 사도에게 부어주신 은사와 교회를 세우고 그리스도의 말씀과 행적을 증거하는 사도적 역할이 단회적임을 이해해야 할 것입니다.

오순절의 성령 강림은 특별한 의미를 가집니다. 오순절에 성령께서는 오서서 하나님의 독생자 예수 그리스도께서 십자가에 달려 죽으시고 부활하심으로 성취하신 구속 사역에 근거하여 죄인을 회개케 하시며. 정결하게 하시고 의롭게 하셔서 하나님의 백성이 되게 하시고 성화시키십니다.

그리고 만민으로 하여금 하나님의 백성이 되게 하는 그리스도의 교회를 세우시고 보존하십니다. 오순절에 성령께서 오심으로 하나님께서는 성부, 성자, 성령 삼위일체 하나님이심을 온전히 계시하셨습니다. 오순절의 성령 강림은 그리스도의 교회를 위한 강림의 시작입니다.

성령은 구약성경에서도 여러 곳에서 강림하시는 것으로 묘사하고 있습니다(민수기 11:25; 사사기 3:10; 14:19; 사무엘상 10:6,10). 신약성경에서도 그것은 마찬가지입니다(사도행전 10:43-44; 11:15; 19:6). 또한 오순절 이전에도 성령의 임하심에 관하여 말씀한 데가 있습니다(마태복음 3:16; 누가복음 1:35).

그러므로 교부들과 그리스도의 교회는 성령은 성부와 성자에게서 나오신다고 동사의 현재형을 사용하여 고백합니다. 성령은 위로부터 우리에게 오시며 우리 가운데 내주(內住)하십니다. 그러므로 우리는 "성령이여 오시옵소서" 하고 기도할 수 있으며, "성령이여 강림하사 나를 감화하시고……" 하는 찬송을 부를 수 있습니다.

105. 성령 세례와 성령 충만은 무엇을 뜻합니까?

성령 세례는 물세례와 대조가 되는 개념입니다(마가복음 1:8; 사도행전 1:5; 11:16). 예수는 "성령으로 세례를 주시는 이"십니다(요 1:33-34). '성령 세례' 는 문법적으로 전치사 en(in) + 여격(dative) 명사로 되어 있어서 '성령으로 세례' 라는 말로서 '물로 세례' 라는 말과 대구(對句)를 이루는 말입니다.

그러나 문법적으로는 '성령' 이 수단의 여격이지만, 의미상으로는 주격임을 명심해야 합니다. 그리스도께서 참 세례를 베푸실 때 성령 하나님으로 하여금 이를 하게 하십니다. 성령은 단순히 수단이 아니시고 그리스도와 함께 세례를 유효하게 하시는 주격이십니다.

신약성경에서 "성령 충만"이란 말은 주로 누가가 쓰고 있습니다. 복음서에서 "성령 세례"는 멀지 않은 장래에 있을 미래적인 약속으로 언급하고 있습니다. 성령 세례는 택한 백성으로 하여금 회개하고 죄 씻음을 주는 성령의 역사를 일컬음에 반하여, 성령 충만은 그리스도인으로 하여금, 특히 하나님의 사역자로 부르심을 받은 종들로 하여금 복음의 사역을 하도록 하거나 혹은 시와 찬미로 하나님을 찬송하며 성숙한 그리스도인으로 감사와 기쁨이 넘치는 생활을 하도록 하는 성령의 내주(內住)하심이요 주장하심입니다.

세례 요한은 모태로부터 성령의 충만함을 입었다고 말씀합니다(누가복음 1:15). 또한 마리아가 엘리사벳을 찾아가 인사하자 엘리사벳의 복중에 있는 아이가 뛰놀았다고 하며, 그 때 엘리사벳은 성령의 충만함을 입어 마리아에게 인사하며 그녀를 축복하였다고 말씀합니다(누가복음 1:41). 요한이 출생한 이후 부친 사가랴는 성령으로 충만함을 입어 예언했으며(누가복음 1:67), 누가복음 4장 1절에는 예수께서 요단강에서 성령으로 충만함을 입고 돌아오셔서는 광야로 성령에게 이끌리어 가셨습니다(누가복음 4:1).

사도행전에서 "성령 충만"은 성령 세례를 받은 사람들이 결과적으로 온전히 성령의 다스리심을 받는 상태임을 말씀합니다. 사도행전 2장에 오순절의 강림 사건에 대한 서술에서 성령 세례라는 말씀은 없고 대신 사도들이 성령으로 충만했다고 말씀합니다.

사도들은 오순절에 성령의 임하심으로 그리스도께서 성령으로 베푸시는 세례를 받아 성령으로 충만하게 되었습니다. 그들은 성령으로 충만함을 받아 성령이 말하게 하심을 따라 방언으로 말하였습니다(사도행전 2:4). 사도들은 또한 복음 사역을 돕도록 성령과 지혜가 충만하여 칭찬 듣는 사람 일곱을 택하도록 했습니다(사도행전 6:3).

그 가운데서 스데반은 성령으로 충만하고 은혜와 권능이 충만하여 큰 기사와 표적을 행하였으며, 유대인들에게 말씀을 증거하고, 성령이 충만하여 하나님 우편에 영광 가운데 계신 그리스도를 바라보았습니다(사도행전 6:5,8; 7:55). 바나바는 착한 사람이요 성령과 믿음이 충만한 자였습니다(사도행전 11:24).

또한 사도행전 13장에서는 바울이라 하는 사울이 선교를 방해하는 박수 엘루마를 성령이 충만한 가운데 쳐다보면서 경고합니다(사도행전 13:9). 바울과 바나바는 전도하면서 핍박을 받으나 기쁨과 성령이 충만했습니다.

누가복음과 사도행전에는 성령의 충만함을 입은 이들이 예언을 하고 복음을 전하는 사역자들이었습니다. 에베소서에 따르면, 바울은 성도들에게 성령의 충만함을 받으라고 권고합니다. 즉 세상의 나쁜 관습을 좇지 말고 성령의 충만함을 받아 시와 찬미와 신령한 노래들로 서로 화답하며 마음으로 주께 노래하며 찬송하며, 범사에 우리 주 예수 그리스도의 이름으로 항상 아버지 하나님께 감사하며 그리스도를 경외함으로 피차 복종하라고 권고합니다(에베소서 5:18-21).

106. 성령을 좇아 행하는 삶은 어떤 것입니까?

성령을 좇아 행하는 삶(갈라디아서 5:16)은 그리스도 안에서 하나님의 자녀로 새로 태어나 모든 죄악의 일을 벗어버리고 하나님의 말씀을 좇아 의롭고 거룩하게 사는 삶입니다. 성령으로 거듭난 사람은 어린아이의 상태에 머물지 않습니다.

성령을 좇는 삶은 성령의 지시를 직접 받으려는 삶이 아니고 성경에 기록된 하나님의 말씀을 좇아 사는 삶을 말합니다. 늘 성령을 달라고 울부짖고 기도하는 데 머물지 않고 그리스도를 닮은 성숙한 그리스도인을 지향하는 삶입니다(고린도전서 3:1-3; 에베소서 4:13-14).

성령께서는 우리로 하여금 죄를 회개하게 하시고 예수를 믿어 회심하게 하시며 죄를 사함 받게 하시며 우리를 정결하게 하시고 의롭다고 여김을 받게 하십니다. 우리가 의롭다함을 받는 것은 우리의 노력과 공로로 되는 것이 아니고 오직 하나님의 은혜로 되는 것입니다.

그러나 죄의 세력에서 놓임을 받아 의롭다함을 받은 성도는 이제 자유를 향유합니다. 이제는 육의 욕망대로 살지 않습니다. 하나님의 계명이 우리를 구속하고 억압하는 것이 아니고 우리로 하여금 죄의 굴레를 벗어나 하나님의 자녀답게, 하나님의 백성답게 살도록 교훈하시는 말씀입니다.

우리가 그리스도를 구주로 고백했으면 그분의 말씀을 따라서 살고 성장해 가야 합니다. 말씀을 따라 살고 성장하게 해 주시는 이가 성령이십니다. 그리하여 삶에서 성령의 열매를 맺게 해 주십니다. 사랑과 희락과 화평과 오래 참음과 자비와 양선과 충성과 온유와 절제의 열매를 맺게 해 주십니다(갈라디아서 5:22-23).

그러므로 성령께서 우리를 도우시고 힘을 주시도록 부단히 쉬지 않고 기도해야 합니다. 성령을 좇아 사는 삶은 말씀을 묵상하며 기도하면서 사는 삶입니다.

107. 그리스도께서 주시는 자유는 어떤 것입니까?

자유는 성경이 말씀하는 중요한 주제 가운데 하나입니다. 예수께서 회당에서 처음 예배하시면서 읽고 강론하신 그리스도의 사역에 관한 이사야서의 말씀이 자유에 관한 말씀이었습니다.

"주의 성령이 내게 임하셨으니 이는 가난한 자에게 복음을 전하게 하시려고 내게 기름을 부으시고 나를 보내사 포로 된 자에게 자유를, 눈먼 자에게 다시 보게 함을 전파하며, 눌린 자를 자유롭게 하고 주의 은혜의 해를 전파하게 하려 하심이라(누가복음 4:18-19)."

그리스도께서 주시는 자유(갈라디아서 5:1)는 유대인들이 기대하던 대로 로마의 압제에서 벗어나는 정치적인 자유가 아니고 보다 근원적인 자유입니다. 죽음에 이르는 죄의 종노릇하는 데서 벗어나 의의 종, 즉 그리스도의 종이 되는 것입니다. 그것은 그리스도 안에서 누리는 영원한 자유입니다(로마서 6:12-23).

성경과 신학은 사람이 죄와 사망의 세력에서 벗어나 하나님의 백성이 되는 일과 그 과정에서 일어나는 일을 회개, 회심, 중생, 칭의 등 여러 가지 말씀으로 기술하고 정의합니다. 그런데 '자유롭게 되다' '자유롭게 하다' 는 개념은 그러한 일과 과정을 또 다른 측면에서 기술하는 개념입니다. 중생이나 죄 사함, 칭의라는 말은 신학적인 개념임에 반하여, 자유는 정치적이며 사회적인 실제적 상황과의 관련에서 사용되는 말이므로 누구나 쉽게 이해할 수 있는 개념입니다. 사람은 자유를 누림으로 존엄성을 지니고 사람답게 살 수 있으므로 누구나 본능적으로 갈구하는 것입니다.

자유는 '자유롭게 되다' 는 개념과 '자유를 누리다' 는 두 개념을 함축합니다. 우리 사람은 칭의를 받음으로 자유롭게 되며, 성화의 생활에서 자유를 누립니다. 자유를 누리는 성화의 삶은 장성한 사람으로서 하나님의 뜻을 좇아 스스로 판단하고 결단하며 책임 있게 행동하는 온전함을 지향하는 삶입니다.

108. 그리스도인이 누리는 자유는 어떤 것입니까?

그리스도인의 자유는 스스로 쟁취한 것이 아니고 하나님께로부터 그리스도로 말미암아 선물로 받는 것입니다. 그러므로 죄의 종노릇하는 데서 그리스도로 말미암아 자유를 얻었음을 깨달은 사람은 하나님의 은혜에 감사하며 감격해 마지않습니다.

극적인 회심을 경험하지 못한 그리스도인도 하나님께 예배하며 기도하고 찬양하며 말씀을 듣고 성찬을 받음으로써 자유로움을 깨닫고 점점 더 기쁨을 누리며, 다른 새 신자가 세례를 받을 때 자유로움을 얻을 때의 감격과 기쁨을 같이합니다.

그리스도인은 부여받은 자유를 누리기 위하여 자유를 힘써 지켜야 합니다. 그리스도인의 자유는 우상을 섬기며 돈을 사랑하고 육의 정욕을 좇는 삶에서 점점 더 멀리 떠나 성령을 좇아 거룩한 삶을 사는 자유입니다(로마서 6:12-14). 그리스도인의 자유는 억압을 당하고 핍박을 받는 상황에서도 하나님의 사랑 안에서 자유로움을 누리는 자유입니다(로마서 8:38-39).

그리스도인은, 바울을 따라 루터가 말한 바와 같이, 모든 것 위에 있는 주인으로서 아무에게도 굴하지 않고 당당할 수 있으면서 동시에 매사에 누구에게든지 종으로 봉사하는 자유를 누립니다(갈라디아서 5:1;13). 남의 자유를 유린하거나 주어진 자유를 남용하는 사람들과 자유와 방종을 구별하지 못하는 사람들이 허다한 세상에서, 그리스도인은 약한 형제를 위하여 자신의 자유와 권리를 포기하는 자유를 누립니다.

그리스도인이 누리는 자유는 의의 종으로서 하나님의 계명에 순종하는 자유입니다. 하나님을 사랑하고 이웃을 사랑하고 섬기는 자유입니다. 윤리적인 의무와 책임을 다하는 자유입니다. 우리에게 자유를 주신 그리스도께서는 하나님이시면서 사람이 되셔서 섬기는 종으로 사셨습니다. 자신을 희생함으로써 우리를 사랑하시고, 제자들의 발을 씻어 섬김의 본을 보여주셨습니다(요한복음 13:4-17).

109. 사람이 아닌 다른 피조물도 자유를 원합니까?

그리스도로 말미암아 죄의 종노릇함에서 벗어나 하나님을 섬기며 이웃을 사랑하고 섬기는 자유를 누리는 우리는 우리 사람들 이외에 자유를 원하는 피조물이 또 있다는 사실을 성경은 말씀합니다.

"피조물이 고대하는 바는 하나님의 아들들이 나타나는 것이니 피조물이 허무한 데 굴복하는 것은 자기 뜻이 아니요 오직 굴복하게 하시는 이로 말미암음이라. 그 바라는 것은 피조물도 썩어짐의 종노릇한 데서 해방되어 하나님의 자녀들의 영광의 자유에 이르는 것이니라(로마서 8:19-22)."

바울이 이미 2000년 전에 이런 말씀을 한 것은 참으로 놀랍습니다. 우리는 성경이 말씀하는 대로, 하나님께서 창조하신 만물이 함께 탄식하는 소리를 이제 비로소 듣게 되었습니다. 만물이 고통을 겪고 있으며 우리가 누리는 영광의 자유에 이르기를 소원한다는 사실을 상기해야 합니다. 불순종함으로 자유를 잃은 우리 사람은 피조물을 돌보아야 할 책임과 함께 그들의 권리를 망각할 뿐 아니라 짓밟으며 지내 왔습니다.

사람들은 땅을 정복한다면서 전쟁을 일으켜 학살과 파괴를 일삼고 개발이라는 이름으로 자연을 마구 훼손해 왔습니다. 그 결과로 피조물이 겪는 고통이 우리 사람들의 몫으로 돌아오고 있습니다. 이제 우리 사람들은 비로소 그들의 고통을 이해하게 되었습니다. 이전에는 우리 사람들의 이기심과 방자함 때문에 미처 몰랐던 것입니다.

그리스도 안에서 자유로움을 회복한 우리는 이웃의 자유를 존중해야 하며, 필요하다면 그들을 위하여 우리의 자유를 희생해야 합니다. 하나님께서는 자연과 생물들을 지으시고 좋다고 하셨으며 사람에게와 똑같이 그들에게 "생육하고 번성하라"고 축복하시며, 언약을 주십니다(창세기 1:12, 23, 28; 9:1-17). 그들의 살 권리를 인정하십니다. 모든 생물과 자연도 자유로움을 원하는, 우리가 사랑해야 하는 이웃입니다.

110. 그리스도인은 죄로부터 완전히 자유롭습니까?

아닙니다. 그리스도인은 죄의 종노릇함과 정죄함에서 벗어나 자유를 얻었으나 우리가 사는 세상은 죄악으로 가득합니다. 그리고 우리는 연약한 성품을 가지고 있으며 우리 속에 있는 욕정과 욕망에서 완전히 자유롭지 못하므로 죄의 유혹에 빠질 수 있습니다.

그리고 그리스도께서 주신 자유를 잘못 남용할 수 있습니다. 우리는 그리스도 안에서만 자유를 누릴 수 있으므로 한 순간이라도 그리스도를 떠나서는 하나님의 말씀을 순종할 수 없습니다. 우리는 자신의 힘만으로는 선을 행하기에 너무나 부족한 존재입니다. 그러므로 성경은 우리 그리스도인에게 성령을 좇아 살라고 말씀합니다(갈라디아서 5:16 이하).

성령께서는 우리로 하여금 하나님의 뜻을 좇아 '하게 하시는 분' 이십니다. 성령께서는 우리의 마음을 움직여 우리로 하여금 그리스도를 믿게 하시며, 죄를 회개하게 하시고, 기도하게 하시며, 선을 행하게 하십니다. 우리가 빌 바를 알지 못할 때는 말할 수 없는 탄식으로 우리를 위하여 친히 아버지 하나님께 간구하시는 이십니다(로마서 8:26).

우리 홀로는 선한 열매를 맺을 수 없으나 성령을 좇아 살면 성령의 열매를 맺습니다. 사랑과 희락과 화평과 오래 참음과 자비와 양선과 충성과 절제 등의 열매입니다(갈라디아서 5:22-23). 성령께서 우리 안에서 맺으시거나 우리로 하여금 맺게 하는 열매입니다.

성화는 성령의 사역에 역점을 두는 개념인 반면에 그리스도인의 자유는 성령의 사역에 응답하는 그리스도인의 자의적인 헌신과 그리스도를 닮으려는 노력에 역점을 두는 개념입니다.

그러나 그리스도인은 자유를 자신의 힘으로는 지킬 수 없습니다. 그리스도인의 자유는 자신은 무능하고 연약한 죄인임을 고백하며 주님만 의지하고 성령을 좇아 거룩하게 사는 자유입니다. 그리스도인은 주께서 주신 자유를 주께 바쳐 주의 종으로 삽니다(로마서 6:15-23).

111. 하나님의 백성은 생명을 얼마나 사랑해야 합니까?

불교나 힌두교에서는 생명이 죽으면 다른 형태의 생명으로 다시 태어난다는 윤회설을 믿기 때문에 살생을 금합니다. 그러나 그리스도인은 하나님께서 창조하신 것이므로 생명을 사랑합니다. 하나님께서 생물을 만드시고 좋다고 하셨으며 생육하고 번성하도록 축복하셨을 뿐 아니라, 첫 사람에게 생물을 잘 돌보도록 임무를 맡기셨습니다. 자식의 이름을 짓듯이 모든 새와 짐승의 이름을 짓게 하셨습니다(창세기 2:19-20).

하나님께서는 홍수로 세상을 심판하실 때, 씨를 퍼트릴 생물을 노아의 방주로 모여들게 하여 생명을 보존하게 하셨을 뿐 아니라, 홍수 후에 그들에게도 사람에게와 똑 같이 다시는 홍수로 멸하지 않고 생명을 보존하실 것이라고 언약하시며 축복하셨습니다(창세기 9:8-19).

니느웨성을 멸하시지 않는 하나님께 불만을 토로하는 요나에게 하나님께서는 박 넝쿨로 교훈하시면서 말씀하셨습니다. "이 큰 성읍 니느웨에는 좌우를 분변치 못하는 자가 십 이만 여명이요 가축도 많이 있나니 내가 어찌 아끼지 아니하겠느냐……"(요나 4:11).

하나님께서는 홍수 후에 사람들에게 동물을 잡아먹도록 허락하셨으나 생명인 피는 먹지 말도록 금하셨습니다(창세기 9:2-4). 제사의 규례에서도 육체의 생명은 피에 있으므로 이스라엘 뿐 아니라 함께 거하는 타국인도 피를 먹지 말도록 엄금하셨습니다(레위기 17). 생명이 피에 있으며, 모든 생물은 그 피가 생명과 일체라고 말씀하십니다(레위기 17:11, 14). 피를 먹지 말라고 금하신 것은 생명을 귀하게 여기며 존중하라는 뜻입니다.

예수께서는 하나님께서 공중에 나는 참새도 기르시고 들풀도 입히신다고 말씀하십니다(마태복음 6:26-30). 우리는 버러지 한 마리나 풀 한 포기라도 무의미하게 죽이거나 짓밟아서는 안 될 것입니다. 모든 생명은 하나님께서 지으신 것이며 하나님의 것입니다.

112. 인간복제는 허용될 수 있습니까?

인간복제를 시행해야 하려는 사람들이 불치병의 치료를 위해 그것이 필요하다고 말합니다. 복제된 인간의 생명을 치료의 수단으로 사용하자는 것입니다. 똑같이 고귀한 생명을 다른 생명을 위한 희생과 수단으로 삼는 것은 말이 되지 않습니다.

생명은 하나님께 속한 것입니다. 그러므로 하나님께서 생물을 사람에게 돌보도록 명하셨으며, 피를 먹지 말도록 금하셨습니다. 생명들 가운데서도 사람의 생명은 더 없이 귀합니다. 하나님께서 사람을 당신의 형상대로 만드셨으므로 그러하며, 사람의 생명을 온 천하보다 귀하게 보시므로 그러하고, 독생자로 하여금 사람이 되게 하셨으므로 그러합니다. 그러므로 살인은 곧 하나님의 형상을 범하는 것이며, 생명을 보시는 하나님의 가치평가에 대한 도전이요 반역입니다.

인간의 수명 연장은 누구나 다 바라는 것이지만 남의 생명의 희생을 담보로 하여 연장을 기하는 것은 살인을 범하는 죄악입니다. 과학의 새로운 발명이나 발견에 사람들은 늘 환성을 질러 왔으나, 돌이켜 생각하면 어리석은 일입니다.

인간의 수명의 연장은 늘어나는 인구와 환경오염 문제, 노인층의 비대로 인한 사회 구조의 불균형, 더욱 가속화되는 생존경쟁, 생명을 경시하는 사상의 만연 등을 유발할 것입니다. 동일한 생명을 스스럼없이 희생시키면서 생명의 연장을 바라는 것은 약육강식, 적자생존을 당연시하는 진화론적 세계관에서 비롯된 것입니다.

그것은 땅 위의 삶이 전부인 것으로 알고 하나님께서 그리스도 안에서 주시는 영원한 생명을 알지 못하는 사람들의 무분별한 견해요 행위이며, 창조의 질서를 파괴하는 무모한 반역적인 모험입니다.

113. 성화의 삶과 윤리적인 삶이 같은 것입니까?

성화의 삶과 윤리적인 삶은 불가분의 관계에 있지만 동일한 것은 아닙니다. 성화의 삶은 윤리적인 삶을 포괄합니다. 그러므로 윤리적인 삶이 없으면 성화의 삶이 성립이 안 됩니다. 윤리적인 삶은 없으나 성화의 삶은 있다고 한다면 그것은 거짓입니다. 성화의 삶이 윤리적인 삶으로 표현되어야 하나 윤리적인 삶이 곧 성화의 삶은 아닙니다.

사람이 회개하고 예수를 믿어 의롭다함을 받아 하나님의

백성이 된 사람, 즉 성도가 된 사람은 하나님의 백성답게 거룩한 삶을 살아야 합니다. 하나님께서는 당신의 백성을 위하여 일찍이 거룩하게 살도록 율법과 계명을 주셨습니다.

율법에는 구약시대에만 유효한 법들이 있으나, 십계명은 하나님의 백성으로서 지켜야 할 기본적인 법을 말씀하는 것이므로 구약 시대의 이스라엘뿐 아니라 신약 시대의 그리스도 안에 새 이스라엘이 된 우리 성도들도 지켜야 하는 계명입니다.

윤리적인 계명은 하나님께서 모든 사람에게 주시는 계명입니다. 하나님께서 당신의 형상으로 지음 받은 모든 사람의 양심에 그것을 새겨주셨으므로 모든 족속과 인간의 공동체가 윤리적인 규범으로 알고 지킵니다. 하나님의 백성들은 그것을 살아 계신 하나님께서 말씀하는 계명으로 아는데 반하여, 그렇지 않은 백성들은 그냥 법으로 규범으로 아는 것이 다를 뿐입니다.

성경에 보면, 한 부자 청년이 예수님께 와서 어떻게 하면 영생을 얻을 수 있느냐고 여쭈었습니다. 예수님께서는 그 청년이 계명을 지키는 지 물으시면서 윤리적인 계명을 들어 물으셨습니다(마태복음 19:16-22). 그 청년은 자기가 다 지켜 왔다고 대답했습니다. 자기 나름으로 윤리적인 삶을 산 것이라고 확신했습니다. 예수님께서는 그렇다면 자기가 가진 것을 팔아 가난한 사람들에게 나누어주고 당신을 따르라고 말씀하셨습니다. 청년은 재산이 많으므로 염려하면서 갔다고 성경은 말씀합니다.

청년으로서는 나름대로 윤리적인 삶을 살았으나 성화의 삶을 살지 못했습니다. 아니 성화의 삶을 시작해 보지도 못했습니다. 그는 예수 그리스도를 좇아 그리스도와 더불어 살아야 하는데 그러지 못했습니다. 그는 그리스도를 좇은 다른 제자들과 같이 그리스도의 말씀을 듣고 그리스도를 배우며 더 놀라운 하늘나라의 기적을 경험하며 살아야 할 터인데 그러한 성화의 삶을 시작도 못해 보고 슬픔에 싸여 자기 길로 갔습니다. 실은 청년은 윤리적인 삶도 하나님께서 요청하시는 수준에는 미치지 못했습니다.

그리스도인들은 윤리적인 삶을 살아야 할 터인데 그렇지 못한 경우가 많습니다. 유감스런 일입니다. 믿지 않는 사람들이 그리스도인들 못지않게 윤리적으로 살뿐 아니라 오히려 그리스도인들을 능가하여 윤리적인 삶을 사는 경우가 얼마든지 있습니다.

윤리적인 규범의 잣대는 엄격한 반면에 성화의 경계는 훨씬 크고 넓습니다. 윤리적인 삶에는 규범과 법에 대한 의식(意識)이 중심이 되고 있으나, 성화의 삶에는 예수 그리스도의 십자가의 구속과 우리 죄인들의 회개가 중심입니다. 거기에는 하나님의 용서와 자비와 긍휼이 있습니다.

윤리적인 삶에는 시종 규범을 지키는 자의적인 노력과 상당한 정도의 교양과 자의식이 전제가 되고 있으나, 성화는 그리스도의 십자가 앞에서 스스로 연약하고 부족한 죄인임을 인식하고 죄를 회개함으로써 시작합니다. 의롭다고 하시는 하나님 앞에 자신의 무능을 고백하고 그리스도 안에서 우리를 변화시키시는 성령을 좇아 사는 삶을 영위하는 것이 성화의 삶입니다.

성화의 삶은 혼자 온전한 사람이 되어가기 위하여 수련을 쌓는 것이 아니고 그리스도의 몸 된 교회의 지체인 형제자매들이 모두 함께 그리스도 안에서 거룩한 하나님의 성전으로 지어져 가는 삶입니다(에베소서 2:20-22). 윤리적인 삶은 하나님 없이도 그리고 성도의 교제가 없이도 성립하고 그 가치를 인정받지만, 성화의 삶은 예수 그리스도의 은혜와 하나님의 사랑과 성령의 교통이 없이는 그리고 성도의 교제가 없이는 성립되지 않습니다.

사랑은 윤리적인 삶의 규범이요 열매임과 동시에 성화의 삶의 규범이요 열매입니다. 그러나 성화에는 사랑이 항상 믿음과 소망을 동반합니다(고린도전서 13:13). 믿음과 소망이 없는 사랑의 삶은 윤리적인 삶일 뿐이고 성화의 삶일 수는 없습니다.

예수 그리스도의 구속의 은혜를 모르거나 믿지 않는 사람들과 그런 공동체에는 성화의 설교는 그냥 윤리적인 삶을 위한 설교가 될 뿐입니다. 우리는 윤리적인 삶이 없는 성화의 삶은 있을 수 없음을 명심함과 동시에 윤리적인 삶은 있으나 성화의 삶이 없는 삶이나 그런 공동체가 얼마나 두렵고 비극적인 삶이요 공동체인지를 깊이 인식해야 합니다.

기독교의 오랜 역사와 문화 속에서 기독교적인 신앙교육을 통하여 상당한 수준의 윤리와 도덕은 갖추었으나 하나님을 믿는 신앙은 상실해 가는 유럽의 기독교 세계에서 우리는 그런 실례를 목격합니다.

신앙문답 Ⅲ

I

신학의 의미와 방법

114. 신학이란 무엇입니까?

신학(theologia)은 문자 그대로는 신에 관한 학문이라는 뜻이지만 여러 종교에서 말하는 개념의 신에 관한 학이라는 뜻은 아니고 오직 기독교에서 말하는 하나님에 대한 신앙을 설명하고 가르치는 학문입니다. 기독교는 여러 종교 가운데 하나이지만, 인간 편에서 하나님을 찾는 종교는 아닙니다. 기독교는 우리 인간을 찾으시고 말씀하시는 하나님을 신앙하는 종교라는 점에서 다른 종교와는 구별됩니다.

종교는 초자연적인 능력에 경외심을 가지고 초월적인 세계를 지향하는 신앙행위입니다. 종교에는 소위 저급한 물활론(物活論, animism)의 기복신앙에서부터 윤리와 도덕의 교훈을 동반하며 구도(求道)하는 고급 종교에 이르기까지 다양한 종교들이 있습니다.

종교학은 여러 종교의 가르침과 현상들을 연구하는 학문입니다. 종교학을 하는 사람은 어느 특정한 종교에 대한 신앙을 반드시 가져야 하는 것은 아닙니다. 그러나 신학의 경우는 그렇지 않습니다. 기독교는 우리 사람에게 당신 자신을 나타내 보이시는 하나님을 믿는 종교이므로 그 하나님께 대한 경외와 신앙이 없이는 신학을 할 수가 없습니다. 우리 사람에게 성경을 통하여 말씀하시는 하나님에 대한 신앙이 없이 종사하는 신학은 신학 아닌 종교학일 뿐입니다. 17세기의 계몽사조 이후 합리주의 사상을 추종하는 신학자들은 신학과 신앙을 분리시킴으로써 신학을 철학이나 종교학으로 실추시키고 있습니다.

우주와 인생의 기원과 의미를 물으면서 신의 존재의 개연성을 이성적으로 논하거나 추정하는 철학과는 달리, 신학은 성경에 쓰인 대로 천지 만물과 인생을 창조하신 하나님의 말씀에 귀를 기울이고 그 말씀을 사람들이 사용하는 말로, 즉 사람들이 알아들을 수 있는 말로 설명하고 가르치는 학문입니다. 그런 점에서 신학은 설교와 같습니다.

115. 신학은 설교와 같다고 하는데, 그렇습니까?

신학은 설교와 같습니다. 설교는 곧 신학입니다. 서로 다른 점을 말하자면, 설교는 예배에서 경청하는 회중에게 성경에서 말씀하시는 하나님의 말씀을 선포하고 가르치며 사람들의 마음에 호소하는 것입니다. 반면에, 신학은 예배하는 때와 장소를 넘어서서 하나님의 말씀을 보다 논리적인 언어나 글로 사람들로 하여금 이성적으로 이해하도록 지성에 호소하는 것입니다.

그런 의미에서 문서화된 설교는 신학입니다. 교부들의 많은 신학적인 글들이 설교였습니다. "그리스도인의 자유", "독일 귀족에게 고함" 등 루터의 종교개혁을 위한 글들도 먼저 예배에서 한 설교였습니다. 그러므로 설교에는 신학이 있어야 하고 신학은 설교로 환원될 수 있어야 합니다.

설교와 마찬가지로 신학 역시 전달이 생명입니다. 구약의 선지자들은 자신들이 명상을 통하여 터득한 진리를 백성들에게 전하거나 자기들이 받은 말씀을 가지고 백성들에게 나눈 것이 아닙니다. 선지자들이 받은 말씀은 애초부터 하나님께서 백성들을 위하여 주신 말씀이었습니다. 선지자들은 단지 전달자일 뿐입니다. 설교자나 신학자가 다 하나님의 말씀의 전달자라는 의미에서는 다른 점이 없습니다.

그러므로 현대시와 같이 난해한 신학적인 글, 즉 설교로 환원될 수 없는 신학적인 글은 하나님의 말씀을 알아들을 수 있는 말로 사람들에게 전달되어야 하는 신학 본래의 속성을 벗어난 것입니다. 칼빈의 「기독교강요」만 하더라도 어렵게 쓴 책이 아니고 기독교 교리를 설교하듯이 알기 쉽게 쓴 것입니다. 성경을 단지 종교적인 문서로 취급하며 합리적인 사고를 포기한 현대의 자유주의적이며 소위 진보적인 신학은 일반 사람들이 이해하기 어려운 논리로 말하는 것이 특색입니다.

난해한 논리를 가진 신학에 근거하는 설교에는 사람들로 하여금 죄를 깨닫고 회개하며 그리스도 안에서 새 사람으로 거듭나게 하는 복음의 능력이 결여될 수밖에 없습니다.

116. 설교가 곧 하나님의 말씀입니까?

예배 의식은 하나님께서 우리에게 말씀하시는 부분과 우리가 하나님께 응답하여 드리는 부분으로 구성됩니다. 하나님께서 말씀하시는 부분은 성경 봉독과 설교이며, 우리가 응답으로 드리는 부분은 기도와 찬송입니다. 하나님께서 말씀하시는 부분에서 성경은 하나님의 말씀임을 알지만, 설교 역시 하나님의 말씀인가 하는 질문을 하게 됩니다.

그러나 그 질문에 그렇다거나 그렇지 않다고 쉽게 답할 수가 없습니다. "설교는 하나님의 말씀이다."라고 말하거나 "설교는 하나님의 말씀이 된다."라는 한 마디로 설교를 정의할 수 없습니다.

성경에 대한 문서 비판이나 역사 비판을 수용하면서도 성경이 하나님의 말씀이라고 신학화하는 바르트주의 신학의 영향을 받은 사람이라면 그러한 정의에 집착할 수 있을 것입니다. 또한 성경의 정경성에 대한 믿음과 판단이 흐려지면 그럴 수 있습니다.

어떤 현대 신학자들은 신약에서 설교된 말씀이란 뜻의 '케리그마(kerygma)'를 찾으며 구분하다고 합니다만, 실은 서신서는 사도들이 편지로 쓴 설교입니다. 그런데 교회는 사도들의 문서화된 설교를 하나님의 감동으로 기록된 하나님의 말씀으로 받고 있습니다.

기록된 사도들의 설교는 정경(正經)으로서 권위를 가집니다. 그러므로 사도들의 설교는 그들의 설교를 본문으로 하여, 즉 사도들의 설교에 근거하여 말씀하는 설교자들의 설교와는 차이가 있습니다. 설교는 하나님의 말씀이라는 발언은 이러한 차이를 흐리게 함으로써 사도들의 설교가 정경임을 흐리게 만듭니다.

선지자의 글과 사도들의 증언과 설교, 즉 구약과 신약의 성경은 교회가 고백하는 대로 하나님의 말씀입니다. 성경 말씀은 하나님께서 우리에게 당신의 뜻을 구체적으로 알려 주시는 내용을 기록한 말씀입니다. 하나님께서는 성경을 통하여 우리에게 말씀하시므로 성경에서 우리는 하나님의 말씀을 대하게 됩니다.

설교자의 설교는 예배하는 자들에게 성경에 기록된 하나님의 말씀을 하나님께서 말씀하시는 말씀으로 전달하는 것입니다. 영어의 'preaching'은 설교 말씀을 전달하는 행위임에 역점을 두는 말이고, 'sermon'은 설교가 말씀의 내용을 담은 그릇임을 함축하는 말입니다. 따라서 설교자의 설교와 하나님의 말씀을 동격으로 표현할 수 없습니다. 말씀은 실체요 내용이며 설교는 그것을 전달하는 언어요 매체입니다.

설교는 하나님의 말씀에 근거해야 하지만 그렇지 못한 경우가 있습니다. 바울이 경고하듯이, 사도들이 설교한 복음과는 다른 복음을 전할 경우가 얼마든지 있을 수 있기 때문입니다(갈라디아서 1:6-10). 설교는 하나님의 말씀이라거나 설교는 하나님의 말씀이 된다고 정의하는 것은 거짓 선지자나 이단이 하는 설교를 검증 없이 받아들이게 만드는 결과를 초래합니다. 구약 시대나 사도 시대에는 참 선지자와 거짓 선지자를 분별할 수 있는 규범이 없었습니다만, 교회는 정경으로 받은 성경을 가졌습니다.

그러므로 교회는 설교자의 설교가 하나님의 말씀인 성경에 근거한 것인지를 물어야 합니다. 성경 말씀에 합하는 설교 말씀은 회중이 하나님의 말씀으로 '아멘' 하며 받아들이지만, 그렇지 않을 경우에는 여과해서 받거나 거부할 수 있어야 합니다.

교회에서 말씀을 분별하는 것은 그런 능력을 가진 지체, 즉 감독으로 세움을 받은 장로의 몫입니다. 그것은 반드시 지교회의 장로의 임무만은 아니고 장로와 목사의 모임인 노회의 임무라는 뜻으로 이해해야 할 것입니다(사도행전 20:28-32).

요한계시록 2장과 3장에 요한이 아시아의 일곱 교회에 보내는 각 편지 서두에 그리스도께서 보내는 편지라고 말하고는 편지를 맺으면서 "성령이 하시는 말씀을 귀 있는 자는 들을지어다."라고 말씀하고 있습니다.

예배에서 우리는 하나님의 말씀을 듣는 설교 시간에 설교자의 설교 말씀이 성경에 근거한 말씀이기를 기도함과 동시에, 설교할 때 하나님께서 우리에게 말씀하시기를 기도하며, 성령께서 우리를 감동시켜 주심으로 우리가 하나님께서 하시는 말씀을 들을 수 있도록 기도합니다.

117. 신학에는 어떤 구분이 있습니까?

"신학은 설교와 같다. 설교는 신학이다."라는 말은 신학이 성경을 하나님의 말씀으로 믿는 믿음에서 출발한 것이므로 설교와 마찬가지로 말씀에 근거해야 한다는 의미에서 하는 말입니다. 설교는 사람들에게 성경 말씀을 가지고 주관적으로 호소하는 것인 반면에, 신학은 성경 말씀을 객관적으로 해석하고 설명합니다. 그러기 위해 신학은 교회를 포함하여 성경 말씀과 관련된 사물이나 사건들과 사상을 연구의 대상으로 하면서 신학의 관심사는 점차로 다양하게 발전하게 되었습니다.

근세 이전까지는 신학을 구분하지 않았습니다만, 신학의 지식이 축적되면서 또한 사회가 분업화된 산업사회로 발전하면서 신학 역시 성경 신학, 조직신학, 교회사, 실천신학으로 구분하게 되었습니다. 교회사를 독립적인 분야로 교수하기 시작한 것은 16세기말경부터였습니다. 북부 독일의 프랑크푸르트 출신 안드레아스 벤첼(Andreas Wencel)이 헬름슈테트에서 첫 강의를 시작했습니다. 튀빙겐에서는 1720년에 비로소 최초의 교회사 명예교수가 임명되었습니다.

성경신학(聖經神學)은 구약신학과 신약신학으로 구분됩니다. 독일에서는 구약을 연구하는 학문을 구약학과 구약신학으로, 신약의 경우는 신약학과 신약신학으로 세분하기도 합니다. 구약과 신약의 문서, 언어, 시대적인 배경 등을 다루는 것을 구약학 혹은 신약학이라고 하고 구약과 신약의 말씀과 사상을 다루는 것을 구약신학 또는 신약신학이라고 합니다.

조직신학(組織神學)은 교회가 고백하는 신앙고백의 주제를 따라 성경 말씀을 조명하면서 기독교신앙을 변증하는 한편 체계 있게 연구하고 가르치는 학문입니다. 조직신학의 주제의 골격은 말하자면 사도신경입니다. 조직신학(systematic theology)은 성경의 진리를 조직적으로 다룬다는 의미에서 붙여진 이름입니다. 그러나 조직신학이 교회의 신앙고백, 즉 교의를 다룬다는 의미에서 교의학(dogmatics)이라고도 합니다. 다시 말하면 '조직신학'은 기독교 신앙을 연구하는 방법을 두고 지칭하게 된 명칭이고, '교의학'은 그 내용을 두고 지칭하는 명칭이라고도 할 수 있습니다.

교회사는 교회의 역사를 다루는 학문입니다. 교회사가 신학의 한 분야라는 뜻에서 역사신학(歷史神學)이라고도 합니다. 그러나 역사신학이라면 신학 사상에 무게를 두는 말이므로 교회사가 본래 함축하는 의미보다는 좁은 의미로 이해하게 만드는 말입니다.

교회사는 교회의 삶과 신앙고백 및 신학을 역사적으로 연구하는 한편, 교회는 세상 속에서 살아왔으므로 세상의 역사적 사건이나 정치 및 문화와의 관계도 함께 고려하며 교회의 예배, 건축, 음악 등 교회 생활 전반에 관한 것을 역사적으로 연구하는 것입니다. 그러므로 신학사상의 역사를 다룬다는 의미의 역사신학은 교회사가 다루는 한 분야라고 할 수 있습니다. 영어의 '역사신학'(historical theology)은 더욱 그런 뜻을 담고 있습니다.

실천신학(實踐神學)은 제일 늦게 분류된 신학 학문입니다. 실천신학을 제일 먼저 말한 슐라이어마허는 성경신학과 실천신학을 연결시켜 주는 학문이 역사신학이라고 말했습니다. 그가 말한 역사신학이란 역사와 신학, 즉 교회사와 조직신학을 가리켜 한 말이었습니다.

교회 역사에서 신학과 목회 현장 간에 괴리는 늘 있었습니다. 일반적으로 이론과 실제 간에는 괴리가 있기는 하지만, 신학은 본래 교회를 봉사하기 위해 있는 학문이므로 신학이 본래의 역할을 다하지 못할 때 그러한 괴리는 매우 심각한 것입니다. 신학이 학문 그 자체를 위해 존재하는 철학과 다른 것도 바로 그런 점에 있습니다.

중세 시대의 교권주의와 사변적인 스콜라 신학은 일반 백성들의 영적인 욕구를 충족시켜 주지 못했으며, 종교개혁이 있은 지 약 백년간의 정통주의 시대에도 신학은 지나치게 사변적인 성향을 띠는 바람에 백성들에게 참신한 영적인 감동을 주지 못했습니다.

근세에 와서는 성경과 전통적인 기독교의 교리를 비판하는 합리주의에 근거하는 자유주의 신학으로 말미암아 신학과 목회 현장의 괴리는 더 크게 되었습니다. 자유주의 신학자인 슐라이어마허가 실천신학을 말하게 된 것도 그런 점을 실감했기 때문일 것입니다. 그런 점에서 실천신학은 유익하고 중요한 분야를 다루는 신학입니다만, 실천신학은 어디까지나 실천 문제를 연구하는 이론 신학임을 명심해야 합니다.

실천신학은 예배, 설교, 목회, 상담, 기독교 교육, 전도, 교회법, 교회행정, 교회성장 등 교회의 실제 생활과 관련된 주제들을 광범하게 다룹니다.

선교학(宣敎學)은 실천신학의 한 분야로 다루어 왔는데, 위대한 선교의 세기라는 19세기를 살아온 교회가 선교에 관심을 두게 되면서 20세기 후반에 이르러 선교학을 실천신학에서 독립된 분야로 말하게 되었습니다. 선교학에서는 선교역사, 선교신학, 인류학과 문화 및 종교 등, 선교의 대상이 되는 사람들이 속한 세계와 그들의 삶의 모든 것을 연구 대상으로 합니다.

이와 같이 실천신학과 선교학의 분야가 광범해지고 보니까 신학교의 교과과정에 많은 변화가 초래된 것입니다. 신학교에 따라서는 복음과 설교의 텍스트를 다루는 성경신학과 역사신학보다는 컨텍스트를 다루는 선교학을 포함하는 실천신학에 더 많은 비중을 두는 경향입니다. 성경비평을 수용하는 학교일수록 더욱 그런 경향을 보입니다.

118. 그밖에 신학을 또 어떻게 구분합니까?

위에서 언급한 바와 같이 신학교에서 교과과정으로 분류하고 있는 신학의 구분은 성경 말씀과 교회의 신앙을 총체적으로 다루는 구분입니다. 그밖에도 시대별로 구분하거나 시대적인 사상의 특징을 지칭하여 분류하는 구분이 있습니다. 예를 들면, 중세 신학, 종교개혁 신학, 현대신학 등은 시대별로 구분하는 개념입니다.

신학을 또한 사상의 내용이나 신학을 하는 태도 및 방법 혹은 신학자의 이름을 따라 지칭하기도 합니다. 중세 신학을 그 특징을 따라 스콜라 신학이라고도 합니다. 신학과 교회 운동을 그 특징을 따라 정통주의 신학, 청교도 신학, 경건주의 신학, 부흥신학, 자유주의 신학 혹은 보수 신학, 변증법 신학, 위기신학이라고 칭합니다. 신학자의 사상은 그 이름을 따라, 이를테면 루터 신학, 칼빈 신학 혹은 바르트 신학 등으로 칭합니다.

또한 사람들이 관심을 갖는 주제(主題)를 따라 구분하는 주제신학이 있습니다. 주제신학은 둘로 분류할 수 있습니다. 선교신학이나 계약신학은 성경이 말씀하는 주제를 다루는 반면에, 흑인신학, 여성신학, 정치신학, 해방신학, 토착화신학, 민중신학, 생태신학 등등은 우리가 사는 사회와 환경의 상황에서 야기되는 주제를 다룹니다. 그래서 이런 신학을 일반적으로 상황신학이라고 합니다.

보수적인 신자나 신학자는 성경이 말씀하는 주제를 다루는 선교신학 혹은 계약신학에 관심을 두는 반면에, 자유주의적이며 진보적인 신학자들은 우리가 사는 상황 속에서 만나는 현실 문제에 더 관심을 가집니다. 자유주의 신학자들은 성경을 종교와 생활을 위하여 필요한 경전(經典)으로 여기므로 현실의 문제를 조명하기 위해 성경을 주관적인 시각에서 해석하는 경향이 농후합니다. 그런데 보수적인 신학자들은 그들이 간과해 온 현실의 문제들을 성경 말씀에 비추어 재고하도록 도전을 받습니다.

119. 계시의존 사색이란 무슨 뜻입니까?

계시의존(啓示依存) 사색(思索)이란 신학적인 사색 방법을 일컫는 말입니다. 사람은 이성을 가졌으므로 합리적으로 사고하고 사색합니다. 사색이란 인생과 우주의 근원과 의미를, 그리고 아직 불분명한 이치를 합리적인 추론으로 추구하는 사고(思考) 활동을 가리키는 말입니다.

철학과 종교에서는 인간 자신의 논리를 따라 자율적으로 사색하며 구도(求道)합니다. 그래서 끝없이 진리를 찾아 헤맬 뿐입니다. 그러나 신학은 창조주 하나님께서 알려 주지 않으시면 우리 사람은 아무 것도 알 수 없음을 전제합니다. 하나님께서는 사람이 찾는 것과 사람을 향한 당신의 뜻을 성경에서 말씀하시므로, 실은 '계시의존 사색' 이라는 막연한 말보다는 '성경 말씀에 따르는 신학적인 사고와 사색' 이라는 말이 더 명확한 표현일 것입니다.

성경 말씀을 따라 사고하고 사색한다고 할 경우에도 우리는 사고 및 사색의 한계를 알아야 합니다. 이를테면, 우리가 일상생활에서 어떻게 살아야 하는지에 대한 윤리적인 지침에 관하여 성경은 일일이 다 말씀하지 않습니다. 그런 경우 우리는 성경 말씀에 근거하여 추론함으로써 하나님의 뜻을 분별할 수 있습니다.

그러나 하나님께서 영원 전부터 가지신 비밀한 작정과 계획 등은 우리가 사변함으로써 알아낼 수 있는 것이 아닙니다. 성경에서 말씀하시지 않는 하나님의 비밀을 알려고 사색하는 것은 월권이요 반역입니다. 철학적인 사색과 종교적인 구도 행각의 끝없는 방황에 빠져드는 것입니다. 이단들은 곧잘 창조의 원리와 하나님의 비밀한 계획을 성경에서 깨우쳤다면서 성도들을 미혹합니다.

우주와 인생의 궁극적인 진리에 대하여 우리는 하나님께서 성경을 통하여 말씀하시는 것만을 알 수 있습니다. 그러므로 신학적인 사고는 성경이 말씀하는 데까지 가고 말씀하지 않는 데서 멈추는 것입니다. 우리가 모색하는 것과 우리의 판단을 하나님의 무한한 지혜와 지식과 헤아릴 수 없는 판단에 맡기며 하나님께 영광과 찬송을 돌려야 합니다(로마서 11:33-36).

120. 성경 말씀의 해석 원리는 무엇입니까?

성경은 하나님의 감동으로 쓰인 하나님의 말씀입니다. 성경은 우리로 하여금 그리스도 예수 안에 있는 믿음으로 말미암아 구원에 이르는 지혜가 있게 하며, 교훈과 책망과 바르게 함과 의로 교육하기에 유익하므로 우리로 하여금 하나님의 사람으로 온전케 하며 모든 선한 일을 행하기에 온전케 하는 하나님의 말씀입니다(디모데후서 3:15-17).

어떤 설교자가 성경 말씀을 캐고 쪼개어 오묘함을 드러낸다면서 좋아하는 사람들이 있습니다. 그러나 성경은 하나님께서 우리에게 말씀을 믿음으로 받아들여 순종하라고 주신 것이지 사변(思辨)하라고 주신 것이 아닙니다. 하나님께서는 성경을 통하여 당신께서 천지와 만물을 지으시고 운행하시며 사람을 사랑하셔서 독생자 예수 그리스도를 주셨으므로 믿어 구원을 얻으라고 말씀하십니다. 그리고 믿는 자는 거룩하게 살도록 말씀하십니다. 우리는 성경을 경외함으로 대해야 합니다.

성경은 율법서, 역사, 시가, 잠언, 비유와 이야기, 편지 등 여러 문학의 형식으로 기록된 문서입니다. 성경 말씀의 단어 하나하나가 다 의미가 있고 귀합니다. 그러나 단어는 문장을 구성하는 것이고 문장들이 모여 메시지를 전달합니다. 그러므로 성경 말씀을 옳게 이해하기 위해서는 단어의 정확한 의미를 아는 것도 중요하지만 그보다는 전체의 대의를, 즉 말씀의 뜻과 요지를 이해하는 것이 더 중요합니다.

성경은 성경으로 해석해야 한다는 것이 교회가 지켜온 해석 원리입니다. 성경의 불분명한 부분은 더 분명한 성경 말씀으로 전체적인 대의를 생각하면서 해석해야 합니다. 또한 말씀을 직접 전달받던 당시의 사람들이 사용하던 언어의 의미도 알아야 하며, 그들이 살던 역사적인 배경과 상황도 충분히 고려해야 합니다. 그뿐 아니라, 교회 역사에서 말씀을 해석한 교부들과 신학자들의 해석을 배우고 충분히 참작해야 합니다. 그래야만 독선적이 아닌 보편타당한 이해를 기할 수 있습니다.

121. 풍유적 해석이란 무엇입니까?

영해(靈解)라고도 합니다. 교회 역사에서 교부들을 위시한 많은 이들이 성경 말씀을 풍유적으로 해석해 왔는데 '성경만으로'를 내세우며 성경의 권위를 회복하려던 종교 개혁자 루터와 칼빈은 풍유적인 해석을 지양하려고 했습니다. 왜냐하면 풍유적인 해석은 성경을 성경으로 해석하는 원리를 벗어나 주관적으로 해석하는 경향에 빠지기 때문입니다. 그렇다고 풍유적인 해석이면 다 불건전하다고 볼 수는 없습니다.

실은 성경에 풍유적인 해석을 요하는 부분이 많이 있으며, 성경 자체가 그런 해석을 하고 있는 부분이 있습니다. 예수님께서 말씀하신 많은 비유들은 풍유적인 해석을 요하는 이야기입니다. 씨 뿌리는 비유(마태복음 13:3-9)의 경우는 그 의미를 묻는 제자들에게 예수님께서 친히 풍유적인 해석으로 설명하십니다(마태복음13:18-23). 그밖에도 잔치에 초대하는 임금의 이야기(마태복음 22:1-14, 누가복음 20:9-18), 잃은 양을 찾는 목자의 비유(누가복음 15:3-7), 잃은 동전을 찾는 여자의 비유(누가복음 15:8-10)와 탕자의 비유(누가복음 15:11-32) 등이 그런 해석을 요하는 이야기입니다.

구약 성경에도 풍유적으로 해석해야 할 부분이 많이 있습니다. 예를 들면 전도서 11:1-11에 사람의 노쇠 현상을 묘사하는 비유가 그렇습니다. 에스겔서는 영해, 즉 풍유적으로 해석해야 할 말씀으로 가득합니다.

그러나 풍유적인 해석을 요하지 않는 성경 말씀을 풍유적으로 해석하는 것은 잘못입니다. 성경 말씀을 그 말씀이 쓰이게 된 역사적인 배경이나 문장 전후의 관계를 충분히 고려하지 않고, 신령한 의미를 취한다면서 임의로, 그리고 주관적으로 설명하면 잘못을 범하게 됩니다. 즉, 구약에서 말씀하는 제도나 사건의 역사성을 무시하고 말씀의 내용을 상징화하게 되며, 예수께서 사용하신 비유를 두고도 그 본래의 뜻을 파악하지 못하게 됩니다. 풍유적 해석은 성경의 각 책이나 문단 혹은 문장의 대의를 거시적으로 이해하기보다는 단어 하나하나를 해석하는 일에 집착할 때 빠지기 쉬운 해석입니다.

예를 들면, 선한 사마리아인의 비유(누가복음 10:25-37)는 "내 이웃이 누구입니까" 하고 묻는 질문에 "내 이웃", 즉 우리의 이웃은 우리의 도움을 필요로 하는 사람임을 가르치시는 예수 그리스도의 교훈입니다. 문장 관계를 보면 달리는 이해할 수 없습니다.

그런데 풍유적인 해석에서는 '사마리아 사람' 은 예수이고, '강도 만난 사람' 은 우리 죄인이요, '주막' 은 교회, '데나리온 둘' 은 구약과 신약 혹은 2000년, '돌아 올 때' 는 예수께서 재림하실 때를 의미한다는 등으로 자유분방하며 황당하게 해석합니다. 이웃 사랑의 실천을 강조하고 있는 본문을 기독론적으로 해석하는 것은 주님의 가르치심을 왜곡하는 것입니다.

영적인 해석임을 빙자하는 주관적인 풍유적 성경 해석은 말씀의 객관적인 권위를 떨어트립니다. 그러므로 풍유적인 해석을 두고도 그런 해석을 요하는 성경 말씀과 허락이 되지 않는 말씀을 분별하는 지혜가 우리에게는 필요합니다.

122. 모형론적 해석이란 무엇입니까?

모형론(typology)은 구약을 이해하는 해석법의 하나입니다. 구약의 제사와 제물 드림을 십자가에서 우리의 구속을 위하여 죽으신 그리스도의 모형이라고 보는 견해는 신약성경과 특히 히브리서가 말씀하는 것이므로 정당한 해석입니다. 이를테면, "율법은 장차 올 좋은 일의 그림자일 뿐이요 참 형상이 아니므로 해마다 늘 드리는 같은 제사로는 나아오는 자들을 언제나 온전하게 할 수 없느니라(히브리서 10:1)." "이것들은 장래 일의 그림자이나 몸은 그리스도의 것이니라."(골로새서

2:17) 하는 말씀들이 있습니다. 그러나 구약의 인물들과 역사적 사건들을 그리스도의 모형이라고 보는 해석은 옳은 해석이라고 할 수 없습니다.

로마서 4장에서는 아담과 예수 그리스도를 대칭으로 비교하면서 첫째 아담, 둘째 아담이라고 말합니다. 그러나 아담이 인류의 조상으로서 모든 인류를 대표한다는 의미에서 그리스도와 비교하지만 아담은 죄를 지어 모든 사람이 죄인이 되었으나 그리스도는 죄가 없으신 분으로 모든 인류를 대표하여 의를 행함으로써 믿는 자들을 구원하시므로 아담을 그리스도의 모형이라고 할 수는 없습니다.

구약의 인물들을 그리스도의 모형이라고 하는 해석을 많은 설교자들이 따르고 있습니다만 적절한 해석은 아닙니다. 그런 해석에 따르면, 아브라함, 이삭, 야곱, 요셉 등을 그리스도의 모형으로 봅니다. 믿음으로 산 족장들이나 구약의 대표적인 선지자 모세 등 신실한 사람들을 그렇게 보는 것은 그래도 좀 나은 편이지만, 하나님께 불순종하였으므로 눈까지 뽑힌 삼손을 그리스도의 모형이라고 설교하는 것은 말이 되지 않습니다.

삼손이 다곤 신전에서 건물을 받치고 있는 양 기둥을 쓰러트려 많은 불레셋 사람들을 죽이면서 자신도 죽은 사실을 두고 십자가상의 그리스도의 대속의 죽음에 비유하면서 삼손을 그리스도의 모형이라고 하는 것은 어이없는 성경 해석입니다. 모형론을 따르다 보면 풍유적 해석도 곁들여 이런 상식에 벗어난 잘못된 해석의 늪에 빠지게 됩니다.

히브리서 11장은 믿음으로 산 구약의 인물들에 관해서 말씀합니다만, 그들이 그리스도의 모형이라는 말씀은 없습니다. 그들은 그리스도에 대한 하나님의 약속들이 장차 이루어질 것을 멀리서 바라며 믿음으로 산 하나님의 백성들입니다. 약속의 성취를 보지 못한 구약의 성도들도 온갖 고난을 견디며 믿음과 소망 가운데 살았으므로, 약속의 성취, 즉 그리스도를 받은 우리는 그들 이상으로 믿음과 소망 가운데서 순종하는 삶을 살아야 한다고 말씀합니다(히브리서 11장; 12:1-17).

예수 그리스도께서는 영원 전부터 계시는 하나님의 아들이십니다. 신구약 시대의 성도들이 다 하나님의 거룩하심과 같이 거룩해야 하고 그리스도를 믿고 배우며 닮아가야 하는 제자입니다(레위기 11:45; 베드로전서 1:16).

구약의 제사 제도나 제물은 그리스도께서 죽으심으로 화목 제물이 되신 사실을 예표하는 모형입니다(히브리서 8:5; 10:1). 그러나 어떠한 인물도 그리스도의 인격이나 성품을 구현한 모형일 수는 없습니다.

123. 모형론적 해석과 풍유적인 해석이 어떻게 다릅니까?

제사 제도와 제물을 그리스도를 예표하는, 즉 미리 알리는 모형으로 보는 해석은 성경에 근거한 정당한 해석입니다. 구약 성경 가운데서 특히 레위기는 제사 제도에 관하여 말씀하는 책이므로 본문 해석에서 모든 제물을 예수 그리스도를 가리키는 상징으로 보는 것은 옳은 해석입니다. 그런데 레위기를 해석할 경우 제사 제도나 제물을 그리스도를 상징하는 모형으로 보되 어느 정도까지 영적으로 해석해도 좋은지에 대한 한계를 분명히 하지 않고 이를 넘어서 풍유적으로 해석할 경우가 많습니다.

단순히 제사 제도나 제물을 그리스도의 모형으로 볼 경우, 그것은 모형론의 범위를 벗어나지 않는 적법한 해석이지만, 제물의 속성이나 제물로 드리는 짐승의 부위까지도 모형에 속한 것으로 보아, 제물의 속성이 그리스도의 인격이나 성품이나 그리스도께서 당한 고난을 상징하는 것으로 해석하거나, 짐승의 몸 부위가 그리스도의 몸의 특정한 부분을 상징하는 것으로 해석한다면, 그것은 모형론의 범위를 넘어선 풍유적인 해석입니다.

예를 들어, 레위기 2장에서 짐승 아닌 곡물로 드리는 '소제'(素祭)도 짐승의 희생제와 마찬가지로 그리스도를 가리키는 모형이라고 하는 것은 모형론적인 옳은 해석입니다. 그러나 '소제' 는 그리스도께서 그의 모든 노력을 하나님께 바치신 데 대한 모형이라고 하며, '고운 가루' 는 곡식이 가루가 되도록 희생이 된 것 같은 그리스도의 노력에 비유하는 것이라고 해석하면 그것은 풍유적인 해석입니다.

레위기 2:14-16, "첫 이삭을 볶아 찧은 것으로 너의 소제를 삼되……"라는 말씀에서 '볶아 찧은 것' 은 그리스도의 수난을 상징한다고 해석하는 것 역시 그러합니다. 그러한 해석은 이미 모형론을 넘어선 풍유적 해석입니다. 이 말씀을 평이하게 해석하면, 빵을 주식으로 하는 문화권에서는 빵을 만들기 위해서는 곡식을 먼저 빻아 가루로 만드는 것이므로, 빵을 만들 준비가 된 곡식 가루를 제물로 가져와야 한다는 말씀으로 이해할 수 있습니다.

민수기 28:5-7에서 제물로 말씀하는 '고운 가루' 는 그리스도의 완전하신 인간성에 의하여 이루어진 노력과 순종에, '독주' 는 그의 기쁜 순종에 비유한다는 해석도 역시 풍유적인 해석입니다. 또한 '기름' 을 가리켜 성령을 비유한다는 해석은 전혀 적절하지 못한 해석입니다. 그리스도는 제물이 되셨지만, 성령은 그리스도와 함께 제물이 되신 것은 아니기 때문이다. 기름을 일반적으로 성령을 비유하는 것으로 이해하지만 여기서는 그럴 수 없습니다.

이 본문에서 고운 가루, 기름, 독주가 하나하나가 별개로 드리는 제물로 말씀하고 있지 않습니다. 기름은 고운 가루에 섞으라고 말씀하고 있으며, 독주는 제물로 드리는 어린양에 뿌리라고 말씀하고 있음에 유의해야 합니다. 이 말씀들을 오묘한 뜻을 찾지 않고 그냥 이해한다면, 고운 가루에 섞는 기름은 빵을 구울 때의 재료로 필요한 것이며, 어린양에게 붓는 독주는 고기 살을 부드럽게 하며 향과 맛을 내기 위하여 흔히 사용하는 재료입니다.

예수 그리스도를 가리켜 신약에, 특히 요한계시록에 '어린양' 혹은 '하나님의 어린양' 이라고 지칭하고 있는데, 어린양이 순한 동물이라고 하여 그것이 예수님의 성품을 닮았기 때문이라고 생각하면 잘못입니다. 하나님께 드리는 흠 없는 대표적인 짐승이라는 의미에서 그리스도의 제물되심을 상징하는 것입니다. 제물로 드린 짐승은 어린양 뿐 아니라 양, 소, 송아지, 비둘기 등이었으며, 심지어 염소도 제물로 드리는 짐승이었습니다.

풍유적인 성경 해석, 즉 영해는 교회 역사에서 초대 교회 교부들로부터 중세를 거쳐 오래 동안 전수되어온 성경 해석 방법입니다. 성경의 만전적 영감설 혹은 축자적 영감설을 믿는 이들이 성경의 낱말 한마디 한마디를 다 의미 있는 것으로 생각하고 그 의미를 묵상하자면 자연히 풍유적인 영해를 하게 마련입니다.

우리는 만전적 영감설 혹은 축자적 영감설은 적용하여 성경의 메시지 전체를 혹은 단어 하나하나까지 하나님께서 감동하셔서 하나님서 말씀하시는 메시지를 오류 없이 충분히 전하신다는 것을 믿습니다. 그러나 우리는 단어는 문장을 구성하는 요소이고 문장은 앞뒤로 서로 연결되어 사상이나 메시지를 표현하는 것이지, 단어 하나하나가 독립적으로 의미를 전달하는 것은 아님을 명심해야 합니다.

124. 계시의 점진적인 발전이란 무슨 말입니까?

하나님께서 인간에게 예수 그리스도께서 오실 것을 선지자들을 통하여 점차로 더 확실하게 약속하신 사실을 두고 계시의 점진적인 발전이라고 합니다.

그러나 계시의 점진적인 발전 혹은 계시의 점진성이란 말은 오해를 야기할 수 있는 표현입니다. 계시 자체가 역사의 진행에 따라 혹은 무슨 법칙에 따라 유기적으로 혹은 기계적으로 발전한다는 표현같이 들립니다. 이러한 표현은 진화론이나 19세기 자유주의 신학의 한 경향인 종교사학파에서 사용하는 표현이고 헤겔에게서도 듣는 표현입니다.

진화론은 생물이 저급한 단계에서 고급한 단계로 진화하게 되었다고 합니다. 진화론의 영향을 받은 종교사학파는 구약의 종교가 저급한 종교에서 고급한 종교로 발전하게 된 것이라고 말합니다. 헤겔은 역사의 발전은 정신(또는 영, Geist)이 정, 반, 합의 변증법적인 법칙에 따라 자신을 구현하는데서 이루어진다고 말합니다.

계시의 점진적인 발전이란 종교사학파의 견해에 동조하는 것이 전혀 아님에도 불구하고 점진적으로 발전하는 것으로 보는 틀은 유사합니다. 계시를 말할 때 우리는 계시가 어떤 법칙이나 원리를 따라 있게 되는 것이 아니고 인격적인 하나님께서 당신자신과 당신의 뜻을 우리 사람에게 필요에 따라 보여주시는 것임을 유의해야 합니다.

하나님께서는 구약에서 백성들의 반응에 따라 다시금 말씀하시고 새롭게 언약을 주셨습니다. 하나님의 말씀에 대한 백성들의 반응은, 다시 말하면, 이스라엘 백성의 삶의 역사는 '점진적인' 발전이나 퇴락으로 단순화해서 표현할 수 있는 그런 것이 아닙니다. 따라서 백성에게 보이신 하나님의 계시 역시 점진적인 발전이란 말로 표현할 수 없습니다. 그러므로 계시의 점진적인 발전이란 말은 적절한 표현일 수가 없습니다.

계시의 점진적인 발전이란 말이 그리스도에 대한 예언을 두고 하는 말이라고 하더라도 역시 적절하지 못한 표현이기는 마찬가지입니다.

125. 계시의 점진적인 발전이란 말이 왜 부적절한 개념입니까?

성경을 보면 하나님께서는 천지를 창조하실 때부터 사람에게 당신의 뜻을 나타내시고 그들이 땅위에서 살아가도록 충분한 은혜와 축복을 주셨습니다. 사람이 타락한 이후 하나님께서 주신 여인의 자손, 즉 그리스도에 대한 약속은 여러 선지자의 글 중에서도 특히 주전 8세기의 이사야 선지자의 글에서 보다 분명한 말씀으로 표현되고 있습니다. 그러나 한편 말라기 이후의 이스라엘 백성들은 하나님의 계시가 없이 오랜 기간의 신구약 중간 시대를 살아야 했습니다. 그러므로 계시의 점진적인 발전이란 말을 적용하는 것은 부적합합니다.

예수께서는 계시의 점진적인 발전의 최종 단계이거나 선지자들 가운데 한 분인 최종의 선지자이거나 보다 큰 선지자가 아니십니다. 그분은 계시의 점진적인 발전의 절정이 아니고 계시의 성취이시고 계시의 원천이시며 계시를 주시는 말씀이신 아들 하나님이십니다(요한복음 1:1-5; 누가복음 24:27; 요한복음 16:7-15).

그러므로 신학에서는 구약과 신약의 연속성(continuity)과 불연속성(discontinuity)을 말합니다. 구약의 제사 제도나 선지자의 예언은 다 그리스도의 오심에 대한 약속이요 그것을 가리키는 증언이었습니다. 계시의 점진적인 발전이란 말은 연속성을 주로 고려하게 만들므로 계시에 대한 적절한 표현이 못됩니다. 그리고 계시의 점진성은 신약성경을 넘어 현 교회 시대에도 계속된다는, 즉 교회 역사에서도 그대로 계속하고 발전한다는 주장을 낳게 만듭니다.

그러므로 하나님께서는 믿음의 족장과 선지자들에게는 그리스도를 기다리며 바라도록 계시를 주시며 사도들에게는 그리스도께서 선지자들을 통하여 예언하신 메시아이심을 증거하도록 성령을 통하여 필요한 대로 계시를 주신 것입니다.

126. 종교사학파의 견해가 왜 부당합니까?

종교의 발전을 진화론적으로 이해하는 종교사학파에서는 구약의 종교가 저급한 종교에서 고급한 종교로 발전하고, 드디어는 여호와를 믿는 유일신 종교로 발전한 것이라고 말합니다. 그러나 구약 성경을 보면 그렇게 설명할 수 있는 여지가 전혀 보이지 않습니다.

이스라엘 백성들은 구원의 하나님을 경험했음에도 불구하고 늘 자연신을 숭배하거나 우상을 섬기려는 성향을 가지고 있었습니다. 백성들은 틈만 있으면 우상숭배로 복귀하려고 하며 이방의 풍속을 좇으려고 합니다. 하나님께서는 선지자들을 통하여 이러한 백성들에게 경고하시고 징벌을 내리십니다(신명기 9:6-21; 12:29-31; 열왕기하 17:37-40 등등).

하나님께서는 개별적으로 부르신 소수의 선지자들을 통하여 백성들에게 창조주 하나님 곧 구원의 하나님의 신앙을 가르치시고 호소하시는 것임을 우리는 구약 성경에서 발견합니다. 성경의 윤리적인 계명과 교훈은 성경을 하나님의 말씀으로 믿는 사람이든 믿지 않는 사람이든, 모든 사람에게 규범이 되는 말씀이고 누구나 따라야 하는 말씀이며, 모든 사람을 심판하시는 말씀입니다. 여태껏 성경에서 가르치는 종교나 윤리 사상을 능가할 수 있는 가르침이 이스라엘 주변의 종교에서는 발견할 수 없음은 누구나 인정할 수밖에 없는 사실입니다.

성경이 말씀하는 종교나 윤리 사상이 유일하고 독특합니다. 그러므로 그것이 주변의 저급한 종교 사상의 영향을 받아 형성된 것이라는 설명은 도무지 받아들일 수 없습니다. 그러한 설명은 세계가 우연히 생성되었다는 유물론적인 세계관이나 생물이 저급한 원생동물에서부터 고급의 동물과 사람에 이르기까지 돌연변이를 일으키며 발전하게 되었다고 하는 진화론의 막연한 신념과 같은 것입니다.

종교사학파의 주장과 양식비평은 그러한 세계관과 방법론을 배경으로 하고 있습니다. 성경의 가치와 정경성(正經性)에 대한 설명은 성경이 하나님의 계시의 말씀임을 믿는데서만 가능합니다.

역사와 구원 역사

127. 성경에 나타난 역사의 동인(動因)은 무엇입니까?

역사 철학의 과제는 역사가 맹목적으로 순환하거나 진행되는 것이 아니고 어떤 원리에 따라 진행되는 것으로 간주하고 그 원리를 규명하려는 것입니다. 그러나 역사 철학은 창조주 하나님을 모르는 일반 종교와 철학이 가진 세계관의 한계를 벗어나지 못합니다. 인격을 가진 인간의 역사를 무인격의 자연에서 터득하는 원리로는 설명할 수 없습니다.

성경은 천지 만물과 함께 사람을 당신의 형상대로 지으신 하나님께서 사람들의 역사를 주관하시는 이심을 말씀합니다. 사람이 하나님께 불순종함으로 타락한 이후 사람은 하나님께서 지으신 생물을 보살피는 일을 저버리고 학대할 뿐 아니라 사람들 서로가 죄를 범하고 죽이며 전쟁하고 강자는 약자를 압제함으로써 자멸의 길을 걷게 되었습니다. 하나님의 뜻은 이런 사람들을 구원하는 것입니다.

구원의 길을 열어 보이기 위하여 하나님께서는 이스라엘을 하나님의 백성으로 선택하셨습니다. 그리고 그들에게 언약을 맺으시고 당신의 말씀에 순종하여 서로 사랑하면서 살도록 하셨습니다. 이스라엘 백성이 불순종함으로써 언약을 무효화하면 하나님께서는 새롭게 언약을 주셔서 생명의 길을 행하도록 하셨습니다. 그리하여 마침내는 독생자 예수 그리스도를 주셨습니다.

하나님께서도 이스라엘 아닌 소위 이방 백성들에게도 양심에 법을 주셔서 율법이 말하는 윤리를 지키게 하십니다(로마서 2:14-15). 이를 따르지 못하면 이스라엘 백성이든 아니든 사람은 누구나 차별 없이 심판을 받게 됩니다. 그러므로 사람의 범죄와 이를 징계하고 심판하시는 하나님의 공의로우신 간섭과 사람이 죄를 회개할 때 이를 용서하시는 하나님의 자비와 사랑이 역사의 진행을 결정하는 요인이 되는 것임을 성경은 말씀합니다.

구약 성경 전체가 이를 말씀합니다만, 이를테면, 요나서는 하나님께서 이방백성들도 사랑하시고 아끼신다는 것을 보여 줍니다. 그들이 죄를 범할 때 그 죄를 물으시고 그들을 징벌하시며 또한 회개할 때 구원을 베푸신다는 사실을 가르칩니다. 아모스서에 보면 하나님께서 이스라엘 백성과 주변의 백성들에게 똑 같이 죄를 물으십니다(아모스 1:2-2:19).

128. 구원역사란 무엇입니까?

인류의 역사는 하나님께서 사람을 창조하시면서부터 시작되었습니다. 사람은 하나님께 불순종하여 죄를 범함으로 말미암아 하나님을 떠나 죄 가운데 살게 되었습니다. 사람의 지배하에 놓인 자연과 피조물도 사람의 범죄로 인하여 저주를 받게 되었습니다(창세기 3:14-19: 7:1-4).

하나님께서는 자비와 사랑으로 관용하셔서 사람으로 하여금 악 조건 속에서도 자연의 혜택을 누리며 자연적인 삶을 살게 하십니다. 그것이 곧 하나님의 일반은총입니다. 사람들은 일반은총을 누리는 삶에서 진선미(眞善美)를 찾고 가치 있는 삶과 종교를 추구하며 문화를 창출합니다. 그러나 죄의 종노릇에서 벗어나지 못하는 사람들에게 범죄와 싸움과 전쟁은 끊이질 않습니다. 사람들의 이러한 복합적인 삶의 연속이 역사입니다.

구원역사(救援歷史) 혹은 구속사(救贖史)는 이러한 사람들을 죄로부터 정결하게 하시고 영원한 생명으로 구원하시려는 하나님의 계획과 일하심의 역사입니다. 하나님께서는 아브라함을 택하여 언약을 세우시고 그의 자손 이스라엘 백성을 하나님의 백성으로 선택하셨습니다. 이스라엘 백성에게 율법과 계명을 주셔서 하나님의 백성답게 거룩한 삶을 살도록 하시고 선지자들을 통하여 백성들에게 교훈과 경고를 주시며, 그들이 징계를 받을 때 고국 땅의 회복과 구원의 언약을 주셨습니다. 그리고 다윗의 자손 메시아를 통한 영원한 생명의 구원을 약속하셨습니다.

하나님께서는 이스라엘의 역사에 특별히 개입하시고 간섭하셨습니다. 이스라엘 민족의 역사에 하나님의 구원의 사역을 들어내셨습니다. 그러나 이스라엘의 민족사가 곧 구원의 역사는 아닙니다. 구약 시대의 이스라엘의 민족사는 구원 역사, 즉 하나님의 나라의 구현을 위한 통로요 장(場)이었습니다. 이스라엘 백성의 범죄와 불순종의 역사가, 이를 징계하시면서 구원을 약속하시는 하나님의 구원 역사, 즉 하나님의 나라와 일치하거나 거기에 포괄될 수는 없습니다. 이스라엘 역사가 곧 하나님의 구원 역사가 아닌 것은 신약 시대의 교회가 곧 하나님의 나라가 아닌 것이나 같습니다.

선지자들을 통하여 주신 하나님의 옛 언약은 예수 그리스도로 말미암아 성취됨과 동시에 이스라엘 민족사를 통하여 구원 역사가 구현되던 시대는 끝나고 이제는 그리스도로 말미암아 만백성이 하나님의 백성으로 부르심을 받아 구성하는 그리스도의 교회를 통하여 새 언약의 구원 역사가 전개됩니다. 새 언약의 구원 역사는 인류 역사의 종말에 그리스도께서 다시 오실 때 완결됩니다.

129. 구원 역사에서 기적은 어떤 의미가 있습니까?

구원역사는(救援歷史) 역사 속에 임하시는 하나님 나라의 역사, 즉 하나님께서 인간을 구원하시기 위하여 통치하시고 관여하시는 일의 역사입니다. 하나님께서는 백성들에게 선지자들을 통하여 당신의 뜻을 말씀으로 계시하기도 하시고 때로는 초자연적인 사건들, 즉 놀라운 일, 능력, 이적, 혹은 표적을 통하여 계시하심으로써 구원의 역사를 이루십니다.

하나님으로 말미암는 초자연적인 사건이 구약에 따르면 대부분의 경우 양면성을 지닙니다. 즉, 하나님의 능력과 기적이 이스라엘에게는 구원이었으나 대적하는 나라와 민족들에게는 재앙이요 멸망이었습니다(출애굽기 15:19-21). 출애굽사건, 여리고성과 가나안의 점령에서 경험한 놀라운 사건들이 모두 그러했습니다.

이스라엘 민족의 역사 속에서 하나님의 구원의 역사가 구현되는 구약 시대에 살던 이스라엘의 해방과 구원 및 생존이 동시대의 구체적인 압제자의 손에서 벗어나는 것이었으므로 전쟁을 할 경우에는 이겨야 했기 때문에 그러했습니다. 정치적인 메시아를 대망하는 유대인들은 민족사적인 구원관을 탈피하지 못한 것입니다.

그러나 만민에게 구원이 미치게 된 새 언약의 시대에는 사정이 달라졌습니다. 하나님의 기적은 만백성에게 복음이 되고 모든 생명을 살리는 기적입니다. 구약 시대에도 이스라엘이 적(敵)과는 관계없이 경험한 기적 가운데는 순전히 살리는 기적이 있었습니다. 즉, 만나와 메추라기, 반석의 생수 사건 등은 오직 생명을 살리는 기적이었으며, 에스겔이 환상으로 본 생명수 강은 죽은 개펄을 소생시키고 생물을 살리는 기적의 비전이었습니다(출애굽기 16장; 에스겔 47:1-12).

예수께서 행하신 기적은 그분이 그리스도이시고 그분으로 말미암아 하나님 나라가 임하시는 표적입니다. 아들 하나님께서 사람이 되신 성육(成肉)은 가장 큰 기적이며 그리스도의 부활 역시 그에 못지않은 큰 기적입니다. 부활하신 예수 그리스도는 모든 믿는 자에게 몸의 부활과 영원한 생명에 대한 약속과 보증이 되십니다. 그러므로 성경에 나타난 기적을, 예수께서 행하신 기적을 부인하는 것은 하나님께서 하시는 구원 역사를 모두 다 부인하는 것입니다.

130. 구약 시대에 언약 밖에 있는 백성은 다 버림을 받았습니까?

그렇지 않습니다. 구약성경은 야곱의 이야기에서부터는 이스라엘 백성의 역사, 즉 언약의 자손들의 역사를 다룹니다. 하나님께서는 이스라엘 백성을 모세를 통하여 이집트를 벗어나 가나안으로 행하는 도중 시내산에서 이스라엘 백성과 언약을 맺으셨습니다. 구약에서 민족들의 구도는 선민인 이스라엘과 비선민인 이방백성들로 이분화되고 있으며 이방백성들은 이스라엘의 적으로 묘사되고 있습니다.

모세 이후의 이스라엘의 역사는 선민으로서의 역사이며 모든 역사는 이스라엘을 중심으로 기록되고 있습니다. 대부분의 경우 이스라엘은 하나님의 약속을 받은 선민이고 나머지 백성은 하나님의 언약과는 거리가 먼 이방백성입니다.

창세기 16장에서 하갈의 고통을 들으시는 하나님, 하갈과 이스마엘이 곤경에 처해 있을 때 살길을 열어주시며 장래를 약속하시는 하나님께서는 언약의 백성 이스라엘 민족의 하나님이실 뿐 아니라 다른 이방 백성들도 돌보시는 하나님이신 것을 깨닫게 해 주십니다. 그러므로 지구상에 여러 종족과 우리 한민족을 포함하는 여러 민족들이 하나님의 일반은총을 누리며 살아 온 것입니다.

하나님께서는 이스라엘 백성을 선민이므로 특별히 사랑하셨으나 그렇지 않은 이방 백성들도 사랑하시는 하나님이십니다. 하나님께서는 이스라엘에게 베푸시는 관심 못지않게 이방 모든 백성에게도 관심을 베푸십니다.

아모스서 1장에 보면 하나님께서는 이스라엘 주변의 나라들을 그들의 서너 가지 죄로 인하여 하나님께서는 이스라엘 백성들을 징계하는 것과 같이 징계하시고 벌하신다고 말씀하십니다. 징벌은 같이 받으나, 이스라엘은 선지자를 통하여 징벌의 의미를 알지만, 주변 나라들은 그 의미를 모른다는 것이 다를 뿐입니다.

요나서를 보면 하나님께서는 요나를 보내어 니느웨성 백성들로 하여금 죄를 회개하고 하나님의 심판을 면하도록 촉구하십니다. 요나를 통하여 하나님의 임박한 심판의 말씀을 들은 니느웨 백성들이 회개하자 하나님께서는 노여움을 거두십니다. 니느웨 백성들의 회개는 하나님께 돌아오는 종교적인 회개는 아니고 도덕적인 죄를 뉘우치고 바르게 살겠다는 회개입니다.

131. 그러면 이방백성들에게는 일반은총만 있고 특별은총은 없습니까?

하나님께서 언약 밖에 있는 이방 백성들에게는 일반은총만 베푸시고 특별은총, 즉 하나님의 구원을 뜻을 알 수 있는 은총, 하나님을 알고 하나님을 경외하고 예배하는 은총은 전혀 베풀지 않으시고 닫으신 것은 아닙니다.

구약 성경에는 언약 밖에 있는 백성에게도 하나님께서 당신을 나타내 보이신 흔적을 볼 수 있습니다. 그런 사례가 흔한 것은 아니나 전혀 없는 것은 아닙니다. 욥기에 나오는 우스 땅의 욥은 이스라엘 백성이 아니었으며, 그를 위로하러 와서 하나님 앞에 죄를 회개하도록 촉구하며 욥과 주거니 받거니 토론을 벌인 사람들 역시 이스라엘 백성이 아니었습니다. 데만 사람 엘리바스와 수아 사람 빌닷과 나아마 사람 소발 역시 이스라엘 자손은 아니었습니다. 그리고 욥에게 신앙 면에서 결정적으로 도움을 준 람 족속 부스 사람 바라겔의 아들 엘리후 역시 그러합니다(욥기 32: 1 이하).

또한 이방인들도 이스라엘 백성이 사는 가나안에서 유대교로 개종하거나 혹은 하나님을 두려워하는 자로 살 수 있었습니다. 즉 하나님의 언약의 백성에 합류할 수 있었습니다. 예수 그리스도께서 탄생하셨을 때 찾아와 경배를 드린 동방의 박사들 역시 언약의 백성 아닌 이방 사람들이었습니다.

그들이 디아스포라, 즉 흩어진 유대인들을 통하여 예언서를 접하고 메시아의 오심을 기다리며 하나님의 구원을 갈망하게 되었을 것이라고 짐작할 수도 있겠습니다만, 혹시 욥기에서 볼 수 있는 그런 신앙의 전통에 속한 사람들이었을 수도 있다고 생각할 수 있습니다. 그러나 성경이 말씀하지 않으므로 자세한 사실은 모릅니다.

하나님께서는 아브라함을 택하시고 이삭과 야곱을 통하여 난 이스라엘 백성을 선민으로 택하시고 그들을 사랑하셔서 그들에게 율법과 계명을 주셔서 하나님의 거룩한 백성으로 말씀을 따라 순종하는 삶을 살도록 명하셨습니다. 그리고 그들이 순종하는 삶을 살지 못할 때 징계하시고 심판하시는 하나님이심을 나타내 보이셨습니다. 이스라엘이 죄를 범할 때 벌하시는 한편, 이스라엘 백성들의 조상 아브라함과 맺으신 옛 언약을 신실하게 지키시기 위하여 새 언약을 주시며 메시아를 약속하셨습니다.

하나님께서 이런 모든 역사의 과정에서 하나님께서는 이스라엘만 사랑하신 것은 아니었음을 우리는 상기해야 합니다. 하나님께서 이스라엘의 역사 가운데 당신의 뜻을 특별히 보이시는 동안 이방 백성을 구원하시려는 사랑과 열심을 병행하게 가지신 것이었습니다.

다시 말하면 이스라엘의 역사의 과정은 하나님께서 아브라함을 부르실 때 "땅의 모든 족속이 너로 인하여 복을 얻을 것이라"고 하신 그 말씀을 이루시기 위하여 이스라엘을 구원의 백성의 모델로 선택하여 당신의 구원의 경륜을 보이신 과정이었습니다. 그리고 하나님께서는 그것을 당신의 독생자 예수 그리스도를 보내셔서 성취하셨습니다.

예수 그리스도의 십자가와 부활의 역사와 그리스도 안에서 우리를 구원하시는 복음을 믿는 사람은 유대인이나 헬라인이나 동양 사람이나 서양 사람이나 아랍인이나 차별이 없이 누구나 다 하나님의 백성이 되고 하나님의 백성으로 사는 구원의 길을 주십니다.

그런데 이스라엘 백성들은 선민사상에 젖어 하나님을 자기들만을 위하는 하나님으로 생각했습니다. 요나는 그런 대표적인 사람이었습니다. 선민사상에 찌든 요나는 그 사명을 피해보려고 하다가 바다에 던짐을 받아 큰 고기에게 삼켜서 사흘 낮과 밤을 고기 뱃속에서 지내며 자신의 불순종을 회개하였습니다. 이방 나라의 수도 니느웨에 이르러 백성들에게 임박한 하나님의 심판을 전하고 회개를 촉구했습니다. 니느웨 백성들은 베옷을 입고 재를 무릅쓰고 회개했습니다. 드디어 하나님께서는 심판을 거두셨습니다.

132. 역사와 구원 역사를 어떻게 분별합니까?

유대인들이 구약 시대의 이스라엘의 민족사와 구원 역사를 분별하지 못했듯이 새 언약의 시대에 살게 된 그리스도인들도 역사와 구원 역사를 분별하지 못하는 경우가 허다합니다.

예수님의 승천을 앞두고, "이스라엘 나라를 회복할 때가 이때입니까?" 하고 제자들은 물었습니다. 역사와 구원 역사를 분별하지 못했기 때문입니다. 제자들은 오순절 강림 이후에 자신들이 이제는 역사와 구원 역사를 동일한 것으로 보던 잘못된 생각에서 깨어났습니다.

그들이 이제는 옛 언약의 시대에 사는 것이 아니고 새 언약의 시대에 살고 있음을 깨달았습니다. 복음이 유대인을 위한 것일 뿐 아니라 만백성을 위한 것임을 깨달았습니다. 그들은 오순절에 여러 나라 방언으로 설교를 했으면서도 그 사실을 깨닫는데 오랜 시간이 걸렸습니다. 고넬료의 가정에 성령께서 임하시는 것을 보고서야 비로소 깨달았습니다.

교회 역사에 보면 이런 깨달음이 또한 오래 가지 못했습니다. 기독교가 313년 종교의 자유를 얻고 380년에 마침내 로마 제국의 국교가 된 이후로 역사와 구원 역사를 인식하는 교회의 분별력이 흐려졌습니다. 로마 제국과 기독교를 구분하지 못했습니다. 다른 말로 하면, 세상 나라와 교회를 구분하지 못했으며, 또 교회와 하나님의 나라를 구별하지 못했습니다. 로마 제국이 멸망하게 되자 교회의 지도자들은 왜 하나님께서 기독교를 국교로 삼고 있는 나라를 이교도들에게 침공을 받아 멸망하게 내버려두시는가 하는 의문을 가졌습니다.

어거스틴의 「하나님의 도성」은 그런 의문에 대한 해답이었습니다. 로마는 망해도 복음은 더 널리 전파되고 교회는 더 굳건히 서며 하나님의 나라는 더 왕성하게 된다는 것이 어거스틴이 깨달은 것이었습니다. 하나님의 나라는 세상 나라의 운명에 좌우되지 않는다는 것이었습니다. 그의 진리 이해가 옳음이 입증되었습니다.

로마를 침공한 게르만들이 기독교를 받아들였습니다. 그 결과 게르만의 왕국들이 기독교 나라가 되었습니다. 그런데 신약의 진리, 즉 어거스틴이 오래 고민하고 사색한 끝에 터득한 진리를 사람들은 또 잊어버렸습니다.

예루살렘이 이슬람에게 점령된 지 오랜 세월이 지난 후의 일입니다. 기독교인들은 성지를 회복해야 한다면서 전쟁을 일으켰습니다.

역사와 구원 역사를 분별하지 못한 교회의 지도자들의 열심과 세상 나라의 왕들의 이해타산이 맞아 떨어져 예수 그리스도의 십자가, 사죄와 자기희생과 평화의 상징인 십자가를 전쟁을 위한 군대의 표장(標章)으로 내세우며 동방으로 이슬람을 공략하는 원정을 감행했습니다. 이를 십자군 운동이라고 하는데, 십자군은 11세기 말경부터 13세기 후반까지 7차례에 걸쳐 마치 구약에서 이스라엘 백성이 하나님의 이름을 높이기 위하여 주변의 나라와 전쟁을 치렀듯이 전쟁을 벌였습니다.

구약 시대에는 그래야 했습니다. 그러나 신약 시대에는 주님의 이름으로 할 수 없는 일을 감행한 것입니다. 만백성이 복음을 믿고 구원을 얻게 된 신약시대를 민족의 역사를 구원역사와 동일시하던 구약시대와 구별하지 못해서 그랬습니다.

오늘의 테러와의 전쟁을 기독교 나라로서 이슬람 나라를 응징하는 것이라고 생각하면 그것은 잘못입니다. 종교 전쟁, 즉 '성전(聖戰)' 이라는 말은 구약시대의 이야기지 신약 시대에는 할 수 없는 말입니다. 세대주의의 영향으로 많은 사람들이 오늘의 이스라엘의 운명에 하나님의 구원 역사의 성취가

달린 것처럼 생각합니다. 그러나 그것은 역사와 구원 역사를 혼동하는 분별없는 생각입니다.

기독교 안에서도 중세의 교황은 세상 권력까지 손에 넣으려고 했으며, 실제로 교회의 이름으로 권력을 행사했습니다. 문예부흥 때만 하더라도 교황청에 바치기로 한 돈을 내지 않는 소왕국이 있으면 교황이 갑옷을 입고 군대를 진두지휘하여 그런 나라를 공략함으로써 응징했습니다. 그것은 역사와 구원 역사를 분별하지 못하고 구약의 시대와 신약의 시대를 구별하지 못하는데서 행한 처사입니다.

하나님의 구원 역사는 구약 시대와 신약 시대에 걸쳐 동일하면서도 다른 점이 많이 있습니다. 구약의 제사 제도는 그리스도께서 제물이 되심으로 성취됨과 동시에 폐지되었습니다. 구원의 복음이 이제는 만민을 위한 것이 되었으므로 정결의 법 또한 폐기되었습니다.

"이스라엘 나라를 회복하심이 이때입니까"(사도행전 1:6) 하는 제자들의 물음에 예수께서는 말씀하십니다.

"때와 기한은 아버지께서 자기의 권한에 두셨으니 너희가 알바가 아니요 오직 성령이 너희에 임하시면 너희가 권능을 받고 예루살렘과 사마리아와 땅 끝까지 이르러 내 증인 되리라"(사도행전 1:7-8) 고 하셨습니다. 하나님의 구원 역사를 알리는 선교의 사명은 사도들 뿐 아니라 모든 성도들에게 주신 것입니다. 그것은 구약의 성도들에게는 주어지지 않았던 것으로 신약의 성도들이 향유하는 귀한 사명이요 특권입니다.

이스라엘 백성은 나면서부터 하나님의 백성이므로 자신들이 선민임을 자랑하고 그것을 지키면 그만이었습니다. 그러나 하나님의 넓은 사랑과 은총으로 구원 역사에 참여한 신약의 성도들은 감격과 두려움과 떨림으로 우리의 구원을 감사하며 만민에게 미치는 구원의 복음을 전하는 특권을 향유합니다. "너희는 먼저 그의 나라와 그 의를 구하라"(마태복음 6:33)는 예수 그리스도의 말씀을 좇으며 삽니다.

역사만 아는 사람들에게는 역사의 종말은 사람들의 행사에 대한 심판이요 지구의 멸망이며 파탄입니다. 그러나 역사와 함께 하나님의 구원 역사를 아는 우리 그리스도인들에게는 역사의 종말은 곧 구원 역사의 완성입니다. 예수께서 약속하신대로 다시 오실 때 그의 오심과 더불어 새 하늘과 새 땅이 임하는 것을 바라며 기다리는 것은 그리스도인의 복이요 특권입니다.

133. 기독교의 종말신앙의 특이한 점은 무엇입니까?

그리스도의 교회는 성경이 가르치는 대로, 또한 사도신경과 니케아 신경이 고백하는 대로, 세상의 종말이 있음을 믿습니다. 마지막 날에 그리스도께서 재림하셔서 산 자와 죽은 자를 심판하실 것을 믿으며, 믿는 자는 영원한 구원으로, 믿지 않는 자는 영원한 형벌로 심판하실 것을 믿습니다. 역사의 종말과 그리스도의 재림을 믿는 것, 그것이 기독교 종말 신앙의 특징입니다. 그리고 역사의 종말에 그리스도의 재림을 전후로 하여 천년왕국이 있을 것이라는 견해가 있는가 하면 그렇지 않다는 견해가 있습니다.

요한계시록 20장 1-4절에 기록된 천년의 기간을 상징적으로 이해하는 이들은 천년의 기간이 없다는 무천년설을 말하는 반면에, 구체적인 것으로 보는 이들은 천년왕국설을 말합니다. 그리스도의 재림이 천년왕국 이전에 있다는 견해가 전천년설이고, 이후에 있다는 견해가 후천년설입니다.

초대교회의 교부들 가운데 대다수가, 특히 동방교회의 교부들이 천년왕국을 믿었습니다. 그러나 천년기를 상징적으로 본 어거스틴 이후의 중세 교회는 그리스도의 재림 이후 천년왕국이 있다고 믿는 신앙을 정죄했습니다. 그리하여 천년왕국 신앙은 신령주의 그룹들과 민중의 신앙으로 잠적하여 전수되면서 12세기 초부터 16세기까지 때로는 시한부 종말론 운동 혹은 폭력을 동반한 과격한 종말신앙 운동을 낳기도 했습니다.

루터와 칼빈은 어거스틴과 견해를 같이하면서 천년왕국 신앙을 배격했습니다. 루터교와 개혁주의 교회의 신앙고백서들은 종말론을 두고는 루터와 칼빈의 견해를 따르고 있습니다.

개혁주의 신학자들의 대다수가 무천년설을 말하는 반면에, 신령주의적인 경건주의, 세대주의, 부흥주의 신앙을 가진 이들은 천년설을 말합니다. 한국 교회가 주로 전천년설을 믿고 있는 것은 후자의 영향을 받았기 때문입니다.

134. 그리스도인은 역사의식을 가져야 합니까?

창조주 하나님을 믿는 사람은 시간과 공간의 세계를 지으신 하나님께서 만물을 운행하시며 인류의 역사를 주관하시는 것을 믿습니다. 이런 믿음을 가진 하나님의 백성이라야 옳은 역사의식을 가지게 됩니다. 다니엘서 2장에 보면, 바벨론 왕 느부갓네살이 왕위에 있은 지 2년에 꿈을 꾸고는 잊어버렸습니다.

그런데 다니엘이 그 꿈을 알아내고 그 뜻을 풀이했습니다. 왕이 꿈에 본 것은 큰 우상이었습니다. 그것은 느부갓네살 이후 제국들의 역사와 종말을 상징하는 것이었습니다. 우상의 머리는 정금이고 가슴과 팔은 은, 배와 넓적다리는 놋, 종아리는 철이고 발은 철과 진흙이 섞인 것인데 사람의 손에 의하지 아니한 돌이 날아와 우상을 다 부수어 버리는 광경을 본 것입니다.

느부갓네살이 전에 없었던 권력과 영광을 누리고 있지만,

그의 뒤로 그보다는 못한 다른 나라가 일어나고 또 그 뒤를 이어 나라들이 일어난다는 뜻이었습니다. 먼저 있던 나라를 쳐부수고 새로운 나라들이 일어나지만 종국에는 세상 나라들은 다 멸망하고 영원히 멸망하지 않는 하나님의 나라가 세월질 것을 보여주시는 꿈이었습니다. 하나님께서 역사를 주관하신다는 것을 보여 주시고 왕이 누리는 권세와 영광이 오래 가지 못한다는 것을 알려주시는 꿈이었습니다.

느부갓네살은 역사의 미래를 알게 된 왕답지 않게 금으로 우상을 만들어 백성들로 하여금 거기 절하게 했습니다. 권력자들은 역사를 이루는 역할을 맡은 사람들입니다. 그러나 그들은 대체로 역사에 별로 관심이 없습니다. 설사 있다고 하더라도 자신이 무슨 업적을 쌓아 역사에 오래 기억되는 사람이 되고 싶다는 생각을 하기가 일쑤입니다. 그것은 바벨탑을 쌓던 사람들이 가졌던 부질없고 하나님 보시기에 가증스런 욕망이지 역사의식은 아닙니다. 그런 야망 때문에 일을 저지르거나 그르칠 경우가 많습니다. 정복자가 되고 독재자가 되어 사람들을 억압하거나 도탄에 빠트리기가 일쑤입니다.

역사에 관심을 두고 역사의 뜻을 묻는 사람들은 정복하고 다스리는 권력자나 정복자 혹은 그 통치 아래 있는 민족보다는 압제 당하는 사람들, 곤경에 청해 있는 사람들이 역사의 의미를 묻고 역사가 어떻게 진행될 것인지에 관심을 가집니다. 현재에 그들이 처해 있는 압제와 고난을 벗어나 새로운 세상의 도래를 바라는 데에서 역사에 대한 관심을 가집니다.

그러나 역사에 관심을 둔다고 하여 누구나 다 역사의 의미를 아는 것은 아닙니다. 시간과 공간의 세계를 창조하신 전능하신 하나님을, 역사를 주관하시는 하나님을 알지 못한다면 아무도 역사의 시작과 종말에 관하여 진정으로 알지 못합니다. 창조주 하나님을 알지 못하면 헬라인들이나 옛날 게르만들이나 혹은 이스라엘 주변 나라 사람들처럼 역사를 그저 운명으로 알거나, 아니면 수레바퀴처럼 돌고 도는 것이라는 순환적인 역사관을 가질 뿐입니다.

인류 역사에서 역사의 의미를 가장 많이 묻고 역사에 관하여 가장 많이 말한 사람들이 있습니다. 구약의 선지자들입니다. 그들이 계시를 통하여 알게 된 하나님은 천지를 창조하신 하나님이시요 이스라엘 백성을 이집트에서 구원하셔서 당신의 백성으로 삼으신 하나님이시며, 당신의 뜻을 말씀을 통하여 나타내실 뿐 아니라 역사를 통하여 나타내시는 하나님이십니다.

구약 성경의 여러 책을 우리말로는 보통 넷으로 분류합니다. 첫 다섯 권이 모세 오경입니다. 그리고 여호수아, 사사기, 사무엘 상하, 열왕기상하를 역사서라고 합니다. 그리고 선지서와 시가서로 분류합니다.

그런데 히브리어 성경에는 우리가 역사서라고 하는 책들을 전선지서라고 하고 선지서는 후선지서라고 부릅니다. 구약에서는 역사가 곧 하나님의 뜻을 알리는 선지서라는 뜻입니다. 다른 말로 하면, 선지자가 하는 일이 하나님께서 직접 하신 말씀만 기록한 것이 아니고 하나님께서 다스리시는 역사, 하나님께서 당신의 뜻을 계시하시는 역사도 기록한 것이라는 뜻입니다.

선지자들은 이스라엘에 닥쳐오는 전운을 보고, 이스라엘과 유다가 강대국에서 짓밟힐 것을 내다보았습니다. 아니 그런 계시를 받고, 택한 백성이 왜 그렇게 당해야 하는지를 묻습니다. 이사야, 예레미아, 에스겔, 아모스, 하박국, 말라기 등 선지자들이 하나님의 백성이 믿지 않으며 교만하고 포악한 통치자와 정복자에게 압제를 당하게 될 것을 미리 알고는 왜 그런 고난을 당해야 하는지 고민하고 전율하며 울부짖으면서 하나님께 호소하는 한편, 징계에 대한 경고와 하나님께서 알리시는 구원에 대한 복음을 백성에게 전했습니다.

하나님께서 느부갓네살에게 보이신 역사의 환상만 하더라도 왕을 위해서보다는 다니엘을 위해 보여 주신 것입니다. 포로로 이주하게 된 하나님의 백성들의 귀향과 예루살렘 성의 수복과 성전의 수축을 위하여 하루 세 번씩 기도하는 다니엘에게 하나님께서는 당신께서 역사를 주관하시는 하나님이심을 다시금 상기시켜 주신 것입니다. 바벨론의 포로 생활에서 벗어날 날이, 예루살렘으로 귀환할 날이 머지않은 것을 보여 주신 것입니다.

그리고 그것은 곧 하나님의 구원을 바라는 하나님의 백성들을 위하여 주신 것입니다. 예수 그리스도께서 다시 오심을 바라고 이 세상에서 신앙을 지키기 위하여 때로는 핍박과 고난을 감수하는 그리스도인들을 위하여 주신 것입니다. 이 세상에서 나그네와 같이 사는 그리스도인들로 하여금 새 하늘과 새 땅에서 그리스도를 영원히 모시고 사는 것을 소망하도록 보여 주신 예언의 환상입니다.

135. 한국 그리스도인은 어떤 역사의식을 가져야 합니까?

우리 민족은 역사에서 외세의 침략을 많이 받아 왔습니다. 특히 19세기 말경부터 열강의 식민 세력 팽창의 각축지가 되면서 고난의 역사를 살게 되었습니다. 1905년에는 나라가 외교권을 박탈당함으로 말미암아 독립한 나라로서의 주권을 상실했습니다. 1910년 우리나라가 치욕스럽게도 일본에 합병되면서부터 1945년까지 온 민족이 포로 생활을 하듯이 일제의 압제 하에 살아야 했습니다. 수탈을 당하고 이름까지 바꾸면서 말할 수 없는 수모를 겪었습니다. 해방이 된 지 반세기를 지났는데도 우리는 분단국 민족으로 살고 있습니다.

그러나 고난의 어두운 역사를 살면서 역사의 의미를 물으며 여명을 기다리던 우리 민족이 얻은 선물이 있습니다. 그리스도의 복음입니다. 주변의 어느 나라나 민족보다도 풍성하게 복음의 축복을 받았습니다. 이 땅 위에 많은 교회가 서고 하나님의 나라가 임하시기를 기도하는 성도들, 하나님의 백성들이 그 어느 이웃 나라보다도 많이 생겼습니다. 고난의 역사를 살아왔으므로 한국에서는 오늘과 같이 많은 사람들이 그리스도인이 된 것입니다.

우리 그리스도인은 이 땅 위에 있으나 우리의 시민권은 하늘에 있는 것을 기뻐하며 사는 하나님의 백성입니다. 바꾸어 말하면, 우리는 하늘나라의 시민권을 가진 사람이지만, 이 땅 위에 대한민국의 시민으로 삽니다. 우리의 생명이 그리스도로 말미암아 영원히 사는 생명을 덧입게 될 것이므로 귀하듯이 장차 하나님 나라를 유업으로 받을 하나님의 자녀로서 그 나라를 바라며 살도록 부여받은 이 땅이 귀하고 내가 사는 나라가 귀합니다. 그리고 더불어 사는 겨레가 귀합니다. 우리가 사는 이 강산과 이 나라는 하나님께서 우리 조상들을 통하여 주신 자연 은총의 선물입니다.

역사의 주인이신 하나님, 이 세상을 인류에게 삶의 터전으로 주셨으나 마침내는 그리스도 안에서 세상 나라들을 심판하시는 하나님, 그 하나님께서 마침내는 당신을 믿는 백성을 온전히 다스리실 그 날을 우리 그리스도인들은 바라봅니다.

우리 그리스도인들은 이러한 역사의식을 가졌으므로 역사에 더 적극적으로 참여하는 삶을 살아야 합니다. 우리가 사는 이 나라는 하나님께서 우리에게 주시는 자연 은총의 축복을 누리며 사는 한편, 겨레를 구원의 역사에 참여하도록 안내하고 인도하는 삶을 사는 터전입니다. 아니 더 나아가서 이웃 나라의 백성들도 구원으로 부르기 위하여 선교사를 보내는 본거지입니다. 복음은 민족들로 하여금 화해와 평화를 도모하게 만듭니다. 복음을 통하여 민족들이 하나님의 나라 건설에 참여하게 됩니다.

III
신학의 논리

136. 인간의 논리에 한계가 있음을 인정합니까?

설교가 우리의 마음에 호소하는 반면에 신학은 우리의 지성에 호소하는 것이라면 신학은 논리를 갖춘 학(學)입니다. 신학이 논리성을 결여하면 학(學)으로 성립될 수 없습니다. 그러나 신학의 논리는 일반 학문의 논리와 다른 점이 있습니다. 신학이 일반은총의 영역에 속하는 주제, 즉 자연현상이나 사람들의 생활이나 윤리를 다루는 한 일반적인 논리에 충실해야 합니다.

그러나 특별은총의 영역, 즉 종교적인 주제를 다룰 때는 일반적인 논리만을 따를 수 없습니다. 기독교의 종교는 사색함으로 접근하는 것이 아니고 하나님의 말씀을 듣고 따름으로 신앙하는 것이기 때문입니다.

하나님의 말씀에 접할 때 우리는 하나님의 뜻을 이해하고 그 뜻에 합하는 사고를 하기 위하여 우리 나름의 사고를 정지하고 하나님의 말씀을 받아들여야 합니다. 다시 말하면, 우리의 논리에 하나님의 논리를 받아들여 하나님의 논리에 따르는 사고를 해야 합니다. 그 작업을 하는 것이 곧 신학입니다. 하나님께서는 성경에서 하나님의 논리와 우리의 논리 사이에는 얼마나 큰 격차가 있는지를 이렇게 말씀하십니다.

> "내 생각은 너희 생각과 다르며 내 길은 너희 길과 다름이니라 여호와의 말씀이니라. 이는 하늘이 땅보다 높음 같이 내 길은 너희의 길보다 높으며 내 생각은 너희의 생각보다 높음이니라(이사야 55:8, 9)."

진리 문제를 두고 우리는 "예"와 "아니요"를 분명히 해야 합니다. 그렇게 분명히 가리는 것을 두고 흑백논리라고도 합니다. 그러나 정치, 사회, 가정에 관련된 문제들을 두고 논할 때 흑백논리로 설명이 다 되는 것은 아닙니다. 신학에는 더욱 그렇습니다. 신학에서 흑백논리가 적용되어야 하는 경우와 그렇지 않은 경우가 있음을 잘 분별해야 합니다.

137. 신학의 논리는 흑백논리가 아닙니까?

기독교와 다른 종교를 논할 때는 물론 흑백논리가 적용됩니다. 예수 그리스도는 길이요 진리요 생명이십니다. 그리스도 밖에서는 아무도 하나님께 이를 수가 없습니다(요한복음 14:6). 하나님께서 예수밖에는 천하의 인간에 구원을 얻을만한 다른 이름을 우리에게 주신 일이 없다고 성경은 말씀합니다(사도행전 4:12). 이를 인정하지 않으면 모든 종교에 다 구원의 길이 있다고 말하는 종교다원주의로 빠지게 됩니다.

그러나 종교가 가르치는 윤리적인 면을 두고 말할 때는 상황이 다릅니다. 기독교 윤리만이 옳다고 말하거나 다른 종교가 가르치는 윤리는 보잘것없다고 말하는 것은 잘못입니다. 하나님께서는 도덕률을 사람들 마음에 심어주셨으며, 그것은 누구나 누리는 일반은총의 질서에 속하기 때문입니다.

종교적인 문제를 두고도 교리를 논할 때 어떤 교리냐에 따라 우리는 이해를 달리해야 합니다. 삼위일체 교리를 부정하는 자나 예수께서 구세주이심을 부인하는 자, 그리고 그런 가르침을 좇는 무리나 시한부 종말론을 말하거나 예수를 사칭하는 자는 적그리스도요 이단입니다.

그러나 교회를 논할 때는 신중해야 합니다. 성경은 교회가 어떠해야 함을 구체적으로 가르치지 않으므로 교회는 역사적인 상황에 따라 그 조직이나 치리 형태를 달리하면서 발전해 왔습니다. 그러므로 기독교 안에 있는 교파를 논할 경우, 다른 조직이나 치리 형태도 존중해야지 내가 속한 교파만이 진리의 길을 가고 다른 교파들은 그렇지 않다고 말하는 것은 옳지 않습니다.

이를테면, 종말론에서 말하는 천년왕국에 대한 견해의 차이는 요한계시록 20장 1-6절의 말씀을 어떻게 이해하느냐에 달려 있습니다. 그 말씀을 문자적으로 이해하는 것과 상징적으로 이해하는 것 그 어느 것이 옳다고 객관적으로 밝힐 수는 없습니다. 그리고 그것은 구원문제와는 직접 관련되는 것도 아니므로 어느 것이나 허용될 수 있습니다.

138. 하나님의 은혜는 상식을 초월한다는데, 무슨 말입니까?

사람은 '예'와 '아니오'를 분명히 해야 합니다. 참과 거짓의 타협은 있을 수 없습니다. 하나님께서 주신 계명과 율법은 엄격하므로 율법을 어기면 죄를 범한 것이 됩니다. 그리고 죄를 범한 사람은 심판을 받게 됩니다. 옳고 그름을 판단하는 데 조금도 허술함이나 여유를 보이지 않고 잘못된 것은 버리고 옳은 것을 선택해야 합니다.

그러나 어떤 사항을 두고 늘 찬반으로 택일하는 것만이 옳은 것은 아닙니다. 왜냐하면 예수 그리스도 안에 나타나신 하나님의 사랑은 법을 초월하기 때문입니다. 하나님께서 법에 따르면 마땅히 죽을 수밖에 없는 우리를 하나님의 독생자 예수 그리스도를 믿을 때 우리를 의롭다고 여겨 주셔서 우리를 살리시기 때문입니다.

우리는 갚기에는 전혀 불가능한 빚을 탕감 받듯이 하나님의 사랑과 자비로 그리스도 안에서 죄 사함을 받았습니다. 그러므로 우리가 법에 따라서 형제와 이웃을 판단하는 것이 다가 아닙니다. 그리스도인은 형제와 이웃을 용서할 수 있으며 관용할 수 있어야 합니다(마태복음 18:21-35). 우리는 일들을 어려움을 당하고 있는 당사자의 입장에서 볼 수 있어야 합니다.

예수께서 천국에 관하여 가르치시면서 포도원 비유를 말씀하셨습니다. 아침 일찍 들어와서 하루 종일 일한 사람이나 하루 일이 끝나기 전 한 시간 전에 들어온 사람이나 주인은 각자에게 한 데나리온의 품삯을 주었다는 비유를 하시면서 천국이 이와 같다고 하셨습니다(마태복음 20:1-16). 주인은 각자에게 일을 얼마나 했느냐에 관계없이 하루의 생계비를 지불했습니다.

이 천국의 비유는 성과급이니 논공행상을 논하는 우리의 상식과 논리를 초월하는 것입니다. 죄인을 용서하시고 은혜를 베푸시는 하나님의 자비와 사랑은 우리의 논리를 초월하는 것입니다.

139. 사랑의 법을 따르는 것이 무엇입니까?

그리스도를 섬기는 방도는 하나만 있는 것이 아닙니다. 빌립보서의 말씀처럼 나와는 다른 생각을 가졌고 다른 견지에 있는 사람에게도 주를 섬기는 길은 열려 있음을 인식해야 합니다(빌립보서 1:15-18).

우리는 하나님 앞에서 모두가 죄를 범한 죄인입니다. 우리의 죄가 법에 따라 다스려진다면 우리는 다 죽을 수밖에 없는 죄인입니다. 예수께 붙잡혀 온 여자는 간음죄로 인하여 율법에 따르면 돌에 맞아 죽어 마땅한 여자였습니다. 예수께서 어떻게 대처하시는지 시험하려던 사람들에게 주께서는 죄 없는 자가 먼저 치라는 말씀으로 돌을 맞게 되어 있는 여자에게 면할 길을 열어 주셨습니다(요한복음 8:1-11).

성경은 흑백논리를 초월하는 사랑의 논리를 보여 줍니다. 여리고 성의 기생 라합이 이스라엘의 정탐꾼을 살려 보내 준 일을 두고 라합이 정탐꾼을 살려 준 것은 잘한 일이지만 추적하는 병사들에게 거짓말을 한 그 자체는 잘못한 것이라고 말하는 사람들이 있습니다. 그러나 그것은 옳지 않습니다. 자신이 위해(危害)를 당하거나 죽임을 당할 것을 두려워하지 않고 생명의 위협을 당하는 사람이나 동물을 살리려고 숨겨주는 것은 사람이 가진 선한 본능, 즉 사랑이 있어서 할 수 있는 고귀한 행위입니다.

라합이 고지식하게 정탐꾼을 숨긴 곳을 일러 바쳤다면 그는 하나님의 백성을 죽음에 내어 주어 하나님의 뜻을 저버리는 큰 죄를 범한 결과가 되었을 것입니다. 라합은 이스라엘의 정탐꾼을 숨겨줌으로써 실은 동족과 여리고 성을 배신했습니다. 그러나 그것이 하나님 앞에는 의로운 행위였습니다. 선하신 하나님이 곧 법의 규범입니다.

야곱의 경우, 그는 아버지를 속임으로써 축복을 받았습니다. 하나님의 축복을 갈구하는 것은 선한 일이나 아버지를 속인 것은 큰 죄이므로 그가 살면서 인과응보의 벌을 받은 것이라고 흔히 말합니다. 정말 그렇습니까? 성경은 그런 일에 관하여 일체 말씀하지 않습니다. 왜 그렇습니까?

140. 종교는 윤리에 우선한다는데, 그렇습니까?

기독교에서 십계명에 밝히 말씀하는 바와 같이 종교와 윤리는 불가분의 관계로 하나입니다. 즉 하나님을 사랑하고 이웃을 사랑해야 함을 가르칩니다. 그러나 첫째는 하나님을 사랑해야 하고 둘째는 이웃을 사랑해야 한다고 말씀하십니다. 즉 종교는 윤리에 선행한다는 말씀입니다. 그런 뜻에서 성경은 야곱의 행위를 죄라고 규정하지 않습니다. 예수께서도 사람이

취사선택을 해야 하는 경우에는 윤리보다는 먼저 종교를, 즉 이웃 사랑보다는 하나님 사랑을 택하라고 말씀하십니다.

> "아버지나 어머니를 나보다 더 사랑하는 자는 내게 합당하지 아니하고 아들이나 딸을 나보다 더 사랑하는 자도 내게 합당하지 아니하며……(마태복음 10:37)."

그러나 이미 하나님을 선택하여 하나님의 백성이 된 사람은 종교를 빙자하여 윤리를 소홀히 할 수 없습니다. 윤리적인 계명을 어기는 것은 곧 종교적인 계명을 어기는 것이기 때문입니다. 하나님을 섬긴다면서 부모를 소홀히 하는 것은 하나님의 계명을 거역하는 것이라고 예수께서는 경고하십니다(마가복음 7:8- 13).

성경은 또한 사소한 문제를 두고 자기 기준에서 남을 판단하는 것을 금합니다. 이를테면 우상에게 바쳤던 것으로 의심할 수 있는 음식을 먹는 문제를 두고 모든 것을 먹을 만한 믿음이 있는 자는 먹지 않는 연약한 자를 업신여기지 말고, 먹지 못하는 자는 먹는 자를 판단하지 말라고 말씀합니다(로마서 14:1-3). 그러면서 또한 자신이 강하다고 생각하는 자는 마땅히 연약한 자의 약점을 담당하고 그들의 마음의 평안을 먼저 생각해야 한다고 말씀합니다.

바울은 약한 형제를 위해서는 자기의 합법적인 권리를 포기할 것이라고 말합니다. "그러므로 만일 음식이 내 형제로 실족하게 한다면 나는 영원히 고기를 먹지 아니하여 내 형제를 실족하지 않게 하리라(고린도전서 8:13; 로마서 14:19-21).”

141. 질병과 재난은 죄 값입니까?

사람이 병들고 죽는 것은 죄 값으로 인한 것입니다. 고난, 재앙, 죽음이 다 첫 사람 아담이 죄를 범함으로 말미암아 있게 되었기 때문입니다(로마서 5:12; 야고보서 1:15). 그러나 사람이 병들거나 재난을 당한 것을 두고 구체적으로 특정한 죄 때문이라고 말할 수는 없습니다. 날 때부터 장님 된 사람을 두고 제자들은 그 사람이 장님이 된 것이 자기 제 때문인지, 아니면 부모의 죄 때문인지 질문했습니다. 예수께서는 그 사람이 눈먼 것이 당사자나 부모의 죄 때문이 아니고 하나님께서 그를 통하여 영광을 받으시려고 그로 하여금 소경이 되게 하셨다고 말씀하십니다(요한복음 9:2-3).

그러나 예수께서 중풍병자를 고치시면서 그에게 죄 사함을 받았다고 선언하신 것을 보면, 주께서 죄와 병의 인과관계를 인정하시는 것 같습니다(마가복음 3-12). 예수님은 하나님의 아들이시므로 그렇게 말씀하실 수 있는 분이십니다. 예수께서는 또 실로암의 망대가 무너져 죽은 열여덟 사람이 예루살렘 주민들보다 죄가 더 있어서 참사를 당한 것은 아니라고 하시면서 회개치 않으면 똑 같이 망할 것이라고 경고하셨습니다 (누가복음 13:1-5).

그러므로 고오베의 지진으로 신사(神社)나 불교 사찰이 무너진 일을 두고, 혹은 이탈리아에서 일어난 지진으로 교회당이 무너진 사건을 두고 그들의 종교 때문에 심판을 받는 것이라고 말하는 것은 언어도단입니다. 설사 그것이 사실이라고 하더라도, 우리 인간은 아무도 그렇게 말할 자격이 없습니다.

예수께서 병 혹은 재난과 죄와의 근원적인 인과관계는 인정하시지만, 우리가 남이 병들거나 재난을 당한 것을 가지고 구체적인 죄와 관련을 지어 말할 처지에 있지 않음을 상기시키십니다. 우리는 남이 병들거나 재난 당한 것을 보면 자신도 얼마든지 같은 불행을 당할 수 있음을 알고 남을 측은히 여기고 위로해야지 죄와 관련을 짓는 생각은 추호도 하지 않아야 합니다. 만일 그런 생각을 한다면, 그것은 스스로를 흠이 없는 의인으로 치부하는 위선을 범하는 것이 됩니다.

그러나 병난 당사자나 부모는 거의 본능적으로 자신을 살피고 회개하며 하나님 앞에 히스기야 왕이나 다윗 왕과 같이 하나님께서 자신의 죄를 용서하시고 자신에게 또는 자녀에게 자비를 베풀어 살려주시기를 간절히 기도하게 마련입니다(열왕기하 20:1-7; 사무엘하 12:15-23).

142. 노아의 저주가 예언입니까?

함을 두고 말한 노아의 저주를 심각하게 마치 예언인양 생각하는 이들이 있습니다. 그래서 그것이 어떻게 성취되었는지 나름대로 설명합니다.

창세기 9장 20절 이하의 말씀은 이러합니다.

"노아가 농사를 시작하여 포도나무를 심었더니 포도주를 마시고 취하여 그 장막 안에서 벌거벗은지라. 가나안의 아버지 함이 그의 아비의 하체를 보고 밖으로 나가서 두 형제에게 알리매 셈과 야벳이 옷을 가져다가 자기들의 어깨에 메고 뒷걸음쳐 들어가서 그들의 아버지의 하체를 덮었으며 그들이 얼굴을 돌이키고 그들의 아버지의 하체를 보지 아니하였더라. 노아가 술이 깨어 그의 작은아들이 자기에게 행한 일을 알고. 이에 가르되
가나안은 저주를 받아 그 형제의 종들의 종이 되기를 원하노라.

하고

또 이르되, 셈의 하나님 여호와를 찬송하리로다. 가나안은 셈의 종이 되고 하나님이 야벳을 창대케 하사 셈의 장막에 거하게 하시고 가나안은 그의 종이 되게 하시기를 원하노라 하였더라(창세기 9:20-27)."

셈과 야벳과 함을 각각 황인, 백인, 흑인의 조상이라고 보고 "야벳이 셈의 장막에 거하게 하시고" 하는 말이 이루어져 백인이 아시아에 식민지를 가지게 된 것이라고 해석하면서 흑인은 백인의 종이, 즉 노예가 되었다고 합니다. 19세기 식민주의 시대에 백인들의 자기 정당화를 위해 내놓은 해석인 것 같습니다. 이런 해석은 오늘에는 K.K.K.단과 같은 극단적인 백인 우월주의자들이나 취할 법한 해석임에도 불구하고, 미국과 유럽의 보수적인 기독 신자들 간에 그리고 놀랍게도 한국 교회 신자들에게까지 널리 확산되어 있습니다. 그것은 반론할 가치도 없는 유치하고 당치도 않는 해석입니다.

먼저 노아의 저주를 예언인양 해석하는 것이 옳지 않습니다. 왜냐하면 축복이나 저주는 예언의 범주에 속하지 않기 때문입니다. 축복이나 저주는 동일한 범주에 속합니다. 그 둘은 사람이 바라고 소원하는 것인 반면에, 예언은 하나님의 뜻과 하나님께서 주시는 복과 언약 혹은 경고와 심판을 전하는 말씀입니다. 사람이 하는 축복 혹은 축원은 상대자가 복 받기를 기원하는 것이고, 저주는 상대자에 대한 분노에서 그가 잘 못되거나 화를 당하도록 내뱉는 악담입니다.

사람이 기원하는 축복이나 저주 자체가 무슨 힘이 있거나 자동으로 성취되는 것은 아닙니다. 그것의 성취는 만물을 주관하시는 하나님께 달렸습니다. 하나님께서 노아가 작은 실수를 범한 자기 아들에게 저주한 악담을 심각하게 들으시고 이루어 주시는 그런 하나님이십니까? 그렇지 않습니다.

하나님께서는 만물을 지으시고 복을 주시는 하나님이십니다. 첫 사람 아담과 하와가 죄를 범한 후에도 하나님께서는 그들에게 가죽옷을 지어 입히시고 자연은총을 누리도록 은혜를 베푸신 하나님이십니다. 동생 아벨을 죽인 가인, 죽임을 당할까봐 두려워하는 가인에게 죽임을 면하도록 표를 주신 하나님이십니다(창세기 4:15).

십계명에서도 "나를 미워하는 자의 죄를 갚되, 아비로부터 아들에게로 삼 사대까지 이르게 하거니와, 나를 사랑하고 내 계명을 지키는 자에게는 천대까지 은혜를 베푸느니라." 고 말씀하시는 하나님이십니다.

하나님께서는 노아의 저주, 즉 악담을 기억하셨다가 수천 년이 지난 오늘에 와서 성취시켜 주시는 그런 하나님일 수가 없습니다.

창세기 4:24에 있는 라멕이 하나님께서 가인을 위하여 하신 말씀을 그대로 따서 한 말이 있습니다.

> "가인을 위하여는 벌이 칠배일진대 라멕을 위하여는 벌이 칠십 칠배이리로다."

라멕의 이 말은 자기의 아내들에게 자신을 과시하는 망언이었을 뿐 전혀 고려할 가치도 없는 말입니다. 창세기 49장에 있는 말씀, 즉 야곱이 아들과 자손들을 축복하는 말씀이 또한 다 그대로 성취된 것이 아닙니다. 그것은 야곱이 사랑하는 자녀들을 위하여 복을 비는 축원입니다. 성취된 부분도 있고 그렇지 않은 부분도 있습니다. 그것은 다 하나님의 주권에 달린 것입니다.

노아의 저주나 야곱의 축복이나 별 의미가 없는 것이라면 왜 성경에 기록되었겠느냐고 따질 수 있습니다. 그러나 그 말씀들을 이해하기 위해서는 편견 없는, 성경 전체에서 보여주시는 하나님의 창조와 구원의 경륜에 부합하는 해석의 원리를 따라 이해해야 할 것입니다.

143. 유대인들의 비극이 피 값을 자청한 결과입니까?

예수께서 빌라도에게 심문을 받으실 때 빌라도는 무리 앞에서 손을 씻으면서 "이 사람의 피에 대하여 나는 무죄하니 너희가 당하라."라고 말했습니다. 그 때 백성이 대답했습니다. "그 피를 우리와 우리 자손에게 돌릴지어다……"(마태복음 27:25).

유럽 역사에서 유대인들은 나라 없는 민족으로 흩어져 살면서 기독교화 된 나라 백성들로부터 증오와 질시를 받고 또 빈번히 학살을 당했습니다. 그러한 경향은 초대 교회 시대에는 별로 없었던 일입니다. 중세기 십자군 운동 당시 군중들은 십자군 원정에 참여하기에 앞서 여러 도시에서 먼저 유대인들부터 학살했습니다. 교회의 지도자들이 말려도 막무가내였습니다. 세계 제2차 대전 당시 나치 정부는 6백만이라는 많은 유대인들을 학살했습니다.

유대인들이 그와 같이 참사를 당한 것은 하나님께서 그 조상들이 예수를 십자가에 못 박으라고 외치면서 "그 피를 우리와 우리 자손에게 돌릴지어다."라고 말한 그대로 하나님께서 갚으셨다고 해석하는 사람들이 많이 있습니다.

예수께서는 십자가에 달리셔서 백성과 핍박하는 사람들이 자기가 하는 일을 알지 못하고 행하는 것이므로 아버지 하나님께서 저희를 사하여 주시도록 기도하셨습니다(누가복음 23:24). 무지에서 소리 지른 그들의 외침이 용서해 주시도록 기도하신 하나님의 아들의 기도에도 불구하고 그대로 이루어진 것으로 보아야 합니까? 하나님께서 천년 아니 이 천년을 두고 그 자손들로 하여금 기독교 나라 시민들 손에 학살되도록 내버려두시는 그런 하나님이시라고는 상상하기 어렵습니다.

예수의 12제자와 70인과 예루살렘 교회와 5천 명씩 회개한 사람들의 대부분이 유대인이었습니다. 이방인을 위한 복음은 유대인들의 회당을 근거로 하여 전파되었습니다. 유대인들도 하나님께서 사랑하시고 그리스도 안에서 주께로 돌아오기를 기다리시는 백성입니다. 바울은 자기가 저주를 받아 그리스도에게서 끊어질지라도 그의 동족 유대인들이 복음을 받아들여 하나님의 백성 됨을 회복하도록 간절히 바라는 심정을 토로했습니다(로마서 9:1-5).

우리 그리스도인들도 예외 없이 모두가 하나님과 원수였으나 아들 예수 그리스도께서 십자가에 죽으심으로 하나님과 화평을 이루게 되었습니다(로마서 5:1, 10).

하나님의 작정과 경륜에 관하여 우리는 하나님께서 알려 주시는 것밖에는 알지 못합니다. 그리고 그리스도 이후의 신약 시대에는 아무도 구약 시대의 선지자처럼 하나님의 경륜과 관련하여 분명한 말로 역사를 해석할 수 없습니다. 그러므로 우리는 사람들이 무지하고 사악하므로 살인과 학살을 저지른 것이라고 말할 수 있을 뿐입니다. 불행을 당한 사람들을 위하여, 사람들을 불행하게 만드는 사람들을 위하여 하나님의 자비와 긍휼을 빌고 평화를 기원할 뿐입니다.

IV

종교개혁의 신앙과 신학

144. 기독교에 많은 교파들이 있는 이유는 무엇입니까?

예루살렘에서 출발한 교회는 하나였습니다. 그러나 교회 안에는 그리스도를 부인하거나 잘 못 가르치는 자, 부도덕한 자, 교권을 추구하는 자 등이 파당을 짓는 일이 있어서 교회는 초기부터 분열의 위험을 안게 되었습니다. 그러므로 성경은 교회의 하나 됨을 강조합니다(고린도전서 1:10-17; 갈라디아서 1:6-10; 에베소서 2:11-22, 4:1-16).

교회는 2세기 후반에 성령을 사칭한 몬타누스(Montanus)로 인한 분파, 박해 시의 배교자를 관용하기를 거부한 노바티안(Novatian)으로 인한 분파가 있었고, 4세기에 그리스도는 사람이신데 하나님께서 그를 양자로 삼으신 것이라고 주장한 아리우스파와 교회의 성결을 주창하며 일어난 북아프리카의 도나투스파 등의 분파가 있었습니다. 그러나 교회는 가톨릭(범세계적인) 교회로 하나를 유지한 셈이었습니다.

그러다가 1054년 교회는 동방의 정교회(Orthodox)와 서방의 가톨릭교회로 분립하게 되었습니다. 그것은 헬레니즘 문화권의 동방과 라틴 문화권의 서방이 언어, 문화, 정치, 사회적인 배경의 차이 등으로 인하여 6, 7세기경부터 있게 된 균열을 오랫동안 용케 서로 관용하다가 마침내 분열하게 된 것입니다. 교리적인 차이로는 서방은 성령께서 아버지와 아들로부터 나오신다고 한 반면에, 동방은 성령께서는 아버지에게서 아들을 통하여 나오신다고 한 것이었습니다.

이에 관한 서방의 교리를 '필리오케'(Filioque)라고도 하는데 그 말은 아버지와 '또한 아들'로부터 나오신다는 뜻을 줄인 말입니다.

서방의 가톨릭교회는 16세기에 루터교회, 개혁교회, 앵글리칸 교회 등 종교개혁의 교회들과 중세의 전통을 고수하는 로마 가톨릭교회로, 그리고 제삼의 종교개혁파라고 불리는 재세례파 교회들로 분열되었습니다.

종교개혁의 교회는 성경을 번역하는 한편 모국어로 예배하는 국가 단위의 여러 국민 교회로 발전하게 되었습니다. 17세기부터 유럽의 이민들이 세운 미국에는 여러 언어와 민족들로 구성된 교파 교회들이 서면서 더 많은 교파들이 생성되었습니다. 미국의 선교사들로 인하여 이식된 한국의 교파교회들은 분열의 요인들이 불가피한 것이 아니었음에도 불구하고 수많은 교단들로 분열되었습니다. 그것은 실로 불행하고 유감스런 일입니다.

145. 이단이란 무엇을 두고 하는 말입니까?

이단이란 기독교의 진리를 왜곡하는 잘못된 교리를 가르치는 사람이나 그를 따르는 무리를 가리키는 말입니다. 구약시대에는 거짓 선지자가 있어서 사람들을 미혹했습니다만, 그때는 선지자가 하나님께로부터 직접 계시를 받을 때였으므로 거짓 선지자를 분별하는 일이 쉽지 않았습니다. 사도 시대와 초기 교회 시대 역시 구약 시대와 비슷했음을 바울의 말씀을 통하여 알 수 있습니다. "다른 복음은 없나니 다만 어떤 사람들이 너희를 요란케 하여 그리스도의 복음을 변하려 함이라. 그러나 우리나 혹 하늘로부터 온 천사라도 우리가 너희에게 전한 복음 외에 다른 복음을 전하면 저주를 받을지어다(갈라디아서 1:8)."

초대 교회는 사도와 선지자들이 증언하고 기록한 말씀을 가려서 정경(正經)으로 받아들였으며, 정경은 성령의 감동을 통하여 기록된 말씀이라고 믿었습니다. 그러므로 누구든지 성경 말씀을 왜곡하거나 성경 말씀 이외에 무슨 특별 계시를 받은 것으로 주장하는 자는 거짓 선지자요 이단입니다.

교회 역사에서는 시초부터 예수께서 그리스도시요 하나님의 아들이심을 부인하는 이단들이 있었습니다. 예수 그리스도의 신성(神性)을 부인하는 유대교적 에비온주의와 인성(人性)을 부인하는 영지주의의 주장은 곧 모든 이단들의 대표적인 두 전형(典型)입니다.

삼위일체 교리를 부인하는 자는 교회가 이단으로 정죄했습니다. 유럽 국가들은 17세기경까지도 이들을 국법으로 처형했습니다. 삼위일체 교리를 부인하는 것은 예수께서 하나님의 아들이심을 부정하는 것입니다.

그러므로 이를테면 몰몬교, 통일교, 여호와의 증인 등은 성경 이외의 경전과 특별 계시를 주장하는 점에서 출발에서부터 이단이며, 삼위일체 교리와 예수가 하나님의 아들이심을 부인하므로 적그리스도적인 이단입니다. 그렇다면 성경을 하나님의 말씀으로 믿지 않는 합리주의자나 삼위일체 하나님을 부인하고 하나님 아버지 한 분만 인정하는 유니테리안도 예외일 수는 없습니다.

146. 교회는 왜 신앙고백을 가집니까?

신앙고백은 교회가 무엇을 믿는지를 고백하는 것입니다. 교회의 머리이신 예수 그리스도께서 그것을 원하십니다. 사람들이 예수에 대하여 잘못 말하고 있었을 때 예수께서 제자들에게 "너희는 나를 누구라고 하느냐?" 하시면서 제자들의 올바른 고백을 원하셨습니다. "주는 그리스도시요 살아 계신 하나님의 아들이십니다." 하는 베드로의 고백은 그리스도의 교회의 최초의 신앙고백이었습니다(마태복음 16:13-17).

사도신경은 사도들이 전수한 신앙, 하나님 아버지와 아들과 성령, 삼위일체 하나님을 믿는 신앙을 고백하는 교회의 가장 기본적인 신앙고백입니다. 교회는 성경대로 기독교 진리를 밝힘으로써 미혹하는 이단의 교훈으로부터 교회를 보호하기 위하여 시대마다 필요한 대로 신앙고백을 작성하고 채택했습니다.

325년의 니케아 신경은 예수 그리스도께서는 하나님 아버지에게서 영원 전에 나신, 아버지와 동본질이신 아들 하나님이심을 믿으며 성부, 성자, 성령이 삼위일체이심을 고백하는 것입니다. 451년의 칼케돈 신경은 예수 그리스도께서 참 사람이시면서 동시에 참 하나님이시며, 그리스도 안에서 신성과 인성이 서로 분리 또는 분열되거나 혼합되는 일이 없는 온전한 인격이심을 고백하는 신경입니다.

500년경에는 삼위일체 교리를 더 확실하게 고백하는 아타나시우스 신경이 나왔습니다. 초대교회의 신경은 로마 가톨릭, 희랍정교, 개신교가 다 같이 귀중한 신앙고백으로 받고 있습니다.

중세 교회 때에도 많은 고백들이 작성되었습니다만, 16세기에 종교개혁이 일어나면서 루터교와 개혁교회 그리고 로마 가톨릭교회는 제가끔 신앙고백서를 가지게 되었습니다.

루터교회의 대표적인 신앙고백서는 아우구스부르크 신앙고백서(1530)와 콘코르디아 신앙고백서(1580)이며, 개혁파 교회는 여러 도시에서 각기 신앙고백서를 만들어 가지게 되었습니다. 무려 60여개의 개혁교회 신앙고백 가운데 중요한 것을 들자면 이렇습니다.

쯔빙글리의 「67개 조항」(1523), 「베른의 신앙고백」(1528), 「4개 도시 신앙고백」(1530),「바젤 제 1 신앙고백」(1534)이, 「제1 스위스 신앙고백」(1536), 「로잔 신조」(1536), 「제네바 신앙고백」(1536), 「유그노 신앙고백」(1559), 「스코틀랜드 신앙고백」(1560), 「벨기에 신앙고백」(1561), 「스위스 제2 신앙고백」(1566) 등이 있습니다. 개혁파 교회에서 널리 신앙 고백서로 채택되고 있는 「하이델베르크 신앙 교육 문답서」는 1563년에 나왔습니다. 장로교회의 신앙고백으로 채택되고 있는 「웨스트민스터 신앙고백서」는 종교개혁 다음 세기인 1647년에 나온 것이어서 역사적으로 다소 다른 배경과 관심이 반영되고 있음을 발견합니다.

로마 가톨릭은 트렌트공의회(1545-1555)에서 중세 교회의 신앙을 이어 받는 신앙고백서를 채택했습니다.

한국 장로교회는 1907년 조직된 독노회에서 기독교의 기본적이며 전통적인 신앙고백을 담고 있는 「12 신조」를 채택했습니다. 독노회란 처음에 하나만 조직된 단독 노회를 일컫는 말입니다.

147. 교리와 교의는 어떻게 다릅니까?

기독교 혹은 다른 종교가 가르치는 도리 혹은 이치를 우리는 교리(敎理, doctrine)라고 합니다. 기독교가 가르치는 바를 기독교 교리라고 하고 불교가 가르치는 교리를 불교 교리라고 합니다.

기독교 교리는 성경이 가르치는 교리에 근거합니다. 그러나 성경의 교리에 대한 이해나 해석은 신앙적인 혹은 신학적인 입장에 따라 다를 수가 있습니다.

교의(敎義, dogma)라는 단어는 헬라어에서 유래한 말로서 그 어원은 "나에게는 그렇게 보인다"(dokein moi)라는 주관적인 견해라는 뜻을 가졌으나 그것이 '결정적인 의미', '결의', '법'(누가복음 2:1 참조), 혹은 철학에서 말하는 '기본명제' 라는 뜻으로 전의가 되었습니다. 다시 말하면, 성경 교리에 대한 이해를 교회 공의회에서 공적인 이해 혹은 해석으로 확정한 것을 말합니다. 그런데 교회나 신학자들이 신앙적인 입장이나 신학적인 견해를 따라 교의에 대한 신학적인 정의를 달리

합니다.

로마 가톨릭교회은 교의를 '신자들의 모임이라는 의미의 교회'의 응답으로 보기보다는 회중을 가르치는 성직자단의 연구임을 중시합니다. 그래서 교의는 하나님께서 계시하신 진리임과 동시에 우리의 신앙을 위하여 교회가 제의한 것이라고 말하거나 교회 공의회 또는 교황이나 추기경회의의 결정을 통하여 정의(定義)되거나 또는 교회에서 일반적으로 가르치고 있는 사실을 통하여 정의되는 진리라고 합니다. 따라서 로마 가톨릭교회는 교리 문제를 두고는 오류가 없는 존재라고 하며, 교회에 의하여 제의된 진리는 권위가 있을 뿐더러 변경되거나 거부될 수 없다고 합니다.

종교개혁자들은 교의를 하나님의 말씀, 즉 성경의 교리에 대한 교회의 응답으로 봅니다. 그러므로 비록 역사적인 교회 공의회가 객관적인 진리임을 고백하고 결정했다고 하더라도 성경에 비추어 다시금 검토함으로써 성경 교리에 부합하면 받아들이고 그렇지 않을 경우에는 받아들이지 않는다는 견해를 취합니다.

종교개혁자들은 325년 니케아 공의회에서 결정한 삼위일체 교의, 451년 칼케돈 공의회에서 결정한 그리스도에 대한 교의는 성경이 가르치는 바요 올바른 신앙고백임을 시인하고 받아들입니다만, 교회론에 속하는 중세의 많은 교의들은 받아들이지 않습니다. 예를 들면, 1215년의 제4차 라테란 회의에

서 결정한 것 가운데 목사를 제사장이라는 견해와 성찬의 화
체설, 성찬의 제물설, 성례를 7가지로 보는 견해 등을 교의로
결정한 것을 종교개혁자들은 잘못된 교의로 보고 거부합니
다.

148. 가톨릭의 개혁운동이 왜 반종교개혁 운동입니까?

중세 시대에 교회가 도덕적으로 부패할 때 수도원들이 중
심이 되어 개혁 운동이 있었습니다. 교회를 부패하게 만든 가
장 큰 요소는 평신도 서임권 행사였습니다. 평신도 서임권이
란 제왕들이 자신들의 측근들을 교회의 주교 혹은 대주교로
임명하는 권한을 가리키는 말입니다. 11세기에 그레고리 7세
는 평신도 서임권을 폐지하려고 했으나 성공하지 못했습니다.

종교개혁이 일어나자 가톨릭 측에서도 교회를 쇄신하려는
운동을 일으켰습니다. 그러나 그들의 개혁은 교황주의 제도
를 그대로 유지하는 가운데 도덕적인 쇄신을 시도하는데 그쳤
을 뿐이었습니다. 교회를 부패하게 만든 요인인 교황주의 제
도와 공로주의 사상에 근거한 신학을 그대로 두고는 참다운
개혁은 시도할 수 없었습니다. 그러므로 로마 가톨릭교회 내
에서 개혁에 열심을 다하는 것은 결국 교황에게 충성하는 것
이었습니다. 그러므로 가톨릭 내에서의 쇄신운동은 종교개혁

에 강력하게 반대하는 운동으로 나타났습니다. 이를테면 로욜라가 이끄는 예수회 교단은 교황의 친위대로서 충성하면서 종교개혁에는 가장 결렬하게 반대했습니다.

종교개혁운동이 일어나게 만든 면죄부는 11세기부터 생긴 관행인데 차츰 제도화되다시피 한 것입니다. 면죄부는 선한 행위를 통하여 구원에 이른다는 공로주의 사상과 고행을 강요하는 교권주의 교회의 과중한 징벌에서 생긴 것입니다. 징벌을 받기 위한 고행 대신에 혹은 십자군에 몸으로 참가하는 대신에 돈으로 헌금할 수 있도록 한 것입니다.

로마 가톨릭은 마리아 숭배, 교황의 무오성에 대한 주장, 성상숭배 등은 여전히 하고 있으며, 성찬의 화체설, 목사를 제사장으로 보는 사제주의 사상은 변함이 없습니다.

149. 종교개혁자들이 주창한 표어의 뜻이 무엇입니까?

종교개혁자들이 교회 개혁 운동을 하면서 내세운 표어가 '오직 성경으로' (sola scriptura), '오직 은혜로' (sola gratia), '오직 믿음으로' (sola fide)였습니다.

로마 가톨릭교회는 성경을 교회의 교리를 위한 자료로 간주합니다. 그래서 성경의 해석은 성경과 동등한 권위를 가지는 교회의 해석에 따라야 한다고 말합니다. 따라서 성경의 규범은 교회, 즉 교황이라는 의미가 됩니다. 종교 개혁자들은 성경의 권위를 상대화하는 가톨릭의 견해에 대항하여 '오직 성경'이 교회의 신앙과 생활을 위한 척도이며 최종 권위가 되는 것임을 천명한 것입니다.

그리고 로마 가톨릭이 신구약 중간 시대에 나온 외경들을 신앙생활을 위하여 유익한 책으로 성경에 별책으로 수렴하는 데 반하여 종교개혁자들은 '오직 성경'이라고 말함으로써 구약시대의 외경이나 신약시대의 위경을 배제한 정경인 신약 27권과 구약 39권으로 된 성경으로 인정합니다.

개혁자들은 또한 '오직 은혜로'라는 말로 우리의 구원은 오직 하나님의 은혜로 말미암는 것임을 강조하였습니다. 그리고 은혜의 교리의 핵심은 칭의의 교리임을 발견했습니다. 은혜의 교리는 어거스틴이 말한 것이었으나 이를 망각한 중세 로마 교회는 점점 공로주의로 빠져들어 갔습니다.

중세 말기에 중세 교회는 은혜의 교리를 재정립하려고 했으나 공로주의를 벗어나지 못했습니다. 은혜의 개념을 세분화함으로써 은혜를 받기 위한 준비도, 즉 자의적인 행위도 은혜로 말미암는 것이라고 말했습니다. 얼른 생각하면 그것도 일리가 있는 말 같습니다만, 로마 가톨릭은 은혜에 선행을 포함시켜 이해함으로써 결국은 공로주의를 탈피하지 못하고 있습니다.

이에 반하여 개혁자들은 하나님의 구원의 은혜를 얻기 위한 인간의 응답은 준비 행위가 아니고 오직 하나님께서 새로운 의로 나타내신 예수 그리스도를 믿음으로 받아들이는 것이라고 주창했습니다. 다시 말하면, 예수 그리스도를 오직 믿음으로만 의롭다함을 얻는다는 말은 '오직 은혜로' 라는 교리를 보완하여 분명하게 설명하는 것이었습니다.

성경이 증거하는 대상이 예수 그리스도이시고, 구원의 은혜의 원천이 또한 예수 그리스도시며, 믿음의 대상과 내용도 예수 그리스도이므로 종교개혁자들이 내세운 '오직 성경만으로', '오직 은혜만으로', '오직 믿음으로만' 이라는 표어는 결국은 예수 그리스도를 새롭게 발견하고 그리스도 중심의 신학을 확립하는 것이었습니다.

150. 조상과 화상이 신앙을 위한 시청각 교육 자료라는 주장은 타당합니까?

종교개혁자들은 개혁 이후 예배당에서 마리아와 성자들의 조상(彫像)과 화상들을 제거했습니다. 그러나 로마 가톨릭교회와 동방교회는 여전히 성상을 보존하고 있으며 오늘날도 예나 다름없이 사람들이 그 앞에서 합장을 하고 기도하거나 절하고 있습니다. 성상 숭배는 동방교회에서부터 먼저 시작되어 6세기와 7세기에 이르러 전설과 기적을 믿는 대중들이 민속 신앙과 함께 로마 제국 전역에 급격히 파급되었습니다. 교회의 고위 성직자들은 대중들의 종교심에 부응하기 위하여 성상 숭배를 허락하려는 편이었으나 황제들은 오히려 반대했습니다. 그러나 마침내 동방에서 여황제 테오도라(Theodora)의 허락으로 843년 콘스탄티노플에서 열린 대회의 결정으로 성상 숭배는 자유화되었습니다.

그런데 요즘에 와서 성상을 긍정적으로 보아야 한다고 목소리를 높이는 사람들이 있습니다. 절대 다수의 백성들이 문맹이었던 시대에 예배당 안에 안치되어 있는 성상이나 벽에 부조되거나 그려진 화상들은 백성들에게 복음을 가르치는 시청각 교재로 역할 했으므로 부정적으로만 평가해서는 안 된다고 합니다. 이런 목소리는 동방교회나 로마 가톨릭교회의 신학자에게서 나오는 것입니다만, 시청각 교육이 극대화되고 있는 영상매체 시대에 살고 있는 현대인들에게 설득력을 가지는 것 같습니다.

성상을 지지하는 이들은 또 이렇게 말합니다. 성상은 존경의 대상일 뿐 경배의 대상은 아니라고 합니다. 성상은 그 자체가 의미기 있는 것이 아니고, 그것이 묘사하는 인물, 즉 성상 배후에 실재하는 인물을 보게 하는 것이므로 해가 될 것이 없다고 말합니다.

그러나 이러한 주장은 불교에서 부처의 조상(彫像)을 두고 하는 얘기나 다를 바가 없습니다. 사실 우매한 백성들은 이러한 해석을 잘 이해하지도 못할뿐더러, 성상은 오히려 그들이 믿음으로 천상의 것을 바라볼 수 있는 길을 차단하는 것이라고 말할 수 있을 것입니다. 그리고 이러한 논의는 8-9세기에 교회가 성상 숭배를 받아들이느냐 받아들이지 않느냐 하는 문제를 두고 진통을 겪을 즈음에 이미 있었던 논의입니다.

성상 숭배를 지지하는 사람들은, 귀중한 생명을 주는 십자가의 형상과 복음서들과 또 다른 거룩한 물건들에게와 이러한 성상들에게도 분향하며 촛불을 켜는 것은 고대의 경건한 습관에 따라 허용될 수 있다고 말하며, 이러한 성상들에게 바치는 존경은 그 형상들이 대표하는 대상에게 전달되는 것이고 성상들을 높이는 사람은 성상들을 묘사하는 대상을 높이는 것이라고 했습니다. 그들은 하나님은 '예배'(latreia)의 대상이지만 성상은 헬라어로 '경외'(douleia)의 대상이라고 하여 양자를 구별합니다.

그러나 성상을 반대하는 이들은 성상으로 그리스도의 신성은 묘사할 수 없으므로 성상이 우상이 될 가능성이 있다고 경고합니다. 그리스도의 성상을 만드는 것은 그리스도의 육신을 그의 신격에서 분리시키는 것이며, 삼위일체에다가 제4의 위격(位格)을 도입하는 것이 되기 때문에 불경죄를 범하는 것이라고 합니다. 그리고 그리스도의 성찬만이 그리스도의 진정한 형상이 될 수 있다고 말합니다.

　　"그리스도의 인간성을 합당하게 용납할 수 있는 유일한 형
상은 성만찬 예식에 나오는 떡과 포도주뿐이다. 이 형상만
이, 그리고 이 형식만이 그의 성육신을 제시하기 위하여 그
가 선택한 것이다."

다시 말하면, 그리스도의 조상(彫像)은 그리스도께서 참 신
이시며 참 사람이심을 부인하는 단성론(單性論)이나 그리스도
께서 사람이심을 강조한 네스토리우스 파의 기독론을 전제로
하는 것이므로 있을 수 없는 일이라고 하여 성상을 만드는 일
이나 거기 절하는 것을 정죄했습니다.

네스토리우스(-451)는 430년에 알렉산드리아에서 열린 노
회에서 이단으로 정죄되었으며, 그의 추종자들은 동양으로 선
교의 길을 열었습니다. 네스토리우스파 교는 7세기에 당나라
에 전파되어 경교(景教)라는 이름으로 200년간 성장하다가 모
진 핍박을 받으면서 쇠퇴하였습니다.

151. 예수의 초상화와 성령의 형상화가 허용될 수 있습니까?

예수의 초상화는 그릴 수 있습니다만, 성령을 형상화(形象
化)하는 것은 불가합니다.

역사상 많은 화가들이 예수의 초상화를 그렸습니다. 시인

이 예수를 시로 읊고 작곡가가 예수를 찬양하는 곡을 쓰듯이 화가는 예수를 기리고 높이는 마음을 화폭에 담아 표현하고자 하는 욕구를 가질 수 있기 때문입니다.

예수께서는 하나님이시지만 사람이 되셔서 나사렛에서 자라고 제자들과 함께 생활하신 분이시므로 회화의 소재와 대상이 되실 수 있습니다. 복음서에서 보는 예수와 그의 삶을 그린 그림은 어린이들의 시청각 교육을 위하여, 예수의 생애를 묘사한 영화는 선교를 위하여 사용되고 있습니다. 다만 성자들의 상이나 그리스도의 상을 예배당에 안치할 경우 사람들이 거기에 절함으로써 그것들을 존경이나 경배의 대상으로 삼게 되는 것이 문제입니다.

그러나 여하튼 성령을 비둘기로 형상화는 것은 잘못입니다. 삼위일체 하나님 세 분 가운데 아들은 사람이 되심으로 형상을 취하셨으나 성부와 성령께서는 늘 변함이 없으시고 형상을 초월하시는 영으로 계십니다. 성부께서는 사람이 되신 아버지이시므로 우리가 아버지로 유추할 있습니다만, 성부와 성자에게서 나오시는 성령은 아무런 유추도 허락되지 않는 분이십니다.

"하나님은 영이시다"라고 할 때, 그 말은 성부도 영이시고 성자도 영이시며 성령도 영이시라는 말입니다. 그런데 성령의 경우는 주어와 보어가 동일합니다. 성령은 하나님이 영이심을 가장 직접적으로 대변하는 분이십니다.

복음서에 예수께서 세례 받으실 때 성령께서 비둘기 모양으로 혹은 비둘기 형상으로 임하셨다는 말씀은 있습니다만, 그것을 주변에 있는 사람들이 다 본 것은 아닙니다. 예수께서 보셨으며(마태복음 3:16; 눅가복음 3:22; 마가복음 1:10), 세례 요한이 보았습니다(요한복음 1:32). 그리고 그것은 그 때만, 그리고 그것은 한시적으로 나타내 보이신 것인데, 성령이라고 말하면 비둘기를 연상한다든지 비둘기는 성령을 상징하는 것이라고 생각하는 것은 아주 잘못된 비신학적인 생각입니다.

복음 전파를 위한 야외 집회가 시작하기 전에 성령의 역사를 기원하는 것은 당연히 할 만한 일입니다. 그러나 올림픽 경기를 시작할 때처럼 비둘기를 날리면서 "성령의 비둘기를 날린다."고 말하는 것은 성령을 모독하는 행위요 불경스럽기 짝이 없는 표현입니다.

152. "복음화"와 "성령화"란 말이 성립될 수 있습니까?

"복음화"(福音化)라는 말은 1970년대부터 쓰기 시작한 말로서 '복음을 전하다'(evangelize)라는 영어를 잘못 번역하여 사용하게 된 말입니다. 우리의 어법에 따르면 명사에다 변할 화(化)를 붙이면 어떤 사물이 "그 명사로 변하다" 혹은 "그 사물을 명사로 변화시키다"라는 뜻이 됩니다. 예를 들어서, "고

체화”라는 말은 액체 혹은 기체를 “고체로 만들다” 혹은 그것들이 “고체가 되다”는 뜻이고, “형상화(形象化)”는 “형상으로 만들다” 혹은 “형상이 되다”는 뜻이 됩니다.

이런 어법에 따르면, 예를 들어, “서울의 복음화”는 서울을 “복음으로 만들다” 혹은 “서울이 복음이 되다”라는 뜻을 가지게 되므로 말이 되지 않습니다. 그럼에도 불구하고 한국 기독교계는 그 말을 우리의 어법과는 관계없이 수용하여 사용하게 되었습니다. 그래서 “서울의 복음화”는 “서울의 대다수의 시민이 복음을 받아들이도록 하다”라는 뜻으로 사용합니다.

우리의 어법을 충분히 고려하지 않고 “복음화”를 사용하게 된 풍토이다 보니까 1980년대에 이르러서는 “성령화”라는 말이 대두되었습니다. “복음화”보다 한층 더 강하게 표현하느라고 “서울의 성령화”니 “뉴욕의 성령화”란 말을 버젓이 기독교 신문지상에 쓰게 된 것입니다.

“복음화”는 비록 우리의 어법에 맞지 않지만, 기독교계 안에서 신학적 의미를 가진 말로 통용되고 있으므로 그대로 받아들일 수 있습니다만, “성령화”는 어법에도 맞지 않을 뿐더러 신학적으로 전혀 허용이 될 수 없는 말입니다.

“뉴욕의 성령화”를 우리의 어법을 따라 이해하면 “뉴욕(뉴욕 시민)을 성령으로 만들다” 혹은 “뉴욕이 성령이 되게 하다”라는 말이 되어 무슨 범신론적인 표현 같습니다.

“성령화”를 “복음화”의 경우처럼 많이 양보해서 받아들여

보려고 풀이하면 "뉴욕의 대다수의 시민이 성령을 받아들이도록 하다"가 됩니다. 복음화의 경우 복음을 전하는 자는 우리 사람이고 복음을 받아들이게 하시는 이는 성령이십니다. 그런데 성령께서는 우리의 배후에 혹은 우리 위에 계셔서 우리로 하여금 일하게 하시면서 그 모든 일을 주관하시는 하나님이십니다. 성령은 우리가 하는 일의 수단이나 보조가 아닙니다.

우리가 복음을 전하면 성령께서 사람들로 하여금 그 복음을 살아 있는 하나님을 말씀으로 듣게 하시고 감동을 주시며 사람을 그리스도인으로 변화시키십니다. "복음화"를 가능케 하시는 이가 성령이십니다. 그런데 "성령화"라고 할 때 누가 그것을 가능케 하시는 것입니까?

복음은 우리가 전하는 어떤 것, 즉 우리가 하는 사역의 목적이요 대상입니다만, 성령은 우리가 전하는 어떤 것이거나 사역의 목적이나 대상이 아닙니다. 성령께서는 우리 안에서 주관적으로 일하심으로 우리의 복음 사역을 가능하게 하시며 모든 것을 주관하시는 주격이신 하나님이십니다(요한복음 16:13-15).

153. 개혁주의란 무엇입니까?

개혁주의는 종교개혁으로 말미암아 서방의 가톨릭교회에서 분립하게 된 개신교 내에서 루터교와 더불어 공존하게 된 교회와 신학의 전통을 가리키는 말입니다. 개혁주의 교회가 유럽 대륙에서는 '개혁파 교회' 혹은 '개혁 교회'(Reformed Church)라고 불리고 잉글랜드와 스코틀랜드에서는 '장로교회'(Presbyterian Church)라는 이름을 얻었습니다.

장로교회는 개혁주의 교회의 교회 조직과 정치의 특징을 따라 붙여진 이름입니다. 개혁 교회는 '개혁된'(reformed) 교회가 아니고 '항상 개혁하는 교회' 임을 표방합니다.

개혁교회의 종교개혁은 1523년 1월 29일 쯔빙글리가 스위스의 취리히에서 67개 조항을 제시함으로써 시작되어 스위스와 인접한 여러 도시와 지방과 나라들로 확산되었습니다. 그리고 종교개혁 제2 세대에 속하는 요한 칼빈으로 말미암아 교회의 조직과 신학의 체계가 보다 확고하게 되었습니다.

칼빈의 사상을 따르는 교회와 신학을 '칼빈주의'(Calvinism)라고도 합니다. '개혁주의' 가 '칼빈주의' 보다 광의(廣義)의 개념을 가졌으나 그 둘을 동의어(同義語)로도 사용합니다.

루터교는 독일 전역에, 특히 북부 지방과 스칸디나비아에서 거의 독점적인 교세를 이루고 있는 반면에, 개혁 교회와 신학은 칼빈의 목회 및 신학 활동으로 인하여 독일의 라인 지방과 네덜란드, 잉글랜드, 스콧틀랜드, 폴란드, 보헤미아, 헝가리 등에 유럽의 여러 나라로 확산되었습니다.

앵글리칸 교회(성공회)는 종교개혁 초기에는 루터교의 영향을 받았으나 로마 가톨릭 신앙을 가진 매리 여왕의 개신교 탄압 정책으로 인하여 유럽 대륙으로 피신하여 제네바에 머물었던 개신교의 지도적인 인물들이 1562년 엘리자베스 1세가 등극한 이후 다시 귀국함으로 말미암아 주로 칼빈주의의 영향을 받게 되었습니다.

앵글리칸 교회의 39개 신조는 개혁주의적 예정론과 성찬론을 따르고 있습니다. 개혁주의 교회와 신학은 유럽의 이민들을 따라, 특히 영어권 이주민들을 따라 미국과 캐나다 및 호주로 이식되었으며, 그들의 선교를 통하여 온 세계로 확산되었습니다.

개혁주의는 루터교와 마찬가지로 초대 교회의 신경을 받아들여 삼위일체 교리에 충실한 점에서는 로마 가톨릭과 다름이 없습니다. 그러나 종교개혁자들은 중세 로마 교회의 부패와 잘못된 교리들을 지적하고 개혁을 외쳤습니다.

교황주의와 목사를 제사장으로 보는 사제주의, 성만찬의 화체설, 공로주의에서 발단이 된 면죄의 관례와 면죄부의 발행, 성상숭배, 미사와 예배 의식에서 행하는 비성경적인 것 등을 반대한 점에서 개혁주의는 루터교와 다름이 없었습니다.

그뿐 아니라 "성경만으로" 신앙과 생활의 규범을 삼는다는 것, 구원은 하나님의 "은혜로 만" 가능하며, "믿음으로만" 의롭다함을 받는다는 교리를 내세운 일에 양측의 개혁자들은 목소리를 같이하였습니다.

루터교와 개혁 교회가 다 같이 교회의 개혁을 주창했으므로 로마 가톨릭을 대항하여 하나로 연합할 수 있을 법했으나, 양측은 다소의 신학적 견해 차이로 하나가 되지 못했습니다. 가장 두드러진 견해의 차이가 바로 성만찬에 대한 것이었습니다.

154. 성찬 이해가 그리스도 이해와 관계가 있습니까?

종교개혁자들이 로마 가톨릭의 화체설(transubstantiation)에 대하여는 모두가 반대했습니다만, 루터는 성만찬에 그리스도가 몸으로 임재한다는 소위 공재설(共在說, consubstantiation)을 주장한 데 반하여, 쯔빙글리는 성찬은 그리그도의 죽으심을 기념하는 것이라고 말했습니다. 1529년 마르부르크에서 루터와 쯔빙글리와 여러 종교개혁자들이 성찬의 이해에 대한 합의점을 찾기 위하여 회담을 열었으나 무위로 끝났습니다. 그 이후 양측은 각자의 길을 걷게 되었습니다.

칼빈은 성찬에 그리스도께서 영(靈)으로 임재(臨在)하신다는 견해를 말하고 성찬이 그리스도 안에서 구원에 대한 보증이 되며 은혜를 주시는 수단이 되는 것으로 말함으로써 루터와 쯔빙글리 두 개혁자의 견해를 조화하려고 했으나 뜻을 이루지 못했습니다.

종교 개혁자들이 성만찬에 대한 견해의 차이를 중요하게 생각한 것은 그것이 그리스도에 대한 이해와 직결되기 때문이었습니다. 루터는 칼케돈의 기독론을 받아들임과 동시에 그리스도의 인성과 신성이 상호교통(communicatio idiomatum)된다는 개념과 하나님의 존재의 편재설(遍在說)에 근거하여 그리스도의 신성이 계신 곳에는 그리스도의 몸도 있다는 견해에서 성찬의 공재설을 역설했습니다.

이에 반하여 개혁주의는 "유한은 무한을 포괄할 수 없다"는 합리적인 이해에서 천상(天上)에 하나님 우편에 계시는 그리스도께서 성찬에 영으로 임재하시는 것이지 몸으로 임재하시는 것은 아니라고 믿었습니다.

루터는 칼케돈의 결정을 따라 그리스도의 인성과 신성이 분리되거나 혼합되는 일이 없으며, 그리스도는 참 신이요 참 사람임을 재확인하는 일에 머물렀습니다. 그리고 루터의 신학을 체계화한 멜랑톤은 그리스도를 중보자, 구속자(Erloser), 구세주(Heiland), 왕, 제사장, 목자 등 여러 가지 직명을 들어 말했으나 루터는 그리스도의 직분에서 기독론을 전개하지는 않았습니다.

칼빈은 칼케돈의 결정을 받아들일 뿐 아니라 더 나아가서 중보자의 사역을 구약에서 말하는 세 직분(三職)으로 언급하면서 말했습니다. 즉, 예수 그리스도께서는 선지자요, 제사장이요 왕으로서 그 직능을 다하시는 분이심을 말했습니다. 다시 말하면, 루터는 그리스도를 존재론적으로 규명하는 일에 머문 데 반하여, 칼빈은 존재론적으로 이해할 뿐 아니라 그리스도의 직능에 관심을 두었던 것입니다.

155. 루터와 칼빈의 성경관에 차이가 있습니까?

루터는 성경의 책들을 두고 우열을 가린 데 반하여, 칼빈은 구약과 신약을 다 같이 권위 있는 하나님의 말씀으로 믿는 일에 더 철저하였습니다. 종교개혁 교회들이 모두 다 '성경만으로'(sola scriptura)를 내세웠으나 개혁주의의 경우는 성경을 중심으로 하는 사상을 더 공고히 하였습니다.

개혁주의는 합리성과 논리를 따라 사고하지만, 인간의 자율적인 사고나 판단이나 신비적인 경험에 의존하는 일을 단연코 배제하고 성경만을 사색의 근거요 규범으로 삼았습니다. 베른 신조(1528년), 제1 스위스 신앙고백서(1536년), 제2 스위스 신앙고백서(1566년), 프랑스 신앙고백서(1559년), 웨스트민스터 신앙고백서(1647년) 등 여러 개혁주의 신앙고백서가 계시와 성경을 서두에 다루고 있어서 개혁 교회가 성경을 중요시하고 있음이 잘 드러나고 있습니다.

개혁주의는 성경이 성령께서 성경 기자들을 감동하셔서 기록하게 한 말씀으로 믿습니다. 칼빈도 이 점을 분명하게 말합니다. 성경에서 가르치고 있는 모든 것을 비판하지 않고 공손하며 온순한 마음으로 받아들여야 한다고 말하고 성경은 성령의 학교이며 유익한 지식은 하나도 빠트리지 않는 동시에 유익한 지식이 아니면 아무 것도 가르치지 않는 다고 말합니다. 그러나 칼빈은 칼빈주의자들과는 달리 성경 영감의 양식(樣式)에 관해서는 언급하지 않습니다. 성경이 말씀한 것 이상은 말하지 않는 칼빈이 더 성경 주심의 신학을 한 것이었습니다.

156. 루터와 칼빈의 교회관이 어떻게 다릅니까?

루터는 교회를 성도들의 모임이라고 하는 반면에, 칼빈은 교회는 성도들의 모임일 뿐 아니라 하나님께서 제정하신 기구(機構 혹은 制度, institution)라고 말하고, 하나님의 말씀이 먼저 있고 이에 응답하는 성도들의 모임이 성립되는 것이므로 교회가 하나님께서 제정하신 기구라는 개념이 성도들의 모임이라는 개념보다 선행한다고 합니다. 그러므로 칼빈은 "주님께서는 직분자를 통하여 교회를 다스리기를 원하신다" 고 말합니다(기독교강요 Ⅳ. 3, 1).

교회를 하나님께서 제정하신 기구로 인정한다는 말은 교직제도를 인정한다는 말입니다. 즉 말씀을 전하는 목회자가 먼저 있어서 교회가 성립된다는 말입니다. 그것은 그리스도의 교회가 신앙고백에만 근거하는 교회가 아니고, 복음의 증언자요 성경을 기록한 사도와 선지자의 터 위에 선 역사적인 교회임을 인식하는 것입니다.

교회에 대한 루터와 칼빈의 견해 차이는 마태복음 16:18의 말씀에 대한 해석에도 그대로 반영되고 있습니다. "이 반석 위에 내 교회를 세우리라" 하는 말씀에서 "이 반석 위에"를 루터는 신앙고백으로 해석하여 "그리스도 위"에로 해석하는 데 반하여 칼빈은 "사도들과 선지자의 터 위에"로 해석합니다. 에베소서는 사도와 선지자의 터 위에 그리스도를 머릿돌이 되심을 말씀합니다(에베소서 2:20).

루터는 또한 종교개혁 초기에 교황주의에 강하게 반발하는 나머지 만인제사장론(萬人祭司長論)을 말했으나 칼빈은 그런 말을 일체 언급하지 않았습니다. 쯔빙글리의 후계자인 불링어는 만인제자상론을 언급하고 있으나 성도들은 누구나 다 그리스도 안에서 하나님께 직접 나아갈 수 있다는 영적인 의미를 가질 뿐, 교회를 봉사하는 직분을 두고 한 말은 아니라고 말합니다. 불링어는 이를 그가 작성한 스위스 제2 신앙고백서에서 밝히 말합니다.

루터의 만인제사장론은 교직제도에 대하여 소극적인 견해를 가지는 경건주의자들이 다시금 강조하는 말이 되었으며, 교직제도를 부정하는 그룹들에게 영향을 미쳤습니다. 오늘 한국 교회 안에서도 많은 사람들이 그 말을 잘못 이해하고 있음을 발견합니다.

개혁주의 교회는 선교에서 교회를 세우는 일에 적극적인 반면에, 루터교는 소극적이었던 사실도 양 교회의 교회관과 무관하지 않습니다. 루터는 교회의 제도에 관심이 적었으므로 루터교는 그대로 감독교회로 머물었으나, 반대로 칼빈은 교회를 감독교회와 개교회(個教會)주의 교회의 중간 형태인 장로교회 제도로 개혁했습니다.

교회 역사에서 감독교회는 전제적(專制的)인 교황주의로 발전했으므로 개혁주의는 이러한 위험성을 내포하고 있는 감독교회 제도를 지양했습니다. 그러나 이와는 대조가 되는 개교회주의 제도는 성경이 가르치는 교회의 보편성을 덜 고려하는 제도입니다.

그러므로 개혁주의는 개교회주의 제도도 마다하고 두 유형의 중간 형태인 장로교회 제도를 채택하고 있습니다. 장로교회 제도는 목사가 감독의 기능을 다하는 노회에 속함으로써 노회의 형제들이 서로가 순종하고 복종하는 가운데 노회가 위임한 교회를 목회하도록 하는 제도입니다.

노회는 목회자가 당회를 중심으로 목회하는 지교회의 성장과 유익을 위하여 당회의 의사를 존중하는 가운데서 감독하는 한편, 다른 지역의 노회들과 함께 대회 혹은 총회를 구성하여 교회의 치리와 교리에 관한 문제를 상의하고 피차 순종하고 복종합니다. 말하자면, 개혁주의의 장로 정치 제도는 지교회의 독립성과 교회의 보편성을 최대한으로 존중하며 조화를 기하는 교회 제도입니다.

157. 칭의 교리를 재발견한 이가 루터입니까?

인간의 공로를 통하여서가 아니고 오직 하나님의 은혜로 사람이 구원 얻는다는 교리는, 루터가 말한 바와 같이, 다른 종교에서는 볼 수 없는 기독교 특유의 교리입니다. 은혜의 교리는 예수님의 가르침에서도 볼 수 있고 특히 바울 서신에서 볼 수 있습니다. 은혜의 교리 가운데 핵심이 되는 교리가 곧 칭의의 교리입니다.

그럼에도 불구하고 초대 교부들의 글에서 칭의에 관한 말을 발견할 수 없습니다. 사도들을 계승한 속사도 교부들은 유대교와 이방 종교의 배경에서 살아왔으므로 공로주의에는 익숙하나 은혜의 교리, 특히 칭의 교리에는 생소했기 때문입니다. 어거스틴이 은혜의 교리를 가르쳤으나 중세 교회는 그것을 잊고 있었습니다.

12세기 이후에 신학자들은 은혜의 교리를 언급했으나, 선을 행하거나 믿는 것도 하나님의 은혜라고 이해하여 칭의 교리를 깨닫지 못하고 공로주의를 벗어나지 못했습니다. 공로주의로 야기된 폐단은 고행, 면죄부의 발행, 재물로 인한 교회와 수도원의 부패와 성직자들의 타락이었습니다.

성경이 가르치는 칭의 교리를 재발견한 이가 1517년 종교개혁을 주도한 마르틴 루터입니다. 그리고 그를 따르는 개혁자들이 칭의 교리를 지지했습니다. 사람은 율법을 다 지키거나 선을 행할 수 없습니다. 율법을 지키고 행함으로써는 의롭다함을 받을 수 없으며 죄인임을 면할 수 없는 사람을 하나님께서 다른 의를 나타내셔서 의롭다함을 받게 하십니다. 즉 예수 그리스도를 믿음으로 의롭다함을 받게 하십니다(로마서 3:21-29).

칭의 교리는 사람들로 하여금 그리스도만이 구세주이시며 중보자가 되심을 깨닫게 해 주며, 공로주의나 성상숭배를 벗어나고 열광주의나 신비주의에 빠지지 않게 해 줍니다. 그리스도 안에서 의롭다함을 받은 성도는 하나님의 자녀답게 주의 말씀과 계명을 따라 살기 위해 감사와 기쁨으로 최선을 다합니다. 즉 성령을 좇아 사는 성화의 삶을 삽니다.

158. '하나님의 의'를 루터는 어떻게 이해합니까?

루터는 시편 71:2의 말씀 "주의 의로 나를 건지시며 나를 풀어주시며" 하는 말씀에서 하나님의 의(義)가 사람을 자유롭게 한다는 말씀을 처음에는 이해할 수가 없었습니다만 마침내 하나님의 의가 여태껏 이해해 오던 공의로운 잣대라는 뜻의 라틴어 'justitia'의 개념과는 다른 의미를 함축하고 있음을 깨닫게 되었습니다.

루터는 로마서 1장 17절의 말씀과 로마서 3장 21절 이하의 말씀도 함께 고려하였습니다. '하나님의 의'는 하나님께서 갖추신 자질이 아니고 하나님의 속성으로 이해하게 되었습니다. 그러므로 '하나님의 의'는 '하나님께서 사람에게 베푸시는 의'임을 깨달았습니다. 그것은 '하나님의 사랑'의 경우와 마찬가지입니다. '하나님의 사랑'은 곧 '하나님께서 사람에게 베푸시는 사랑'을 의미하는 것임이 명백해졌기 때문입니다. '하나님의 구원', '하나님의 축복'의 경우도 마찬가지임을 깨닫게 되었습니다.

루터는 하나님의 의는 하나님의 사랑의 경우와 마찬가지로 하나님께서 거저 주시는 은혜의 선물임을 깨닫게 되었습니다. 로마서 주석 서문에서 루터는 다음과 같이 간증합니다. 이 글은 경건주의자의 한 그룹인 모라비안들이 모여 예배할 때

늘 읽었던 글입니다. 요한 웨슬리는 모라비안의 모임에서 이 글을 읽는 것을 듣고 자신이 중생했음을 깨닫게 되었습니다.

"하나님께서는 의로우시기 때문에 불의한 자를 의롭게 다루셔서 심판하시는 '하나님의 의'로만 내내 생각하다가 마침내 '하나님의 의'는 하나님께서 의로우시기 때문에 우리가 믿을 때 우리를 의롭게 하시는 '하나님의 의'라는 것을 깨닫게 되었다. 이를 깨달았을 때 나는 거듭났음을 느꼈으며, 낙원으로 활짝 열린 문을 들어섰음을 느끼게 되었다. 성경 전체가 새롭게 이해되었다. 이전에는 '하나님의 의'가 혐오스러운 말로 들렸으나 이제는 말할 수 없이 달고 사랑스러운 말이 되었다. 바울의 이 글은 나를 천국 문으로 인도하는 대로가 되었다."

159. 성경에 나타난 '의'라는 뜻은 무엇입니까?

구약과 신약성경에 나타난 '의'(義)라는 말을 잘 살펴보면 루터의 이해가 바른 것임을 알 수 충분히 이해하게 됩니다. '의'는 '곧다'(直) '바르다'(正)라는 개념과는 다릅니다.

마태복음 1장 19절에 보면 마리아가 아기를 가졌다는 사실을 알고 가만히 끊고자 한 요셉을 가리켜 "의로운 사람"이라고 말씀합니다. 법대로 처리하자면 돌로 쳐 죽임을 받도록 해도 무방하지만 요셉은 자비를 베푼 어진 사람이라는 뜻입니다.

구약에서는 '의'(zedek 혹은 zidekah)는 옳고 그름을 판단하는 규범으로서보다는 구원을 베푸시는 하나님의 행위로, 즉 '자비'(hesed)와 동의어로 쓰인 경우가 많습니다. 사울이 엔게디 굴속에서 자고 있을 때 다윗이 그를 죽일 수 있는데도 살려 준 것을 고마워하면서 이렇게 말합니다.

"나는 너를 학대하되 너는 나를 선대하니 너는 나보다 의롭도다(사무엘상 24:17)."

다윗 역시 사울을 죽이지 않은 것을 '의' 라고 말합니다.

"여호와께서 사람에게 그 공의와 진실을 따라 갚으시리니 이는 여호와께서 오늘 날 왕을 내 손에 넘기셨으되 나는 손을 들어 여호와의 기름 부음을 받은 자 치기를 원하지 아니하였음이니이다(사무엘상 26:23)."

그밖에도 이사야서에서 하나님의 의가 구원에 대한 말씀과 함께 사용되고 있음을 봅니다.

"너 하늘이여 위로부터 공의를 뿌리며 구름이여 의를 부을지어다. 땅이여 열려서 구원을 싹트게 하고 공의도 함께 움돋게 할지어다……(이사야 45:8)."

"내가 나의 공의를 가깝게 할 것인즉 그것이 멀지 아니하나니 나의 구원이 지체하지 아니할 것이라. 내가 나의 영광인 이스라엘을 위하여 구원을 시온에 베풀리라(이사야 46:13).”

“너희는 하늘로 눈을 들며 그 아래의 땅을 살피라. 하늘이 연기 같이 살아지고 땅이 옷 같이 해어지며, 거기에 사는 자들이 하루살이 같이 죽으려니와 나의 구원은 영원히 있고 나의 공의는 폐하여지지 아니하리라(이사야 51:6).”
“나의 의는 영원히 있겠고 나의 구원은 세세에 미치리라(이사야 51:8).”

또한 시편에는 많은 예를 발견합니다.

“내가 주의 공의를 내 심중에 숨기지 아니하고 주의 성실과 구원을 선포하였으며……(시편 40:10).”

160. 칭의를 받은 이는 의인입니까?

칭의를 받았다는 말은 의인이 되었다는 말과 같습니까? 신약에서는 예수께서 우리 사람이 하나님의 계명을 온전히 지키기에는 얼마나 부족한 죄인인 것을 되돌아보게 하십니다(마태복음 5: 21-26). 바울은 로마서에서 유대인이나 헬라인이나 사람은 누구나 다 죄 아래 있으므로 의인은 한 사람도 없다고 말씀합니다(로마서 3:10-18; 시편 14:1-3)

신약성경은 우리로 하여금 우리의 내면을 더 깊이 보게 하므로 우리는 스스로를 의인이라고 말하는 데 주저함이 있습니다. 우리는 의롭다함을 받았으나 늘 자신을 죄인이라고 고백하면서 "죄인이면서 동시에 의인"(simul justus et pecator)이란 루터의 표현이 적절한 것임을 시인합니다.

그러나 구약 성경은 하나님을 믿는 경건한 사람들을 가리켜 의인이라고 말씀합니다. 그렇게 지칭하는 예를 구약 성경 여러 곳에서 볼 수 있습니다.

의(義, dikaiosune)는 우리말 성경에 공의(公義)라고도 번역되고 있습니다. 의로우신 재판장이신 하나님(디모데후서 4:8; 시편 7:11)은 사람이 의롭고 의를 행하기를 원하시므로 계명과 율법을 의의 규범으로 주셨습니다. 거룩(聖), 선(善), 자비, 사랑 등과 함께 의는 하나님의 속성 가운데 하나로서 죄 혹은 사악함과 대칭을 이루는 개념입니다. 하나님은 죄를 미워하시고 죄인을 징벌하시고 심판하시는 한편 또한 긍휼히 여기시는 의로우신 하나님이십니다.

161. 루터와 칼빈은 칭의와 성화를 어떻게 이해합니까?

공로주의가 상식으로 통하는 중세의 교회적 상황에서 칭의의 교리의 발견은 위대한 발견이었으며, 그것을 발굴한 것은 대단한 작업이었다. 그러므로 루터는 중세의 공로주의에 대항하여 이를 극복하는 칭의(稱義)의 교리를 강조하는 일에 많은 힘을 쏟았습니다. 그는 그리스도 안에서 의롭다함을 받은 그리스도인의 자유에 관하여 말하고 그리스도인들은 율법주의나 공로 사상에서 선(善)을 행할 것이 아니고 구원의 은혜에 감사하는 마음에서 행해야 하는 것임을 강조하였습니다.

루터는 사람이 어떻게 구원을 받으며 무엇을 해야 하는 지에 관심을 쏟은 반면에, 칼빈은 하나님을 높이고 하나님의 영광을 드러내는 일에 더 많은 관심과 정력을 기울였다고 말합니다. 루터가 공로주의에 포로가 된 로마 가톨릭교회에 대항하여 믿음으로 의롭다함을 얻는다는 사실을 강조해야 하는 역사적인 상황에서 충분히 그럴 수 있었음을 이해하게 됩니다.

루터는 실로 그 일을 통하여 종교개혁의 개척자로서 종교개혁 신학에 큰 물꼬를 트는 위대한 과업을 수행했습니다. 그런데 구원에 대한 루터의 집중적인 관심은 결국 루터교의 특징으로 각인되었습니다. 개혁주의 신앙고백서들이 성경 말씀에 대한 고백에서부터 시작하고 있는 데 반하여, 루터교의 신앙고백은 구원에 대한 고백에서부터 시작하고 있음을 발견한다. 그리고 이러한 경향은 신령주의 및 복음주의의 경향과도 상통합니다.

칼빈과 개혁주의자들은 칭의의 교리를 그대로 받을 뿐 아니라, 은혜의 교리를 더 발전적으로 이해했습니다. 사람이 어떻게 해야 구원을 얻느냐 하는 데 대한 관심을 넘어 서서, 사람을 그리스도 안에서 의롭다고 하심으로 구원의 은혜를 베푸시는 하나님의 위대하심을 재발견하고 찬양하는 신학을 폈던 것입니다. 그리하여 개혁주의 신학은 하나님의 은혜와 칭의의 교리를 뒷받침하는 하나님의 절대 주권 사상을 전개하게 되었으며, 나아가서는 예정론을 강조하게 되었습니다.

개혁주의 신앙고백으로 대표적인 것 가운데 하나가 1563년에 나온 하이델베르크 신앙교육문답서입니다. 학자들 가운데 어떤 이들은 이 신앙교육문답서가 루터교의 영향을 받은 것임을 말합니다. 감사함으로 하나님의 계명을 지켜야 한다고 말하는 셋째 부분 때문에 그렇게 말하는 것으로 알고 있습니다. 그러나 그 부분 때문에 만은 아니고, 문답서 서두를 인간이 어떻게 해야 구원을 얻느냐 하는 문답으로 시작하고 있는 점 때문에 루터교의 영향을 받은 것으로 볼 수 있습니다.

이에 반하여 칼빈이 작성한 제네바 신앙교육문답서와 웨스트민스터 신앙교육문답서에서는 인생의 주된 목적이 하나님을 아는 것과 하나님을 영화롭게 하는 것이라는 문답으로 시작하고 있어서 하이델베르크 신앙교육문답서와는 차이가 있음을 발견합니다.

개혁주의 신학은 사람의 구원을 두고 죄에 대한 회개와 회심과 중생, 칭의와 성화, 그리고 영화에 이르기까지의 구원의 과정을 말합니다. 이 모든 과정은 그리스도 안에서 성령께서 일하심으로 이루어집니다. 그러므로 개혁주의에서 성화는 칭의를 전제로 하고 있습니다. 그러나 실제로 설교에서 그리스도인으로 사는 삶을 강조하다 보면, 다시 말하여 거룩하고 윤리적으로 사는 삶을 강조하다 보면, 그리스도인이 되는 일, 즉 회개하고 거듭나서 하나님의 백성이 되도록 촉구하는 것을 소홀히 하기 쉽습니다.

칭의는 성도에게 단 한 번에 부여되는 것입니다. 그러나 그것은 단순히 과거에 속하고 마는 사건이 아니고 매일의 삶에서 지은 죄를 회개하는 우리를 사유하시는 예수 그리스도 안에서 새롭게 상기(想起)되고 신선한 감격을 안겨다 주는 사건입니다. 그럼으로써 우리를 새롭게 하며 성화를 이루게 하는 현재적인 것으로 인식되어야 하는 사건입니다.

162. 개신교 내의 두 신학적인 경향이 있다는데 무엇입니까?

구원론을 두고 사람이 어떻게 구원을 받느냐에 주로 관심을 두는 신학적 경향과 사람에게 구원을 베푸시는 하나님께 대하여 더 많은 관심을 두는 신학적 경향, 이 두 경향이 개신교 역사에서 두 큰 흐름을 형성하게 되었습니다.

초기의 루터와 경건주의, 그리고 경건주의에서부터 일어난 부흥운동으로 말미암아 생겨난 복음주의가 전자의 것이고, 개혁주의가 후자의 것입니다. 경건주의자들은 자신들이 루터의 가르침을 다시 회복한다고 스스로 평가하며 자부합니다.

경건주의와 복음주의가 관심을 두는 것이 사람의 회심과 중생, 새 사람이 되고 새 사람으로 사는 삶입니다. 다시 말하면, "비참한 상태에서 벗어나는" 인간의 구원에 관심을 집중하는 것입니다. 그래서 경건주의와 복음주의는 회개와 중생의 주관적인 체험을 강조합니다. 이러한 구원에 대한 관심은 루터가 칭의를 발견하고 그것을 밝히 드러내려고 노력한 것과 일맥상통합니다.

경건주의자들은 교회관을 두고도 교회를 "성도의 모임"으로 보는 루터의 교회관과 만인제사장론에 영향을 받아 이를 더 극단화하여 이해하고 적용했습니다. 경건주의는 제도적인 교회에 대하여 소극적인 견해를 가지고 "교회 안의 교회"의 모임을 가졌으며, 현재도 역시 그렇게 하고 있습니다.

요한 웨슬레는 경건주의자들의 한 그룹인 '모라비안' 들과의 접촉에서 자신이 중생(重生)하였음을 깨달았으며, 18세기 잉글랜드 부흥운동의 주역으로 활동하게 되었으며 감리교의 창시자가 되었습니다.

인생의 목적이 하나님을 알고 하나님께 영광을 돌리는 것임을 아는 것, 그것이 그리스도 안에서 하나님의 백성이 된 사람이 추구해야 할 일입니다. 그것이 성숙한 신앙인의 고백이요 목표입니다. 그리고 그것이 신학다운 신학입니다. 그러나 신앙의 초보자는 그런 성숙한 신앙을 가지기는 어렵습니다.

아직 기독교 신앙을 가지지 못한 사람, 아직 하나님을 모르는 사람에게는 제네바 신앙교육문답이나 웨스트민스터 신앙교육문답의 제 1문의 문답은 아직 먼 단계에 있는 문답입니다.

아직 하나님을 모르는 사람에게는 "내가 어떻게 하면 구원을 얻을 수 있는가?" 하는 종교적인 질문과 그에 대한 답변이 호소력을 가집니다. 이러한 질문은 신앙으로 진입하도록 하기 위한 첫 단계의 질문입니다. 복음주의가 개혁주의보다는 이러한 질문을 더 집중적으로 다루면서 부흥운동을 주도하게 되었으며, 전도와 선교에 더 큰 열심을 보였으므로 복음주의 교회들이 크게 성장하게 되었던 것입니다.

163. 신령주의와 신비주의를 어떻게 구분합니까?

신령주의(spiritualism)란 역사적인 기독교 종교의 영적인 측면을 강조하고 추구하는 신앙적인 성향과 사상을 일컫는 말입니다. 신령주의 운동과 사상은 교회 역사에 늘 있어왔습니다. 사도시대의 고린도 교회의 신령파(pneumatikoi)들, 초대교회 시대의 몬타누스파 운동, 3, 4세기의 안토니우스와 파코미우스가 주도한 은자촌(隱者村) 운동과 수도원 운동, 그리고 중세의 수도원 운동 등이 신령주의 운동에 속합니다.

종교개혁 당시의 재세례파, 17세기 후반에 일어난 독일의 경건주의 운동과 그 영향을 받은 플리머스 브레드런(형제교회), 퀘이커 등이 신령주의 전통에 속하며, 18세기와 19세기에 있었던 부흥운동 역시 신령주의 전통을 계승하는 신앙운동이라고 할 수 있습니다. 그리고 20세기에 들어와 일어난 오순절파 운동도 신령주의 전통에 속한다고 할 수 있습니다.

신령주의는 일반은총보다는 특별은총에 관심을 가집니다. 그래서 반문화적인 경향이 있습니다. 또한 '보이는 교회' 보다는 '보이지 않는 교회' 를 추구하여 분리주의적인 성향을 보입니다. 따라서 교회의 전통이나 역사를 존중하지 않고 성경을 수직적인 계시의 말씀으로 이해하며 주관적으로 해석하는 경향입니다.

그러므로 교권주의와 의식주의 경향을 보이는 제도적인 교회를 거부하여 교회 밖의 모임과 운동을 가지는 경향이 있습니다. 그러므로 신령주의 운동은 초대와 중세 시대에는 교회로부터 이단적인 운동으로 정죄를 받기도 했습니다. 그러나 종교개혁 이후 많은 교파들이 생겨나면서부터는 신령주의 경향이 강한 그룹들도 스스로를 대등한 교파 교회로 주장하게 되었으며 여러 교파 교회 안에서 영향을 미치게 되었습니다.

신령주의는 교회 역사에서 영성을 추구하고 강조함으로써 의식화되고 세속화된 교회에 영적으로 각성하도록 자극을 주고 교회의 쇄신을 촉구하는 역할을 해 왔습니다. 그런데 신령주의가 영성을 강조하는 것이 지나치면 신비주의로 기울어집니다.

신비주의는 금욕과 명상을 통하여 하나님께로 접근하며 하나님과 합일을 이루는 것을 추구하는 사상이요 운동입니다. 초대교회의 영지주의는 이교적인 혼합사상에서 온 신비주의였으며, 중세 독일의 신비주의는 예수 그리스도를 하나님과의 합일을 성취한 모델로 간주한 이단적인 사상이요 운동이었습니다. 프랑스에 있었던 정숙주의도 신비주의에 기울었습니다.

초대 교회의 몬타누스 운동은 처음에는 신령주의적인 성향을 띠었으므로 교부 터툴리안도 참여했습니다만, 신비주의적임이 드러나자 그 운동과는 결별했습니다. 초대교회와 중세 교회 시대의 수도원에서도 신비주의적인 경향을 볼 수 있었습니다.

회개와 중생의 체험을 강조하며 경건한 새로운 삶을 역설하는 경건주의와, 부흥운동으로 인하여 일어난 복음주의는 건전한 신령주의에 속한다고 할 수 있습니다. 그러나 방언과 신유 혹은 영적인 체험을 강조하며 보다 독선적인 오순절 운동은 신비주의로 향하는 신령주의라고 할 수 있습니다. 빈야드 운동 등은 신비주의에 기울어진 것입니다.

164. 개혁주의가 하나님을 중심하는 신학이라는데, 그렇습니까?

루터는 칭의의 교리를 강조하면서 그리스도인이 선행을 행해야 할 것을 동시에 강조합니다. 칭의의 교리가 선행에 대한 의지를 약화시킨다는 오해와 비난이 있었으므로, 루터는 칭의를 강조하다가는 다시금 선행을 강조하고, 그러다가는 칭의의 교리가 약화될까 염려하여 다시금 칭의를 강조합니다. 다시 말하면, 루터는 칭의와 선행, 이 둘을 역설적(逆說的)으로 강조합니다. 반면에, 칼빈과 개혁주의에서는 선행의 당위성을 성화의 교리로 더 체계 있게 설명합니다.

루터는 사람이 어떻게 구원을 얻느냐에 관심을 두면서 칭의의 교리에 집중한 반면에, 칼빈은 사람에게 구원을 베푸시는 하나님께 대한 관심을 더 많은 관심을 표현했습니다.

인간이 어떻게 해야 구원을 받느냐 하는 문제를 두고 하나님의 은혜에 대한 인간의 반응에 주로 관심을 둘 경우보다는 구원을 베푸시는 하나님께 더 많은 관심을 둘 때, 우리의 시야는 더 넓어지며 하나님께서 우리 사람과 만물을 위하여 하시는 일을 더 많이 보게 되고 하나님의 위대하신 주권적인 경륜과 역사에 대하여 찬양하게 됩니다.

개혁주의는 구원의 하나님을 곧 창조주 하나님으로 인식합니다. 하나님께서는 창조주 하나님이시므로 모든 만물을 운행하시고 다스리시며, 죄 아래 버려져 죄의 종노릇하는 인생을 독생자 예수 그리스도의 희생을 통하여 구원하십니다. 창조주 하나님, 만물을 다스리시고 섭리하시는 하나님께서는 능력이 있고 권능이 있으십니다.

개혁주의는 구원을 받아야 하는 사람에 대한 관심을 넘어서서 구원하시는 하나님을 바라보고 하나님께 영광을 돌리는 일에 열중하므로 하나님은 위대하시고 하나님의 사랑은 한없이 넓고 크심을 사색하며 찬양합니다. 하나님께서는 죄인을 구원하시기 위하여 오래 참으시고, 악인과 선인에게 골고루 일반은총을 베푸십니다. 우리가 가진 모든 것, 우리의 재능과 능력과 우리의 생명이 다 주님의 것임을 인식합니다.

하나님의 이름이 높임을 받고 하나님께서 영광을 받으신다면, 모세와 같이, 자신의 구원 문제까지라도 다 하나님께 맡김으로써 하나님의 절대 주권에 순종하고 복종하기를 마다하지 않습니다(출애굽기 32:30이하; 로마서 9:3). 자신의 죽고 사는 일과 영원한 구원까지도 하나님의 처분에 다 맡기고 하나님께 영광과 존귀와 감사와 찬송을 돌리는 그리스도인은 하나님께서 만세 전에 우리를 사랑하셔서 구원에 참여하도록 예정하셨다는 말씀을 성경이 가르치는 대로 믿고 그 일로 인하여 하나님을 찬양합니다.

165. 로마 가톨릭을 어떻게 보아야 합니까?

우리나라에서는 가톨릭을 천주교라고 하고 개신교는 기독교라고 하는 이들이 많습니다. 개신교를 굳이 기독교라고 불러야 한다는 이들은 천주교, 즉 로마 가톨릭과 개신교가 이질적인 종교인양 생각하는 경향이 짙어서입니다. 양 교회가 신앙 내용에서 다른 점이 있어서도 그러하지만, 우리나라에는 가톨릭과 개신교가 각기 시대를 달리 하여 따로 전래되었기 때문에도 그러합니다. 그래서 가톨릭과 개신교는 각기 교회와 거기에 속한 여러 가지를 달리 부르게 되었습니다.

개신교가 100년 먼저 들어온 로마 가톨릭이 사용하는 명칭들을 따르지 않고 독자적으로 번역하여 사용해 오고 있습니다. 이를테면 예배하는 집을 두고 개신교에서는 예배당이라고 하는데, 천주교에서는 성당이라고 하며, 목사는 신부, 성례는 성사, 세례는 영세라고 합니다. 이러한 명칭들이 유럽 말로는 같으나 번역을 달리하여 차이가 나게 되었습니다.

개신교는 스스로를 기독교라고 불러왔는데 교회의 역사를 인식하면서부터 로마 가톨릭에 대치하여 개신교라고 부르게 되었지만, 보수적인 개신교 신자들 중에는 그렇게 부르기를 거부하는 이도 있습니다. 그러나 교회 역사를 보면 두 교회가 16세기의 종교개혁 이전에는 한 교회였음을 시인해야 합니다.

그리스도의 교회는 초기부터 약간의 분파가 있었으나, 로마와 콘스탄티노플이 중심이 되고 있는 두 대교구가 발칸반도를 경계로 하여 서방교회와 동방교회는 완전히 분립하였습니다. 서방은 초대 교회 때부터 일컬어 오던 대로 스스로를 '보편적' 혹은 '범세계적'이라는 뜻의 '가톨릭'(Catholic)이라고 칭했습니다. 그러니까 동방에서는 자신들이 정통 교회라는 뜻으로 '오토독스'(Orthodox)라고 칭하였습니다.

그런데 서방교회는 다시금 분열을 겪게 되었습니다. 1517년 루터의 종교개혁을 시작으로 크게는 로마 가톨릭과 소위 항의자라는 뜻을 가진 '프로테스탄트' 교회로 양분되었습니다. 개신교(改新敎)는 종교개혁의 교회, 즉 '새롭게 개혁하는' 교회라는 뜻을 가진 말로서 그 정체성을 잘 드러내는 명칭입니다.

종교개혁이 처음 일어난 독일에서는 대다수의 개신교 교회들이 스스로를 복음에 근거하는 교회라는 뜻으로 '에반겔리쉐 키르케'(Evangelische Kirche)라고 칭합니다. 직역하면 '복음적 교회'라는 말입니다. 가톨릭은 '가톨리쉐 키르케'(Katholisch Kirche)라고 하는데, 양측이 다 고유명사로 인정하고 사용합니다.

종교개혁자들은 중세 교회가 도덕적으로 타락한 것을 쇄신할 뿐 아니라 신학적인 잘못도 개혁하려고 했습니다. 로마 가톨릭교회 역시 도덕적인 쇄신을 도모했으나 신학적인 변화는 외면하였습니다. 종교개혁자들은 중세 교회가 공로주의 사상에서 행함을 강조하는 것에 반대하여 사람은 하나님께서 베푸시는 '오직 은혜로', 그리고 그리스도를 믿는 '오직 믿음으로' 의롭다함을 받고 구원을 얻는다는 점을 역설하였습니다. 종교개혁 운동을 유발한 면죄부는 중세 가톨릭교회의 대표적인 부패라고 할 수 있는데, 면죄부는 공로주의의 산물입니다.

그리고 또한 '오직 성경'을 주창한 종교개혁자들은 성경의 가르침에서 벗어남으로 말미암아 야기된 여러 가지 구체적인 제도와 관행을 반대하여 실제적으로 개혁하려고 했습니다. 그들은 전체교회를 개혁하려고 했으나 교황주의자들의 반대에 부딪혀 마침내 교회가 분립하게 된 것입니다.

종교개혁자들이 아직 로마 가톨릭교회 안에 있으면서 교회를 개혁하려던 가장 핵심적인 부분은 교황주의와 성찬의 화체설과 목사를 제사장이라고 하는 사제주의와 교직자들과 평신도로 구분하고 교직자들도 여러 계층으로 서열화하는 교계주의(教階主義, hierarchy)와 소위 성직자의 신분과 권리를 강화하는 교권주의(教權主義)였습니다.

종교개혁자들은 또한 로마 가톨릭이 교회법을 신성시하는 한편 연옥을 믿는 신앙을 반대하였으며, 성찬에서 떡과 포도주를, 즉 성찬을 하나님께 드리는 제물이라고 주장하며 말씀 예배와 성찬식을 하나로 묶어 미사라고 하고 미사를 하나님께 드리는 제사라고 하는 사상을 배격하였습니다.

가톨릭은 성찬을 행할 때 떡과 포도주가 주님의 몸과 피로 변한다고 하면서 그리스도께서 다시금 제물로 드려지는 것이라고 하는데 반하여, 개신교는 그리스도께서는 단번에 영원히 제물로 드린바 되었으므로 성찬을 행할 때 그의 죽으심을 기념하는 것이라고 합니다. 우리가 떡과 포도주를 그리스도의 몸과 피로 알고 받아 그리스도와 연합하도록 하나님께서 우리에게 은혜를 베푸신다고 합니다. 다시 말하면 성찬은 우리가 하나님께 드리는 제물이 아니고 하나님께서 우리에게 베푸시는 은혜라고 하는 것이 개신교의 믿음입니다.

가톨릭은 세례와 성찬을 포함하여 혼인예식, 입교에 해당하는 견신례, 교직자, 즉 사제를 세우는 의식, 임종에 있는 사람에게 기름을 붓는 일 등 모두 7개의 성례를 말하는 반면에, 개신교에서는 예수 그리스도께서 제정하신 세례와 성찬만을 성례라고 합니다. 세례와 성찬은 당신 자신을 희생하심으로써 완성하신 구속사역에 근거하여 행하는 의식이다. 이를테면 혼인예식은 신자이든 아니든 누구나 누리는 일반은총에 속하는 것이므로 성례일 수가 없습니다.

종교개혁자들은 그밖에도 이차적인 종교적 관행들, 즉, 마리아를 포함하여 성자(聖者)들에게 기도하는 일과 성상숭배, 죽은 자를 위한 기도, 순례, 예배시의 행렬, 성수, 부적 등등을 제거하였으며, 공로 쌓는 일, 수도원, 환상을 보거나 황홀을 추구하는 일, 풍유적인 성경해석 등등을 반대하였습니다. 가톨릭에서는 성경에 외경을 포함시키는데 반하여 개신교는 초대교회의 전통을 따라 신약 27권 구약 39권만을 옳은 성경으로 인정합니다.

중세 가톨릭교회는 성경 말씀을 중심하기보다는 목회적인 배려에서 백성들의 민속신앙을 용인하고 조장한데서 그러한 관행을 가지게 되었습니다. 오늘의 가톨릭교회가 그러한 관행을 여전히 시행하고 있다는 점에서는 중세 가톨릭교회와 별로 다름이 없습니다.

한국의 복음적이며 보수적인 교회에 속한 많은 사람들이 그러므로 가톨릭이 이단라고 말한다. 위에서 든 여러 가지 점들을 고려하면 그렇게 말할 수 있을 것 같습니다. 그런데 교회 역사에서 이단은 삼위일체 하나님을 부인하는 자, 다시 말하면, 예수 그리스도가 하나님의 아들이심을 부인하는 자를 가리키는 말입니다(베드로후서 2:1; 유다서 1:4). 그리고 예수를 부인하는 이단들은 거의가 다 부도덕한 비사회적인 삶을 살았고 추종자들은 그런 집단으로 추락하였습니다.

그런데 가톨릭은 개신교와의 많은 이질적인 점이 있음에도 불구하고 개신교와 마찬가지로 사도신경을 고백하며 삼위일체 하나님을 예배하므로 구원에 이르지 못하는 종교적인 집단으로 정죄하는 일은 삼가야 합니다. 가톨릭은 비도덕적이며 비사회적인 집단도 물론 아닙니다.

예수님과 함께 십자가에 달린 강도가 구원해 주실 것을 호소했을 때 예수께서는 "네가 오늘 나와 함께 낙원에 있으리라"고 말씀하신 사실을 우리는 기억합니다. 그 강도는 교리를 알지도 못했고 무슨 선행을 쌓을 여유도 갖지 못했습니다. 그는 다만 예수께서 구원하시는 능력이 있는 주님이심을 믿었으므로 구원을 받았다. 우리는 누구든지 그리스도를 하나님의 아들이요 구세주로 믿으면 정죄를 받지 않고 구원을 얻는다는 사실을 명심해야 합니다.

로마 가톨릭과 개신교가 사도신경을 고백하고 삼위일체 하나님께 예배하는 한 양자의 차이점은 구원 문제에 있기보다는 위에서 언급한 바와 같이 구원에 관한 견해, 즉 구원론의 차이와 어떻게 하나님을 바로 섬기며 하나님의 뜻대로 사느냐 하는 데 대한 견해, 즉 교회론의 차이에 있습니다. 하나님께서는 성경에서 당신의 독생자 예수를 구세주로 믿으면 구원을 얻는다고 말씀하십니다(요한복음 3:16).

유럽의 루터교나 개혁주의 교회가 가톨릭의 다른 점과 잘못을 여전히 지적하지만 이단이라고 정죄하지는 않습니다. 그런데 이러한 관용적인 자세를 가지기까지에는 양자가 많은 우여곡절을 경험했습니다. 종교개혁이 일어난 이후 양측은 서로를 이단으로 정죄하면서 피차 힘으로 대결하였다. 권력을 가진 왕들과 제후들이 양측을 지지하는 세력으로 나누이면서 양측은 여러 차례 전쟁을 치렀습니다. 17세기 초반에는 30년 전쟁(1618-1648)을 치렀습니다. 그 이후에야 강화조약을 맺고 서로를 관용하기에 이르렀습니다. 그 후 몇 차례 재 연합을 시도하기도 했으나 그 때마다 서로의 교리적인 차이를 재확인하면서 오늘에 이르렀습니다.

에큐메니칼 운동으로 인하여 가톨릭과 개신교의 지도자들이 교류와 접촉을 가지며 상대를 이해하려는 일에 노력을 기울이고 있으나, 개신교 교회들은 종교개혁의 신학과 전통을 존중하며 각자의 교리와 신학적인 특색을 유지하도록 해야 할 것입니다.

그러기 위해서는 가톨릭과 개신교의 이질적인 점과 동질적인 점이 무엇인지를 알아야 합니다. 그래야만 늘 자신을 새롭게 개혁해야 하는 개신교는 이름 그대로 스스로가 중세 가톨릭교회가 범했던 오류를 범하고 있지는 않는지를 늘 반성할 수가 있습니다.

교황주의와 함께 사제주의와 교권주의를 반대하여 종교개혁자들은 신약 시대에 제사장은 오직 예수 그리스도 한 분뿐이시라고 강조해서 말했습니다. 그런데 한국의 목사님들이 자신들이 제사장이라고 생각한다면 그것은 로마 가톨릭과 같은 사상이고 종교개혁자들이 극구 반대한 사상입니다. 게다가 축복권과 저주권을 가졌다고 말함으로써 스스로를 평신도와 구별하는 이들이 있는데, 그것은 중세적인 로마 가톨릭의 사상을 능가하는 구약적인 사상입니다.

근래에 와서 황금만능 사상이 팽배해 있는 사회에서 교회

마저 그런 물결에 표류한다는 생각으로 금욕과 절제의 미덕을 강조하면서 수도원 운동을 동경하는 이들이 더러 있습니다. 수도원은 교회 역사에서 교회에 때로는 쇄신하는 바람을 불어넣기도 했으며 교육을 통하여 신앙적인 인물들을 배출하는 등 당시의 사회에서 많은 긍정적인 역할을 했습니다.

그러나 구원을 얻는 데는 믿음만이 아니고 선행도 따라야 한다는 공로주의 사상을 탈피하지 못했던 것임을 기억해야 합니다. 그러므로 오늘에 와서 새삼스럽게 제도적인 수도원운동을 동경할 이유는 없는 줄 압니다.

1990년대에 와서 개신교회 안에서도 '영성 운동' 이니 '영성 개발' 이니 하여 '영성' 이란 말을 많이 하고 있다. '영성' 은 중세 수도원을 중심 한 신비주의자들이 많이 사용하던 말이고 그들이 가졌던 사상입니다. 우리 안에 하나님을 알 수 있는 영성이 있어서 묵상과 기도와 수련을 통하여 혹은 자신을 비워 이를 증진시킴으로써 하나님과 합일의 경지에 이른다는 사상을 말했습니다. 그것은 곧 종교개혁자들이 배격한 공로주의를 배태하는 사상입니다.

그러나 우리가 종교개혁의 신학을 존중하고 따른다면 '영성' 또는 '영성 개발' 이라는 말 대신에 성경에 있는 대로 '경건' 또는 '경건 훈련' 이란 말을 사용해야 할 것입니다. 우리 인간은 전적으로 부패했으므로 오직 하나님의 은혜와 성령의 일하심으로 그리스도를 믿는 믿음을 가질 수 있을 뿐 아니라,

의롭다함을 받아 하나님의 자녀가 되고 전 인격이 변화함을 받는 성화의 생활을 할 수 있기 때문입니다. 그러므로 명상보다는 하나님을 전적으로 신뢰하고 간구하는 기도에 힘써야 합니다.

신앙의 증진을 위하여 열리는 퇴수회 중에는 '트레스디아스'와 같이 가톨릭의 신학에 근접한 사상에 근거를 두고 있는 집회가 있습니다. 믿음과 행함을 가르치고 사랑의 실천을 연습하는 일이 개신교의 부흥 집회보다 참신한 면이 있어서 참석자들이 감명을 받는다는 말을 듣습니다. 가톨릭의 이질성을 강조하는 말만 듣고 동질성에 관해서는 별로 말을 듣지 못한 개신교 교인들에게는 그런 모임에의 참석은 충격을 주는 경험일 수 있습니다. 믿음과 사랑의 실천을 강조하는 면에서 가톨릭이나 개신교 사이에 눈에 뜨이게 큰 차이가 있는 것은 아니지만 가톨릭의 영성 훈련에는 공로주의 신학이 그 바탕에 깔려 있습니다. 그러므로 그런 모임과 그런 방식의 훈련에 익숙하다 보면 가톨릭의 종교를 차츰 받아들이게 될 수도 있습니다.

개신교 신자들이 가톨릭으로 쉽게 개종할 수 있는 정서를 갖게 된다는 점에서 염려할 일일 수도 있지만, 개신교 교회 안으로 가톨릭적인 경건이 스며들어 확산된다면 그것은 바람직한 일이 못됩니다. 한국 교회는 부흥운동을 통하여 회개 운동을 경험했으며 그런 운동을 통하여 성장해 왔습니다.

우리는 전적으로 부패한 사람들이므로 오직 하나님의 자비와 불쌍히 여기심을 바랄 때 성령께서 우리에게 믿음을 선물로 주시고 회개하게 하시며 구원의 확신을 갖게 하시고 감격과 기쁨을 안겨 주십니다. 기쁨으로 교회를 섬기게 하시며 그리스도를 증거하고 전도에 힘쓰게 하시며 거룩한 삶을 살도록 힘쓰게 하십니다.

이러한 믿음과 삶이 공로주의를 바탕으로 하고 있는 가톨릭적인 영성 훈련으로 인하여 힘을 잃어서는 안 됩니다. 우리에게 공로사상이 있으면 성령께서 역동적으로 일하시는 부흥을 기대할 수가 없습니다. 한국 교회는 성령께서 더 많이 역사하시도록 자리를 드리고 기도하는 교회이어야 합니다. 그럼으로써 한국 교회는 교회를 부흥케 하신 하나님의 은혜에 보답하고 세계 교회에 기여할 수가 있을 것입니다.

V

그밖의 신학적 주제들

166. 예정 교리는 어떤 것입니까?

예정 교리는 하나님께서 구원하실 자를 하나님의 작정 가운데서 미리 정하셨다는 교리입니다. 칼빈을 위시한 개혁주의 신학자들은 거의 예외 없이 예정 교리를 대단히 중요시했습니다. 그들은 한 걸음 더 나아가 칭의의 교리를 예정과 성화의 교리와 구원 얻은 성도들에게 구원의 확신과 위로를 주는 견인(堅忍)의 교리에로 발전시켜 생각했습니다.

종교개혁자들이 믿고 가르친 바와 같이, 예정론은 하나님의 절대 주권적인 은혜의 교리에서 깨닫게 되는 교리입니다. 즉, 칭의와 구속은 사람의 노력 여하에 따라서 달성할 수 있는 것이 아니고, 오직 하나님의 은혜로 말미암아 이루어지는 것임을 더 확실하게 보증하는 교리가 곧 예정론입니다. 다시 말하면, 예정론은 신론에 속하는 교리이지만 예정에 대한 인식은 구원론에서 이루어집니다. 그러므로 칼빈은 그의 기독교 강요에서 구원론을 먼저 다루고 난 후 3장 21절에서 예정론을 다루고 있습니다.

하나님의 예정에 대한 찬송은 에베소서 서두에 명료하게 표현되고 있다. "찬송하리로다" 하는 말로 시작하는 에베소서 본문에서 하나님께서 우리를 창세전에 택하시어 우리로 사랑 안에서 그 앞에 거룩하고 흠이 없게 하시려고 그 기쁘신 뜻대로 우리를 예정하셨다고 말씀합니다(에베소서 1:4, 5). 그리고는 우리에게 거저 주시는 은혜를 찬미하게 하려는 것이라고 말씀합니다(에베소서 1:6). 1장 12절에는 "찬송이 되게 하려 하심이라"고 말씀하고, 13절에 다시 "그의 영광을 찬미하게 하려 하심이라"고 말씀합니다.

예정론을 하나님의 주권 사상에서부터 논의하면, 사람에 따라서는 그것을 운명론과 혼돈하기도 하고 인간의 자유의지와 대립되는 것으로 논란할 수 있습니다. 그러나 예정을 구원론에서 이해하면 하나님의 예정은 너무나 당연한 진리임을 인식하게 됩니다.

왜냐하면 우리 스스로가 멸망에서 구원을 받아야 하는 죄인임을 고백하는 데서 시작하면 우리는 우리를 구원하시는 하나님을 객관화할 수 없으며 또한 하나님 앞에서 구원을 갈망하고 간구해야 하는 우리 자신을 객관화 할 수 없기 때문입니다.

자신이 구속함을 받고 구원을 얻은 하나님의 백성임을 확신하는 사람은 예정에 대하여 의혹을 가질 수가 없습니다. 의혹을 가지기는커녕 하나님의 예정과 선택의 교리를 바울과 함께 확실히 믿고 하나님께 감사와 찬양을 드립니다.

167. 하나님의 예정과 인간의 자유는 서로 상치됩니까?

예정론을 두고 하나님의 예정과 인간의 자유라는 주제는 예정(豫定)과 예지(豫知)라는 주제와 관련하여 논의되어 왔습니다. 그런데 하나님의 예정과 인간의 자유를 양립하거나 서로 상충될 수 있는 개념으로 생각하는 것은 옳지 않습니다. 두 개념을 대등하게 저울질하거나 같은 수치나 정도를 나타내는 말로 대비(對比)시킬 수가 없습니다.

하나님은 창조주이시고 인간은 피조물이므로 하나님께 속한 것과 인간이 향유하는 것을 대등한 자리에 두고 생각할 수가 없습니다. 왜냐하면 하나님은 창조주이시므로 능력이 무한하시며 시간과 공간의 세계를 초월하심과 동시에 그 안에 내재하시며 만물을 다스리시고 주관하시는 주님이시요, 인간은 피조물로서 한 순간 살다가 죽을 수밖에 없는 유한한 존재이기 때문입니다.

인간이 비록 자유를 향유한다고 하더라도 인간의 자유는 하나님의 작정과 예정 안에 있는 자유입니다. 어거스틴이 고백한 바와 같이, 우리 인간은 죄를 지을 수 있는 자유는 있어도 죄를 벗어나 의를 행할 수 있는 자유는 없는 존재입니다. 그러므로 인간이 죄에서 벗어나는 자유를 얻는 것은 전적으로 하나님의 자비와 은혜로 말미암아 성취되는 것입니다.

"예수 그리스도를 믿으라, 그리하면 너와 네 집이 구원을 얻으리라(사도행전 16:31)." 고 하며 복음을 전하는 사람은 복음을 듣는 사람이 자의로 결단을 하도록 촉구합니다. 그리고 복음의 말씀을 듣는 사람은 자의로 결단하여 복음을 믿고 그리스도를 영접합니다. 그러나 결단함으로써 그리스도를 영접한 사람은 그 일이 자신의 의지와 자의적인 결단으로 된 것이 아니고 하나님의 자비와 은혜로 성령께서 감동하셔서 된 것이며, 구원을 베푸신 모든 일이 하나님께서 작정하신 예정 가운데 이루어진 것임을 깨닫고 확신하며 감사함으로 고백합니다.

그리고 복음을 전하며 결단을 촉구하는 전도자 역시 전하는 복음의 말씀에 성령께서 능력으로 같이 해 주시고 복음을 듣는 자의 마음을 감동시켜 주시도록 기도합니다. 그러므로 사람이 구원을 위하여 자의로 결단하고 노력하되 그 모든 것이 하나님의 주권적인 관여와 섭리 안에서 이루어지는 것입니다. 성경은 하나님의 주권적인 관여와 섭리를 영원한 작정과 예정을 따라 하시는 것임을 말씀합니다.

168. 하나님의 예지와 예정, 어느 것이 먼저입니까?

인간의 자유 의지에 역점을 두는 이들은 하나님의 예정(豫定)보다는 예지(豫知)에 역점을 둡니다. 하나님께서 사람이 복음을 받아들일 것을 미리 아시고 예정하셨다는 것입니다. 이를 뒷받침하기 위하여 로마서의 말씀을 인용합니다.

"하나님이 미리 아신 자들로 또한 그 아들의 형상을 본받게 하기 위하여 미리 정하셨으니 이는 그로 많은 형제 중에서 맏아들이 되게 하려 하심이니라(로마서 8:29)."

그러나 하나님께서 사람이 어떻게 대응할 것을 미리 아시고 사람의 구원을 결정하셨다면 그것은 사람이 먼저 결정하는 여부에 따라 의존적으로 결정하셨다는 말이 됩니다. 하나님의 절대 주권을 믿는 사람은 예지가 먼저라는 사실을 용납하지 못합니다. 그러나 또 한편 예지를 강조하는 사람은 하나님께서 예정하시면서 인간이 자유의지로 어떻게 대응할 것인지조차 모르시고 예정하셨으리라는 것 역시 상상할 수 없습니다.

하나님의 예정과 인간의 자유는 대등하게 대비될 수 있는 개념이 아닙니다. 그러나 하나님의 예정(豫定)과 예지(豫知)는 두 개념이 다 하나님의 지혜와 지식에 속한 것이므로 대등하게 대비될 수 있습니다. 그러므로 비록 예지가 인간의 자유 의지와의 관련에서 논의되는 개념이라고 하더라도 하나님의 예정과 예지를 하나님의 예정과 인간의 자유를 논할 때와 같은 관계로 사고하는 것은 잘못입니다.

영원하신 하나님의 창세 전 일에 속하는 예정과 예지를 두고 어느 것이 먼저냐를 따지는 것은 시간 세계에 사는 우리 인간이 자신의 사고의 틀 속에서 추론하는 것일 뿐입니다. 영원하시며 전지전능하신 하나님 안에서는 예정과 예지가 하나이다. 하나님께서는 예정하시므로 예지하시고 또한 예지하심과 동시에 예정하시는 것이라고 이해해야 합니다.

하나님의 예지를 인간의 자의적인 결정에 대응하기 위한 예견(豫見)으로 이해하는 것은 예지에 대한 올바른 이해일 수가 없습니다. 하나님의 예지를 시간 세계에서 선지자가 어떤 사건을 미리 본다는 식의 예견(豫見) 혹은 선견(先見)과 같은 것으로 이해할 수는 없습니다. 예지는 예정과 마찬가지로 피조물을 지으시고 운행하시며 죄에 빠진 인간을 구원하시는 창조주 하나님의 사랑과 뜻과 지혜와 지식에 속하는 것입니다.

히브리어의 '알다' (yada)가 '사랑하다' 는 뜻을 함축하므로 '하나님이 미리 아신 자들로' 하는 말씀을 "하나님께서 미리 사랑하신 자들로" 라고 이해할 수 있습니다. 신약에서도 '알다' (proginoskein 혹은 ginoskein)가 '사랑하다' 란 특별한 의미로 사용되고 있습니다(창세기 18:19, 아모스 3:2, 호세아 13:5, 고린도전서 8:3, 갈라디아서 4:9, 디모데후서 2:1).

시간 세계를 초월하시는 하나님께서 우리를 미리 아시고 정하신 예지와 예정은 시간 세계에서 일어나는 모든 것을 초월하며 모든 것 보다 선행하는 것입니다. 하나님께서 우리를 미리 아시고 눈여겨보시며 미리 정하신 일은 우리의 이해와 판단을 초월하는 것이므로 믿음으로 인식하며 고백하고 경외와 감사와 찬양을 돌릴 뿐입니다.

169. 견인의 교리가 무엇입니까?

견인(perseverance)은 하나님께서 택한 백성을 끝 날까지 믿음 안에서 보존하시며 구원을 이루시는 것을 가리키는 말입니다. 예정론을 강조하는 1619년의 도르트 신조와 1647년의 웨스트민스터 신앙고백서 는 성도의 견인에 관하여 말합니다. 하나님께서는 당신의 사랑하는 자(독생자) 안에서 받아들여 당신의 성령으로 실효 있게 부르시고 성화시키시는 사람들은 은혜의 상태에서 전적으로 떨어지거나 끝끝내 타락하는 일은 없으며, 끝까지 견디어 영원히 구원을 얻을 것이라고 말합니다(웨스트민스터 신앙고백서 제 17장 제1항).

그러나 성도들이 지상에서 사탄의 유혹으로 말미암아 하나님께 불순종하는 길을 가고 죄에 빠지기도 하는데, 그럴 경우 그들은 마지막 구원은 받으나 현세적인 심판을 면치 못한다고 합니다.

구원의 교리를 말하면서 택함을 받은 자는 그리스도를 믿고 성 삼위 하나님의 은혜로우신 역사로 끝까지 견디어 영원히 구원을 얻는다는 교리는 성경이 가르치는 말씀입니다(예: 로마서 8:33-39). 진실하게 믿는 신자는 그 사실을 믿어 유익을 얻고 하나님께 영광과 감사를 돌립니다.

그러나 타락한 자라도 택함을 받은 자면 종국에는 회개하고 구원을 얻는다는 사실은 사변적인 추론에서 하는 말입니다. 죄에 빠져 사는 많은 사람 가운데 누가 택함을 받은 자인지 실제로 우리 사람은 알지 못하고 오직 하나님께서만 아십니다.

하나님께서는 죄를 미워하시되 독생자를 희생하시기까지 하셨으며, 죄에 대하여는 분노하시고 준엄하게 심판하시는 분이심을 성경은 너무나 분명히 가르칩니다. 이러한 진리가 사변적인 추론에서 얻은 결론 때문에 약화되어서는 안 됩니다.

성경은 우리 성도들에게 2인칭으로 지칭하며 두렵고 떨림으로 구원을 이루도록 말씀하신다. 그리고 로마서 8장의 마지막에 아무 것도 우리를 하나님의 사랑에서 끊을 수 없다는 말씀은 우리를 끝까지 믿음으로 살도록 지켜주시는 신실하신 하나님을 믿고 고백하며 그분에게 모든 것을 맡기고 의지하여 충성스럽게 살기를 다짐하는 고백이요 찬양입니다.

170. 일반계시와 특별계시를 어떻게 구분합니까?

신학에서 계시를 일반계시와 특별계시로 구분합니다. 일반계시는 하나님께서 당신의 신성을 지으신 만물을 통하여 보여 주시는 것을 일컫습니다. 그래서 일반계시를 자연계시라고도 합니다.

하나님을 알지 못하는 사람은 자연계시가 있으나 하나님을 알지 못합니다. 오히려 그 눈이 흐려져 하나님 아닌 피조물을 하나님으로 잘못 알고 섬깁니다.

자연 계시를 인정한다면 자연신학도 성립하는 것으로 인정해야 하지 않느냐 하는 문제가 제기됩니다. 그러나 칼빈과 개혁주의자들은 토마스 아퀴나스가 하나님과 피조물 사이에 존재의 유추를 인정하면서 하나님의 존재를 인식할 수 있다고 하는 자연신학은 인정하지 않습니다.

하나님의 계시와 그에 대한 응답인 인간의 인식을 혼동하는 경우가 있으나 마땅히 구별해야 합니다. 하나님께서 만물 가운데 당신의 신성을 계시하셨다는 것과 그러므로 사람이 하나님을 자연을 통하여 인식한 수 있다는 것과는 의미가 다릅니다.

하나님께서 당신의 피조물 가운데 신성을 보여 주셨으나 타락한 인간은 참 하나님을 인식하지 못하고 피조물을 하나님으로 섬길 뿐입니다(로마서 1:20). 그러므로 우리 사람은 하나님의 특별 계시를 통하여 하나님을 인식한 신자는 비로소 만물이 하나님의 영광을 드러내고 찬양하는 것임을 인식합니다 (시편 19; 시편 148).

여기서 우리는 한 가지 유의해야 것이 있습니다. 즉, 특별 계시란 구체적으로 말하자면, 하나님께서 그리스도와 사도 이후에 교회와 그리스도인들이 기록된 성경 말씀 소유하도록 선지자들과 사도들에게 보여주신 계시를 가리키는 말씀이라는 사실입니다.

171. 일반은총과 특별은총은 어떻게 설명합니까?

개혁 신학은 특별 계시와 자연 계시를 말함과 동시에 그리스도 안에서 영원한 구원을 베푸시는 하나님의 특별은총을 말합니다. 그리고 또한 모든 피조물과 만민에게 땅 위에서의 삶을 위하여 베푸시는 하나님의 일반은총을 말합니다. 그러나 특별은총과 자연 은총의 구분이 특별 계시와 자연 계시의 구분과 형식에 있어서는 병행하지만 내용에 있어서는 병행하는 것이 아닙니다.

자연 계시로 하나님께서는 당신의 신성을 보여 주시지만 인간은 죄로 말미암아 하나님을 옳게 인식하지 못합니다. 특별 계시를 통하여 하나님을 믿고 인식할 때 비로소 만물이 하나님께서 지으신 피조물이며 그것들이 하나님의 영광을 드러내는 것임을 인식하게 됩니다.

일반은총은 사람과 모든 만물로 하여금 생성하게 하시며 생존하고 존재하게 하시는 하나님의 자비와 은혜를 가리키는 말입니다. 사람이 인식하든지 인식하지 않든지 간에 만물이 이미 그것을 누리고 있는 것입니다.

계시의 경우는 특별 계시를 통하여 자연 계시가 있음을 인식하는 것이지만, 은총의 경우는 일반은총을 누리는 삶에서 구원의 은총을 덤으로 향유하는 것입니다. 사람이 이미 누리는 삶과 모든 것, 즉 일반은총이 어디서 누구로 말미암아 오는 것인지를 알도록 말씀하는 것이 하나님의 계시이며 이를 깨달아 확실한 지식을 얻어 창조주 하나님을 아버지라고 부르며 예배하게 해 주시는 하나님의 모든 배려와 은사가 특별은총입니다.

172. 일반은총과 문화의 상관관계는 어떻게 설명합니까?

문화는 사람들의 삶과 활동의 총체를 가리키는 말이라고 정의할 수 있습니다. 19세기 네덜란드의 아브라함 카이퍼(Abraham Kuyper)와 신칼빈주의자들은 일반은총을 강조하여 신자들이 정치와 사회에 직극 참여하였습니다. 카이퍼는 성령의 사역을 훨씬 광범하게 이해하였습니다. 성령께서 권능과 능력으로 창조에 관여하시며 만물을 보존하신다는 언급은 칼빈에게서도 볼 수 있지만, 카이퍼는 이러한 성령의 사역을 훨씬 더 부연해서 말합니다.

카이퍼의 이러한 성령 이해는 구원을 중심으로 하는 성령의 사역을 강조함과 더불어 일어나게 된 당시의 부흥 운동과 부흥주의 신학에서 말하는 성령 이해와는 대조를 이룹니다.

칼빈에게서도 이미 정치와 사회에 대한 참여를 말하고 있음을 발견하지만, 네덜란드는 종교개혁 이후 국가와 종교를 구분하는 개혁주의 사상에 근거하여 로마 가톨릭 신앙을 대변하는 스페인으로부터 정치적인 독립과 신앙의 자유를 쟁취함으로써 개혁주의교회가 왕성한 국가로 출발한 나라입니다. 문화에 대한 기독교의 대응은 그리스도의 공동체와 사회와의 상관관계를 따라 달리 나타났음을 염두에 두어야 합니다.

네덜란드에서 신칼빈주의(Neo-Calvinism)가 일어나던 19세기에 이웃 나라 독일에서는 자유주의 신학들이 신개신교 사상(Neo-Protestantismus), 혹은 문화 개신교 사상(Kultur protestantismus)을 주창했습니다.

네덜란드에서도 신칼빈주의 운동에 대하여는 기독교 신자들로 하여금 기독교 신앙의 비본질적인 것을 추구하게 만든다는 비판이 있으나, 일반은총을 인정하고 하나님께서 역사를 주관하시는 분이심을 인식한다면, 그리고 하나님을 사랑하고 이웃을 사랑하라는 말씀을 좇아 기독교 윤리를 실천한다면, 문화의 변혁을 위하여 최선을 다하지 않을 수 없습니다.

청교도들이 영국에서는 앵글리칸 교회를 국교로 하는 종교 획일 정책을 인한 핍박 아래 정치와 사회의 삶에는 소극적으로 대응했으나, 신대륙 아메리카의 뉴잉글랜드로 간 청교도들은 새 나라의 개척자로서 하나님 나라를 구현하는 일을 이상으로 하면서 정치와 사회의 개혁에 주역으로 적극 참여했습니다.

일반은총의 교리에서 많은 개혁주의자들이 정치와 사회에의 참여 및 문화의 변혁을 위한 사상을 펼쳤으나, 하나님의 창조에 대한 신학적인 사고는 별로 없었습니다. 그간에 신학자들은 구원론에 관심을 집중하는 한편, 창조를 두고도 역시 인간 중심적인 이해에 머물렀으며, 일반은총의 교리로 과학의 발전에 대한 낙관론을 지지하는 일에 봉사했습니다.

그러나 2차에 걸친 세계 대전으로 인류의 미래에 대하여 사람들은 비관하기 시작했습니다. 보수적인 신자들은 그리스도의 재림으로 인한 종말적인 구원을 바랍니다만 어디까지나 인간의 구원을 중심으로 하는 생각에 머물렀습니다. 그런데 20세기 후반에 이르러 환경오염으로 생태계가 위협을 당하게 되면서 하나님의 창조와 피조물에 대한 새로운 이해가 기독교 윤리의 당면 과제가 되었습니다.

성경에서 하나님께서는 당신의 형상으로 지으신 사람을 사랑하실 뿐 아니라 흙으로 지으신 모든 생물을 아끼시고 사랑하시며, 사람에게 생물들을 다스리고 돌보도록 임무를 부여하셨습니다(창세기 1:22, 1:28).

홍수 후에 하나님께서는 사람뿐 아니라 생물들에게도 언약을 세우시며(창세기 9:8-17), 지으신 모든 만물에게서 찬양을 받으십니다(시편 148). 창조주 하나님을 예배하는 백성들은 하나님께서 지으신 만물을 보고 주를 찬양하며 당신이 지으신 만물을 귀하게 여기고 사랑해야 합니다.

신칼빈주의를 지지하는 이들은 창세기 1장 28절의 말씀을 "문화 명령"이라고 하며 그리스도인의 문화 활동의 근거를 그 말씀에 두려고 합니다. 그러나 그 말씀은 문화 명령이라고 하기보다는 하나님께서 사람과 모든 생물에 생존하도록 주시는 축복이요 축원이라고 해야 할 것입니다. 그리스도인이 기독교적 문화 건설에 참여해야 한다는 당위성을 구태여 성경의 한 구절에서 찾을 이유가 없습니다. 성경 전체가 그것을 가르칩니다.

창세기 1장 28절의 말씀이 인간이 타락하기 이전에 주신 말씀이므로 타락한 사람들에게는 더 이상 적용이 될 수 없는 말씀이라고 말하기도 합니다. 그러나 그것은 옳지 않은 논리입니다. 모세를 통하여 주신 하나님의 계명과 율법은 여전히 유효하듯이 그 말씀도 유효합니다.

그리스도인은 그리스도 안에서 계명과 율법의 종노릇을 하고 죄 아래 있는 것이 아니고 자유로움을 누립니다. 그리스도께서 성취하심으로 폐하여진 제사와 종교 의식의 법은 더 이상 지키지 않습니다. 그러나 하나님을 사랑하고 이웃을 사랑하라는 종교와 윤리에 대한 기본적인 법은 그리스도인들이 여전히 지켜야 합니다.

이제는 죄의 종으로서가 아니고 의의 종으로서 지키는 것입니다. 마찬가지로 창세기 1장 28절의 말씀은 여전히 유효한 하나님의 말씀이다. 그 말씀은 노아 홍수 후에도 되풀이되고 있습니다(창세기 9:1,7). 하나님의 자녀가 된 사람은 하나님의 창조와 피조물에 대하여 다스리고 보살피는 인간 본래의 과업을 수행해야 합니다.

173. 예배시에 시편 찬송만 불러야 합니까?

우리가 현재 사용하는 「찬송가」에 시편 찬송이 그렇게 많지 못한 것은 유감입니다. 더 많이 수렴되기를 바랍니다. 그러나 시편을 가사로 한 찬송만이 올바른 경배 찬송이라고 생각해야 하는 것은 아닙니다.

기독교의 예배는 하나님께서 우리에게 주시는 부분과 주시는 은혜에 응답하는 부분으로 구성됩니다. 하나님께서 우리에게 주시는 부분은 말씀, 즉 성경봉독 및 설교이며 우리가 응답하는 부분은 찬송과 기도입니다. 시나 동요에 곡을 붙이면 노래기 됩니다. 감시히고 찬양하며 간구하는 기도의 시에 곡을 붙이면 찬송이 됩니다. 우리가 진심에서 우러나는 감사와 찬양을 노래하면 하나님께서 받으실 만한 찬송이 됩니다. 그러므로 우리가 하나님의 은혜, 즉 하나님의 말씀에 응답할 때 반드시 하나님의 말씀인 구약의 시편으로 해야 하는 것은 아닙니다.

칼빈이 시편으로만 찬송하기를 좋아한 것은 사실입니다. 그리고 네덜란드의 일부 보수적인 개혁파 교회 가운데서는 예배에서 시편만을 찬송하는 교회가 있습니다. 그러나 모든 개혁주의 교회가 그것을 모델로 하여 따르는 것은 아닙니다. 칼빈은 시편만을 찬송함으로써 찬송가 발전에 나름대로 기여한 것은 사실입니다. 그러나 찬송하는 일을 두고는 칼빈은 오르간 반주도 마다하고 초기에는 화성으로 부르는 것도 좋아하지 않았습니다. 예배에서 알아들을 수 있는 말로 찬송하는 일이 방해받지 않아야 한다는 취지에서 취한 조치였습니다.

시편 찬송만을 옳은 찬송으로 보는 이들은 시편 곡도 구약 시대의 성도들이 부르던 곡을 되살렸으면 하고 희망합니다. 그래야 더 순수한 시편 찬송이 될 수 있을 것이라는 생각을 가져서 그런 것 같습니다. 그러나 그것은 잘못 생각하는 것입니다.

구약성경은 다니엘서의 한 부분을 제외하고는 모두 히브리어로 쓰였습니다. 언어는 문화의 산물이고 문화의 한 부분입니다. 음악도 역시 그렇습니다. 히브리어가 특별하고 거룩해서 하나님의 말씀이 히브리어로 쓰인 것은 아닙니다. 단지 하나님께서 히브리백성을, 즉 이스라엘을 하나님의 백성으로 택하셨으므로 그들의 언어로 말씀을 주시고 기록하도록 하신 것입니다.

신약은 헬레니즘 문화권에 살던 일반 대중들이 사용하는

코이네 헬라어로 쓰였습니다. 코이네 헬라어는 고전 헬라어에 비하여 격조가 낮은 말이었습니다.

성경은 일찍부터 다른 나라 말로 번역되었습니다. 다른 말로 번역된 성경 말씀 역시 하나님의 말씀임에는 변함이 없습니다. 중세에는 로마 가톨릭교회가 라틴어 번역만 인정하고 유럽의 나라 말로 번역하는 것을 금했습니다. 종교개혁자들은 이런 이상하고 편협한 고집에 반대하여 성경을 자기들 나라 말로 번역했습니다. 그래서 우리도 오늘 우리말로 된 성경을 갖게 되었습니다. 위클리프 번역자들은 지구상에 사는 각 부족들이 자기들의 말로 성경을 읽을 수 있도록 성경 번역 사업을 추진하고 있습니다.

히브리어로 쓰인 구약을 번역할 수 있다면, 아니 이제는 우리의 주제인 시편을 다른 말로 옮겨 쓸 수 있다면, 구약 시대의 히브리인들이 거기에 붙여 부르던 곡 역시 다른 나라 말들을 낳은 문화의 같은 산물인 음악으로 옮겨 부를 수 있어야 할 것입니다. 언어는 그 언어권 밖에 있는 사람에게는 소통이 되지 않으나 음악은 그렇지 않고 소통이 됩니다. 그 점에서 언어와 음악에는 차이가 있습니다.

음악에는 국경이 없습니다. 그러나 민족을 따라 음악이 띠는 정서가 다릅니다. 각 문화의 특색은 지니는 것입니다. 영국과 독일에 얼마간 살아 본 사람은 양국의 찬송곡이 다름을 느낌으로 알 수 있습니다. 시대를 따라 문화가 변하고 언어도 변합니다. 그래서 이미 번역된 성경을 새로 번역할 필요성이 생기는 것입니다. 설교자는 세속에 사는 사람들이 사용하는 말로 설교합니다. 교회 음악 역시 세속 음악과 교류하며 서로 영향을 주고받는 가운데서 발전해 왔습니다.

그러므로 시편을 구태여 구약 시대의 히브리인들이 부르던 곡으로 부르는 것이 가장 이상적인 양 생각하는 것은 옳지 않습니다. 시편을 중세 사람들은 그들에게 익숙한 가락으로 불렀습니다. 칼빈은 프랑스어를 사용하는 스트라스부르크와 제네바 교회에서 부를 시편 찬송을 위하여 프랑스인 루이 부르좌(Louys Bourgeois)로 하여금 작곡하도록 했습니다.

강약의 박자를 가진 서양 음악은 강약의 대조가 뚜렷한 거센 엑센트를 가진 서양말과 잘 어울립니다. 우리말에는 엑센트가 없고 높고 낮은 어조가 있을 뿐입니다. 중국어나 일본어도 그렇습니다. 그러므로 동양과 서양의 음악이 언어에 걸맞게 발전되어 온 것입니다. 물론 언어뿐 아니고 미술과 사상이 어우러져 발전해 왔습니다. 그러므로 서양 사람들이 시편을 자기네들 특유의 가락으로 불러 왔듯이, 우리는 우리말로 쓰인 시편을 우리의 가락으로 부를 수 있는 것입니다.

시편을 위한 곡으로 쓰일 수 있는 우리의 가락이 어떤 것이냐고 의문할 수 있습니다. 그것을 찾거나 짓는 것은 음악을 하는 성도들의 몫입니다. 이를테면 서정적인 김소월의 시에 유행가곡을 붙여 부른다는 것은 상상하기 어렵습니다. 소월의

시의 분위기가 그것을 허락하지 않습니다.

마찬가지로 거룩한 시편은 거기에 걸맞은 곡을 요청하므로 우리 성도들이 보다 감동적으로 부를 수 있는 좋은 시편찬송이 많이 나오기를 기대합니다. 우리 것을 고집하려는 폐쇄적인 생각에서가 아니고 우리 것도 시편찬송의 목록에 올려 서로 나눔으로써 시편찬송이 더 풍성해지기를 바라는 마음에서입니다.

예배에서 시편으로 찬송하는 것만으로는 충분하지 않습니다. 우리는 시편이 구약시대의 성도들이 하나님의 말씀과 은혜에 대한 단순한 응답의 찬송일 뿐 아니고 영감된 하나님의 말씀임을 믿습니다. 시편에는 하나님께서 지으신 만물로 인하여 창조주 하나님의 위대하심과 만물을 다스리시는 은총을 노래하는 찬양이 있습니다. 하나님의 구원과 성도의 감사와 기쁨을 노래하는 시가 있으며, 사죄와 긍휼과 자비를 빌며 구원을 호소하는 기도도 있습니다. 그밖에도 하나님을 찬송하는 주제와 내용이 풍성하게 담겨 있습니다. 그러나 시편은 구약 성도들이 부른 찬송입니다.

그리스도 안에서 새 이스라엘이 된 신약시대의 성도들은 구약의 시편을 물론 우리의 찬송으로 노래합니다. 그러나 그것으로 족하게 여길 수는 없습니다. 구약 시대의 사람들은 막연한 가운데 하나님의 언약이 성취되기를 멀리서 바라보았습니다. 그런데 우리는 그들이 믿고 바라던 것이 성취된 새 언약의 시대에 살고 있습니다.

신약 시대에 사는 성도는 하나님의 아들 예수께서 성령으로 말미암아 사람이 되신 일, 그 일로 인하여 하나님께서 삼위일체 하나님이심이 계시된 사실, 그리스도의 십자가와 부활, 죄 사함을 주시는 구속의 은혜, 오순절 성령 강림과 더불어 그리스도의 몸된 교회가 출범하게 된 일, 하나님의 백성 아니던 민족들이 복음을 듣고 구원에 참여하게 된 감격과 기쁨, 구약의 백성들에게는 주어지지 않았던 선교의 사명과 특권 등으로 인하여 성삼위 하나님께 감사하며 영광을 돌리는 찬양을 덤으로 부르기 마련입니다. 우리에게는 구약 시대의 성도보다 하나님을 찬양할 제목이 더 풍성합니다.

그러므로 시편 찬송만이 옳은 찬송이라거나 시편 찬송을 지나치게 강조함으로써 구약 시대의 성도들보다 더 큰 기적과 더 크신 하나님의 은총을 경험하는 그리스도인들의 찬송의 내용과 제목들을 제한하는 일이 없어야 하겠습니다. 하나님을 향한 감사와 감격을 찬송으로 표현하고자 하는 열정을 위축시키는 일이 없어야 할 것입니다.

구약의 시편은 오랜 세월에 걸쳐 성도들이 불렀던 찬송의 모음집입니다. 초대 교회 시대에 주로 구약의 시편을 불렀을 것이라는 사실에 특별한 의미를 부여할 이유는 없습니다. 신약 시대의 찬송도 세월이 흘러서 비로소 풍성해 질 수 있는 것이었기에 말입니다. 말씀이 빈곤했던 중세 시대에 찬송만은 풍성했기를 기대할 수는 없는 일입니다.

그러나 종교개혁 이후 17세기에 경건한 삶을 추구한 성도들, 18세기와 19세기에 부흥을 경험하고 중생과 새로워지는 삶을 경험한 수많은 성도들이 그들의 신앙을 간증하고 하나님을 찬양하는 시를 쓰고 찬송을 작곡함으로써 신약 시대의 찬송이 비로소 풍성해진 것입니다.

교리의 역사는 신약 시대의 교회가 성경을 이해하는 일을 두고 발전을 거듭해 온 역사입니다. 그러므로 말씀에 대한 응답인 찬송도 말씀에 대한 이해의 발전과 함께 그 만큼 더 풍성해질 수가 있었습니다. 현재 여러 교회에서 부르는 복음송 가운데는 비신학적인 가사도 있고 세속적인 티를 탈피하지 못한 곡들도 있습니다. 그러나 다 그런 것이 아니므로 무조건 모두 다 터부시하는 것은 옳지 않은 일입니다. 하나님을 찬양하는 복음송 등 건전한 노래들도 있습니다. 이런 노래들 가운데서 앞으로 예배 시에 찬송가로 부를 수 있는 것들이 조만간 선별될 수 있을 것으로 믿습니다.

시편 찬송만을 고집하거나 지나치게 강조함으로써 그리스도의 교회가 이미 향유하고 있는 귀한 유산을 별로 가치가 없는 것으로 치부하게 만들어서는 안 될 것입니다. 우리의 찬송은 날이 갈수록 더욱 풍성해져야 합니다. 예수 그리스도로 말미암아 하나님의 은혜와 사랑에 감격하여 경건한 시를 쓰고 작곡을 하는 성령에 충만한 성도들이 많이 일어나기를 기원합니다.

174. 복음주의와 개혁주의를 어떻게 설명할 수 있습니까?

복음주의는 영적인 부흥을 존중하고 갈구하는 교파를 초월하는 운동인 반면에, 개혁주의는 위에서(문150) 언급했듯이, 루터교와 나란히 전수되어 오는 종교개혁의 두 교회와 신학의 전통을 일컫는 말입니다.

루터교는 루터의 신학을 따르는 교회와 신학을 말하고 개혁주의는 스위스와 남독의 여러 지역에서 쯔빙글리와 칼빈등 여러 신학자들로 말미암아 있게 된 신학과 교회의 전통을 가리킵니다.

유럽 말로는 '개혁주의' 라는 말은 없고 '개혁 교회' 혹은 '개혁 신학' 이라는 말이 있을 뿐입니다. 그 둘을 합하여 동양에서는 '개혁주의' 라고 합니다만, 칼빈의 신학적인 영향이 지대하므로 '개혁주의' 를 '칼빈주의' 라는 말과 호환해서 사용합니다.

복음주의라는 말은 처음에 감리교 부흥운동에서 파생된 한 교회 그룹을 지칭한 데서 나온 말입니다. 독일인 올브라이트(Jacob Albright, 1759-1808)가 감리교로 개종하여 설교자가 되어 추종자(追從者)들을 모아 복음주의자 협회(Evangelical Asscociation)라는 교회 그룹을 만들고 1807년 그 교회의 감독이 되었습니다. 그러나 그 후 부흥운동에 적극적으로 참여하며 구원론에 관심을 가지고 전도와 선교에 힘쓰면서 그러한 신학을 가진 이들을 복음주의자(Evangelicals)라고 부르며, 그들의 사상을 복음주의(Evangelicalism)라고 하게 되었습니다.

복음주의 신학에 보탬이 되고 영향을 준 것이 아르미니우스주의(Arminianism)입니다. 합리주의자들이 아르미니우스주의를 환영한 것은 사실이지만, 복음주의자들 역시 아르미니우스주의를 받아들였습니다.

아르미니우스주의가 하나님의 전적인 은혜와 절대주권보다는 구원으로 초대하시는 하나님의 부르심에 대하여 인간이 자의적으로 응답해야 하며 또한 그럴 수 있음을 강조하는 것이므로 경건주의 및 복음주의의 신앙과 상통하는 점이 있습니다.

알미니우스주의를 따르는 복음주의자들은 복음을 전도할 때 청중들에게 자의적인 결단을 강렬하게 촉구하면서 더 활발하고 적극적으로 부흥운동에 참여하고 그 운동을 주도한 것이 사실입니다.

그러나 복음주의 신학에 취약점이 있습니다. 회심과 새 사람이 되는 것을 강조하고 사람을 극적으로 변화시키시는 성령의 능력을 호소하는 정도가 지나치면 신비적인 신령주의에 기울어질 수 있습니다.

복음주의는 지나치게 구원론을 중심하여 신학을 체계화하려는 잘못도 범합니다. 예를 들면 성례가 구원과 직접적인 관계가 없으므로 부수적(附隨的)인 것으로 보려고 하는 것입니다. 다시 말하면, 성례의 중요성을 두고 교회론의 견지에서 보지 않고 구원론적으로 고찰하려고 하는 것입니다. 사람이 믿어 의롭다함을 받고 하나님의 백성이 되는 것이 모두가 아니고 하나님의 백성이 된 사람은 믿음의 형제자매들과 더불어 함께 하나님의 성전으로 지어져가야 합니다.

복음주의는 선교와 봉사를 강조하는 나머지 사람들로 하여금 일을 중심으로 하는 율법주의적인 삶으로 오도하는 경향에 빠질 수 있는 반면에, 구원론을 중심으로 하는 사고(思考)에서 반율법주의에 빠질 위험성도 내포합니다. 주관적인 감정에 호소하는 나머지 예배도 성례도 자신들에게 은혜로운 감정을 중심으로 하여 고려하는 경향에 빠질 수도 있습니다.

예를 들면, 성찬식을 오래간만에 하면 더 은혜롭다거나 자주 하면 매너리즘에 빠져 은혜로움을 덜 느끼게 되므로 이따금씩 한번 행하는 것이 좋다고 하는 생각을 합니다. 그러나 예배와 성례는 우리의 은혜로운 감정에 따라 자주 혹은 가끔 행하도록 결정 지워질 그런 성질의 것이 아닙니다. 구원의 한 단계나 기독교 교리의 특정한 부분을 강조하는 것은 신학적인 균형을 상실하게 만듭니다.

그럼에도 불구하고 복음주의는 부흥운동의 산물이며 부흥운동을 주도해 왔습니다. 그러나 미국의 교회 역사에서 사람이 어떻게 하여 구원을 얻느냐 하는 관심을 넘어서서 구원을 베푸시는 하나님께 더 관심을 두는 고전적인 개혁주의자들은 부흥운동에 냉담한 반응을 보이는 경향을 드러내었습니다.

미국의 장로교와 회중교회는 부흥운동에 대한 반응으로 말미암아 한 때 분열을 겪었습니다. 하나님의 주권을 강조하는 개혁주의 전통에 지나치게 충실하다 보면 그런 경향을 보일 수가 있습니다. 이런 점은 개혁주의를 표방하며 그 전통을 존중하는 이들이 조심해야 할 부분입니다.

복음주의는 성경을 하나님의 말씀으로 믿고 구원론을 강조하며 선교에 힘쓰는, 교파를 초월하는 횡적인 운동이므로 교리를 균형 있게 강조하려는 개혁주의자들 가운데는 복음주의 운동에 적극적으로 참여하는 사람들이 많이 있습니다.

그리고 한 가지 덧붙여 얘기하고 싶은 것은 독일어의 ‘Evangelische Kirche’ 혹은 ‘Evangelisch Theologie’ 를 영어로 ‘evangelical church’ 혹은 ‘evangelical Theology’, 즉 복음주의 교회 혹은 복음주의 신학으로 번역하는 것은 오역입니다. ‘개신교 교회’ 혹은 ‘개신교 신학’ 이라고 해야 합니다. 독일에서는 ‘evangelical’ 을 ‘evangelikal’ 이라고 합니다.

175. 기복신앙은 받아들일 수 없는 신앙입니까?

기복신앙은 성경이 가르치는 복의 개념에 미치지 못하는 복 이해를 가지고 복을 구하는 신앙이라고 할 수 있습니다. 성경에 따르면, 복은 복의 근원 되시는 하나님께서 주시는 것입니다. 창세기에 보면 하나님께서 생물과 사람을 창조하시면서 복을 주시고 생육하고 번성하게 하셨습니다. 복은 하나님께서 주시는 것인데, 생물과 사람의 생육과 번성과 하나님께서 맡기신 과업을 수행할 수 있기 위하여 필요한 근원적인 활력소입니다(창세기 1:22, 28).

그러나 범죄로 인하여 사람들은 복의 결과를 충분히 누리지 못할 뿐 아니라, 복을 주시는 하나님과 복이 하나님께로부터 오는 사실도 망각하게 되었습니다. 그래서 사람들은 하나님께서 복을 주셔서 얻는 것들, 즉 부귀와 권세, 건강, 장수 등등을 복 자체인 것으로 착각합니다.

기복신앙을 가진 이는 복 주시는 하나님보다는 복으로 말미암아 얻는 요소들에 더 관심을 두고 그것을 추구하는 신앙입니다. 그러므로 기복신앙은 하나님을 중심으로 하고 하나님을 높이는 신앙이 아니고 자기를 중심으로 하는 이기적인 신앙입니다.

하나님께서는 아브라함을 택하시고 복 받은 하나님의 백성은 하나님을 사랑하고 섬기며 그분에게 순종하는 삶을 살게 될 것이며 그러한 복이 아브라함과 그의 자손에게, 그리고 그리스도로 말미암아 만민에게 베푸실 것을 약속하셨습니다. 그리고 그 복은 미래적이고 영적이며 영원한 것임을 가르치십니다.

기복신앙은 사람이 자기 자신의 안녕을 위하여 복을 구하는 신앙이지만, 종교적인 신앙의 출발이요 핵이기도 합니다. 사람은 알지 못하는 신적인 능력을 믿으면서 자신의 불안을 떨어버리고 안녕과 평화를 희구합니다. 그러므로 기복신앙은 복을 참으로 이해하지 못한 신앙이지만, 부정적으로만 평가할 수는 없는 것입니다. 하나님을 자신의 안전을 위하여 혹은 욕구 충족을 위하여 찾는 신앙이지만 그래도 자신의 한계와 불안을 인식하고 하나님을 필요로 하면서 찾는다는 점에서 긍정적인 면을 가지고 있습니다. 기복신앙은 기독교 신앙으로 접목될 수 있으며 기독교 신앙으로 승화될 수 있는 종교적인 신앙입니다.

성경에서도 기복신앙을 부정적으로만 보지 않습니다. "내가 어떻게 해야 구원을 얻겠습니까?" 하는 종교적인 질문은 자기 자신의 안녕과 행복을 추구하는 생각에서 묻는 다분히 기복적인 질문이지만 기독교 신앙으로 자랄 수 있는 씨를 배태하고 있는 질문입니다.

예수께서는 이러한 기복 신앙을 가진 백성들을 물리치지 않으시고 부르십니다. "수고하고 무거운 짐 진 자들아 다 내게 오라 내가 너희를 쉬게 하리라." 병든 자를 고치시고, 배고픈 군중을 먹이시면서 그들의 욕구를 들어주셨습니다.

그러나 예수께서는 백성들의 기복신앙을 마냥 용인하시지 않으십니다. 악하고 음란한 세대가 기적을 구한다고 나무라시고 저들이 당신을 찾는 것은 기적을 본 때문이 아니고 먹고 배부른 때문이라고 탄식하십니다. 예수께서는 백성들에게, 아니 우리에게 성숙한 신앙을 가지도록, 하나님 아버지의 거룩하심과 같이 거룩하게 되라고 타이르시며, 천국에 관하여 가르치십니다.

천국의 백성은 하나님을 마음과 뜻과 정성을 다하여 사랑하고 섬기며 이웃을 자기 자신과 같이 사랑하고 섬겨야 한다고 가르치십니다. 천국의 백성이 누릴 참된 복이 무엇인지 가르치십니다. 부와 권세를 가진 자에게 복이 있는 것이 아니고, 심령이 가난한 자, 애통하는 자, 온유한 자, 의에 주리고 목마른 자, 긍휼히 여기는 자, 마음이 청결한 자, 화평케 하는 자, 의를 위하여 핍박을 받는 자, 예수 당신을 위하여 핍박을 받는 자가 복이 있다고 가르치십니다.

기복신앙을 가리켜 물질적인 복을 구하는 신앙이라고 하면 부분적으로 옳은 대답일 뿐이다. 부자 청년이나 제자들처럼 영생을 구하거나 하늘나라의 영광을 구하더라도 하나님을 중심하지 않고 자기를 중심으로 생각하고 사는 신앙은 기복신앙입니다.

176. 기복신앙에는 윤리의식이 결여되어 있다는데, 그렇습니까?

한국 교회에 기복신앙이 만연될 수 있는 기틀은 이미 오래 전부터 마련되고 있었습니다. 교회가 해야 할 과업이 선교와 구제인데 한국 교회는 일찍이 자립하는 교회가 되면서 전도, 즉 선교에는 힘을 기울였으나 구제 봉사는 소홀히 해 왔습니다. 한국 전쟁 당시에 많은 기독교인들이 고아원을 운영하여 전쟁고아들을 돌보았으나 이를 지원한 것은 한국 교회가 아니고 외국의 교회와 외국 그리스도인들이었습니다. 한국의 대부분의 교회들은 구제봉사(디아코니아)를 소홀히 했습니다.

초기 한국의 기독교 병원들이 수익금으로 전도에 힘쓰고 개척교회를 돕는 것을 큰 미덕으로 생각했습니다. 그러나 그것은 바람직한 일이 아닙니다. 기독교 병원은 소위 인술을 펴는 일에 전념해야 하는 기관입니다. 가난한 환자, 다른 병원에서 받아 주지 않는 환자를 치료해 줌으로써 그리스도의 사랑을 베푸는 일을 실천해야 하는 의료기관입니다.

그런데 병원이 전도비 갹출을 위하여 혹은 신학교나 기독교 기관을 돕기 위하여 수익을 올리는 것을 잘하는 일로 평가하고 그것을 당연시하다 보니까 기독교 병원은 그리스도의 사랑을 베푸는 본래의 기능을 못하게 되고 말았습니다. 그 결과로 오늘의 많은 기독교 병원들이 일반 병원이나 다름없이 가난한 환자는 받기를 꺼리거나 거부하는 지경에까지 이른 것입니다.

교회나 선교 기관이 병원으로부터 재정적인 도움을 받아서는 안 됩니다. 교회 역사에서 그런 예는 없습니다. 교회가 병원을 도와야 합니다. 교회는 연보하여 기금을 조성하고 기독교 병원이나 일반 병원으로 하여금 가난한 환자들을 치료할 수 있도록 도와야 합니다.

디아코니아에 인색한 교회, 즉 이웃의 가난한 과부와 고아들은 돌보지 않고 사회봉사에 냉담한 교회는 결국 종교적인 면에만 관심을 가지고 전도함으로써 결과적으로 자기 비대만 추구하는 교회가 됩니다. 한국 교회는 하나님을 사랑하고 이웃을 사랑해야 하는 데, 이웃 사랑을 영적으로만 해석하여 전도에만 힘쓰고 실제적인 구제 사업은 소홀히 해 왔습니다. 주께서 가르치신 대로 사랑을 실천하지 못해 왔습니다. 이웃 사랑을 실천하지 않는 교회의 신앙은 기복적인 신앙으로 실추됩니다. 야고보서에 따르면 그런 믿음은 죽은 믿음입니다(야고보서 2:14-26).

한국 사회가 오늘날에 보는 바와 같이 부패하게 된 것은 이승만 정부가 친일파를 기용함으로써 사회 정의에 대한 가치관이 전도된 데에서 온 것이라는 설명이 있습니다. 그것은 교회의 경우에도 마찬가지입니다. 한국 교회의 많은 지도자들은 일제의 신사참배 강요에 굴복한 것을 철저하게 회개하지 않고 그냥 덮어둠으로써 의를 위하여 핍박을 받는 것이 복이 있다는 가치관을 흐리게 만들었습니다. 죄를 회개하지 않은 지도자들이 이끄는 교회는 윤리의식이 둔감한 교회가 되게 하기 마련입니다. 윤리의식이 둔감한 채로 종교만 추구하는 신앙은 자기중심적인 기복신앙으로 자랄 수밖에 없습니다.

177. 종교다원주의가 무엇입니까?

종교다원주의는 탈기독교적인 사상입니다. 그것은 기독교임을 자처하는 가운데 성경 말씀을 잘못 해석함으로써 잘못된 길로 빠지는 이단들과는 비교가 되지 않을 정도로 뚜렷한 목적의식에서 기독교의 역사와 교리의 체계를 온통 부정하는 탈기독교적(脫基督敎的)인 사상이며, 따라서 반기독교적 사상입니다.

종교다원주의라는 말은 서양에서 1960년대 중반부터 등장했습니다. 20세기 후반에 이르러 타종교를 가진 많은 이민들과 노동자들이 미국과 유럽으로 이주하여 살게 되면서부터 구미 사회는 종교 다원화 사회로 변모하게 되었습니다.

세계 제1,2차 대전을 겪으면서 서구 문명의 한계점과 몰락을 의식하는 사상이 일어났는가 하면, 또한 여러 가지 사회 문제를 해결하지 못함에 따라 기독교와 서구 문화를 동일시하는 사람들에 의하여 동양의 문화와 종교에서 삶의 의미와 해결점을 찾으려는 시도도 있게 되었습니다. 이러한 상황에서 종교다원주의가 태동하게 된 것입니다.

그런데 종교다원주의 태동에 결정적인 기여를 한 것은 에큐메니칼 운동과 그 신학이었습니다. 기독교 교파간의 연합을 꾀하는 에큐메니칼 신학이 세계의 평화와 질서 등 사회 문제에 관심을 갖는 것이다 보니까 타종교와의 대화와 공존을 자연히 중요한 과제로 다루게 되었던 것입니다.

타종교와의 대화는 이미 1961년 뉴델리 총회에서 제안되었으며, "우주적 그리스도" 혹은 "익명의 그리스도"를 강조하는 말이 나오게 되었습니다. 1969년 3월 WCC의 주최로 제네바 근방의 까르티니(Cartigny)에서 22명의 회교도와 기독신자들이 모임을 가졌습니다. 1970년부터는 본격적으로 타종교와의 대화를 효과적으로 추진하기 위하여 기독교와 타종교의 대화국(對話局)을 신설하고 본격적으로 "대화의 신학"을 발전시켰습니다. 1973년 방콕에서 에밀로 까스트로(Emilo Castro)는 전통적 선교의 개념에 종막을 고하고 세계 선교의 새 여명(黎明)은 아프리카 문화를 긍정하고 인도의 종교 전통을 널리 보급하는 것이라고 했습니다. 1975년 나이로비 총회에서는 영성(靈性)의 문제를 두고 각 문화의 전통적 경건과 극단적 성령운동의 체험, 동양의 신비주의 등의 다양한 종교 요소를 인정하고 수납하는 혼합 종교의 성격을 여실히 보여 주었습니다.

그밖에 아시아와 아프리카에서는 기독교를 서양의 종교라고 배격하는 한편 고유의 종교를 찾고 고수하자는 문화적, 종교적 복고주의(復古主義)와 신 민족주의(Neo-Nationalism)가 만연되면서 본토의 자유주의 신학자들이 이에 호응하여 기독교의 토착화를 모색하기 시작했습니다. 그리고 이러한 운동과 함께 현대 사상의 특징인 상대주의와 민주화 운동 및 하나의

국제화를 지향하는 시대적인 조류에 편승하여 종교다원주의
자들은 그들의 사상이 마치 신학 사상의 자연스러운 추이인
것으로 주장합니다.

178. 종교다원주의의 문제점은 무엇입니까?

종교다원주의는 타종교와의 대화를 의식하는 가운데, 기독
교의 유일성을 주장하지 않습니다. 그리고 타종교도 종교로
서 기독교와 동등한 가치를 지니며 구원의 종교가 될 수 있다
는 전제에서 출발합니다. 그리고는 이와 같이 먼저 내세운 전
제와 같은 결론으로 되돌아가는 것이어서 논리학적으로 말하
면 종교다원주의는 동어반복(tautology)의 논리입니다. 그러므
로 종교다원주의는 어떤 합리적인 논증에 근거하기보다는 맹
목적인 신념에 근거한 것입니다.

종교다원주의도 기독교 신학에 속한다고 하지만 그렇지가
않습니다. 종교다원주의는 성경에 근거를 두지 않음은 물론이
고 기독론을 언급할 때 이외에는 별로 성경을 참고하는 일도
없습니다. 기독론을 위하여 성경을 인용할 때도 그들의 전제
(前提)에 맞추어 부분적으로 인용하고 해석할 뿐입니다.

그리고 기독교의 교리나 역사적 전통은 거의 무시하고 있
어서 기독교 신학임을 이미 벗어나 있습니다. 그리고 기독교

를 포함하는 종교를 논함에 있어서 종교의 특수한 내용을 두고 논하기보다는 구조나 현상을 두고 논하기 때문에 논의가 변증적이며 피상적입니다.

니터라는 학자는 예수의 유일성에 대한 새로운 해석을 내립니다. 즉 예수를 묘사하기 위하여 사용된 "하나의 그리고 유일한" 이라는 표현은 철학과 과학과 교리의 언어에 속하는 것이 아니라 고백과 간증의 언어에 속한다는 것입니다. 예수에 대하여 말한 신약성경의 저자들이 사용한 용어는 분석적인 철학자들의 용어가 아니고 정열적인 신자들의 언어이며, 과학자들의 언어가 아니고 연인들의 언어라고 합니다.

즉, 종교적인 언어인 사랑의 언어이며 애무의 언어라는 것이다. 예수를 "유일한 이"로 묘사하는 배타적인 기독론의 언어는 마치 남편이 부인에게 "당신은 이 세상에서 제일 아름다운 여인이야… 당신은 내게 유일한 여인이야!" 하고 말하는 언어와 매우 흡사하다는 것입니다.

니터는 이와 같이 견강부회한 해석으로 예수의 유일성에 대한 말씀과 고백을 관용어(慣用語) 정도로 격하시켜 상대화함으로써 교회가 전통적으로 이해해 온 유일성을 부정합니다. 성경의 말씀을 존중하지 않으면서 예수의 유일성에 대한 말씀은 장황하게 임의로 주석하는 것은 합리성을 상실한 접근입니다.

179. 종교다원주의는 기독교의 유일성을 부정합니까?

그렇습니다. 그러나 기독교의 유일성, 즉 그리스도의 유일성은, 종교다원주의자들이 논의하듯이, "예수께서 가라사대 내가 곧 길이요 진리요 생명인 나로 말미암지 않고서는 아버지께로 올 자가 없느니라(요한복음 14:6)." 하는 말씀이나 "내 아버지께서 모든 것을 내게 주셨으니 아버지 외에는 아들을 아는 자가 없고 아들과 또 아버지의 소원대로 계시를 받는 자 외에는 아버지를 아는 자가 없느니라(마태복음 11:27)." 하는 등 몇몇 구절의 말씀에만 근거하는 것이 아니고, 성경 전체의 말씀과 기독교 신학의 전 구조에 근거합니다.

기독교의 예배에서 예배를 가능하게 하는 교리가 곧 예수 그리스도의 십자가의 의미와 화해와 대속의 교리입니다. 특히 세례와 성찬은 전적으로 구속의 교리에 근거한다. 예수 그리스도의 십자가의 의미와 화해와 사죄의 교리는 구약의 언약의 말씀과 제사 제도와도 연결이 되어 있습니다. 예언의 성취로서의 예수 그리스도에게서 사죄를 위한 화목의 제물 되심을 제거하면, 예수 그리스도의 그리스노이심과 중보자이심은 상실되고 맙니다. 신약과 구약의 연속성이 단절되며, 신약과 구약이 그 의미를 상실함과 동시에 신약 역시 무의미한 것이 되고 맙니다.

그리스도로 말미암는 구속의 교리 하나를 제거하면 신약과 구약에 근거한 기독교의 구조가 다 무너집니다. 기독교 종교 자체가 와해되면 이제 종교다원주의가 다룰 수 있는 종교의 수는 줄어들고, 다만 기독교 이외의 종교를 다룰 수 있게 될 뿐입니다. 그러면 자유주의 신학이나 종교다원주의가 설자리도 없어집니다. 그러나 기독교의 진리는 여전히 건재하며, 진리를 보수하는 교회가 다수로 존재하기 때문에 종교다원주의가 기독교 진리를 두고 반론을 펼 수도 있으며, 다른 종교와의 대화 운운할 수 있는 여유도 갖는 것입니다.

180. 타종교에 대한 그리스도인의 바람직한 자세는 어떤 것입니까?

우리는 예수 그리스도는 길이요 진리요 생명이라고 믿는 신앙, 즉 그리스도의 유일성을 믿는 신앙은 견지하되 종교적인 독선 혹은 배타성은 버려야 합니다. 구약 시대의 이스라엘 백성들은 자신들이 택함을 받은 하나님의 백성이고 다른 백성들은 이방 백성이라고 하여 자신뜰을 그들과 구별했습니다. 그리고 그들은 주변의 모든 이방 나라 백성들을 적으로 여겼습니다.

그러나 민족을 초월하여 하나님의 백성이 되는 그리스도인들이 그런 선민의식을 가질 이유가 없습니다. 만일 가진다면 그것은 잘못입니다. 어느 누구도 날 때부터 그리스도인은 아니기 때문이며, 그리스도 안에서 얻는 구원의 복음은 만민에게 미치는 것이기 때문입니다. 그리스도인과 비 그리스도인의 차이는 한 사람은 먼저 믿게 된 사람이고 나머지 사람은 앞으로 믿어야 하며, 믿는 사람이 될 수 있는 개연성을 가진 사람이라는 점의 차이일 뿐입니다.

그리고 하나님께서 베푸시는 일반은총을 받아 누리는 일에는 아무런 차이가 없습니다. 그리스도인이든 다른 종교를 가진 사람이든, 모두가 다 하나님의 형상대로 지음을 받아 하나님의 일반은총을 누리며 살고 있는 사람이요 서로 사랑하고 도우면서 더불어 살아야 하는 이웃입니다.

우리가 사는 나라나 마을이나 공동체를 돌보는 일, 지구의 환경오염을 극복하는 일은 땅 위에 사는 모든 사람에게 주어진 공동의 과제입니다. 그런 문제를 두고는 종교나 신앙 혹은 불신앙을 불문하고 다 같이 협력할 수 있어야 합니다.

세계는 지배와 피지배, 식민주의와 민족주의 시대를 거쳐 지구촌의 공존 공생을 도모하는 시대에 이르렀습니다. 종교와 민족 간의 갈등이나 인종적인 갈등이 완전히 종식된 것은 아니지만, 그것을 극복하는 것이 당위적인 규범이며 선(善)임을 인식합니다.

그리스도인들은 다른 종교에서도 기독교가 가진 보편적인 종교적 진리를 발견할 수 있음을 인식해야 합니다. 비록 모든 종교와 인간의 문화가 하나님의 진노하심과 심판 아래 있으나 사람들이 복음을 접하기까지는 하나님께서 비기독교 종교들을 오래 참으심으로 관용하신다는 사실을 인식해야 합니다.

그러나 우리는 기독교 특유의 진리와 보편적인 종교적 진리를 구별해야 합니다. 종교다원주의의 대두와 함께 WCC가 선교 정책의 원리로 삼은 "하나님의 선교"(missio Dei) 사상에서는 모든 종교가 기독교적 진리를 내포하고 있으므로 이를 자각하여 스스로 개발하도록 하는 것이 선교의 과업이라고 합니다. 그러나, "모든 종교에서 발견되는 진리"는 종교가 가진 보편적인 진리이지 기독교 특유의 진리는 아닙니다.

다른 종교에서 발견되는 진리를 말하자면, 윤리적인 차원의 요소들과 종교적인 진리를 찾는 경건과 문화적인 요소들입니다. 그러나 기독교 특유의 진리, 즉 삼위일체 하나님, 천지창조, 인간의 타락, 사죄의 은혜, 하나님의 아들 예수 그리스도의 성육(成肉), 그의 대속의 죽으심과 부활, 성령의 임하심과 교회의 설립과 보전, 그리스도의 재림과 최후의 심판 등과 같은 종교적인 진리는 다른 종교에서는 발견할 수 없는 교리입니다.

우리는 종교가 인생의 덧없음을 깨닫고 궁극적인 진리, 즉 하나님을 추구하며, 구원의 길과 사람이 할 도리를 찾으며 실천하려는 노력이라는 점에서는 종교를 존중해야 합니다. 그러나 그것이 또한 사람들로 하여금 기독교를 받아들이는 일에 걸림돌 역할도 하는 것임을 인식해야 합니다.